THE WAY OF CHINESE GROUP MEAL MANAGEMENT

MBA Case Course of Group Meal Enterprises

中国团餐经营之道

——团餐企业MBA案例教程

夏连悦◎著

企业管理出版社
ENTERPRISE MANAGEMENT PUBLISHING HOUSE

图书在版编目（CIP）数据

中国团餐经营之道：团餐企业MBA案例教程 / 夏连悦著. — 北京：企业管理出版社，2020.11

ISBN 978-7-5164-2195-6

Ⅰ.①中… Ⅱ.①夏… Ⅲ.①饮食业—商业经营—研究生—教材 Ⅳ.①F719.3

中国版本图书馆CIP数据核字（2020）第149897号

书　　名：中国团餐经营之道：团餐企业MBA案例教程
作　　者：夏连悦
选题策划：周灵均
责任编辑：张　羿　周灵均
书　　号：ISBN 978-7-5164-2195-6
出版发行：企业管理出版社
地　　址：北京市海淀区紫竹院南路17号　　邮编：100048
网　　址：http://www.emph.cn
电　　话：编辑部（010）68456991　　发行部（010）68701073
电子信箱：emph003@sina.cn
印　　刷：河北宝昌佳彩印刷有限公司
经　　销：新华书店
规　　格：170毫米×240毫米　16开本　25.25印张　370千字
版　　次：2020年11月第1版　2020年11月第1次印刷
定　　价：88.00元

序　一

夏连悦老师倾力奉献的专著《中国团餐经营之道——团餐企业MBA案例教程》即将出版，我由衷地为他感到高兴。我是担任中国烹饪协会会长后与夏连悦老师相识的，目睹了他对快餐、团餐和休闲简餐业态的研究与贡献。除了对他取得的学术成果表示祝贺以外，也向他对中国团餐事业所做的贡献表示感谢！

夏连悦老师是中国烹饪协会快餐委员会、团餐委员会专家，是改革开放后第一批专门从事快餐产业与团餐产业发展研究的先行者。中国快餐产业、团餐产业经济经历孕育期、初创期、成长期，夏连悦老师作为见证了其发展历程的专家，作为中国烹饪协会团餐委员会提案人、组织人、践行人，有资格、有能力写出行业专著，并通过这部专著把他多年的心得及经验与行业分享。

产业报国的路径除了实体经济践行以外，智力经济智慧赋能也是驱动力量。产业前行需要从实践到理论，从理论到实践的轮回，需要把握发展阶段，把握行业趋势与走势。在餐饮行业转型升级的背景下，夏连悦老师有着一份淡定，能静下心来干累活、干苦活，才有系列专著与我们见面。

中国团餐产业是从快餐产业孵化出来的朝阳产业。政府机构、高等院校、商务公司、各类企业、铁路航空、医院军队、中小学等团餐快速发展，以后勤事业社会化为契机驱动团餐产业的发展与晋级。团餐企业发展同样进入了实践超前、理论滞后误区，急需运用案例教育，分享成功经验规避误区。

中国团餐业态是以固定顾客为主，为顾客提供每日三个饭市的工作餐饮。团餐业态因以固定客群为主，餐单、品类、品种、味型、模式创新面临巨大挑战。团餐业态是中餐、自助、小吃、饮品的集合，需要一专多能的通才做营运执掌，并有业务、物流、行政体系支持才能实现保单预期。

中国团餐业态在发展过程中，虚心向国际团餐企业学习战略布局、劳务派遣、代金券制等方略与方法，同时双方有很好的交流、互动、学习。现代团餐业态是舶来品，我们只有向发达国家、发达地区团餐品牌企业学习，才能弥补短板，克服不足，做好自己，收获业绩。

《中国团餐经营之道——团餐企业 MBA 案例教程》以经营为主线，既讲述了团餐业态初创阶段、成长阶段、成熟阶段、稳定阶段的要素禀赋，又讲述了团餐业态品类经营、区域经营、跨区经营、大中国区经营设计商业逻辑，是一部对团餐产业发展有指导价值的行业专著，衷心希望这本书能对投身团餐事业的企业家和经营者们有所启发，有所借鉴。

中国烹饪协会会长　姜俊贤

2020 年 8 月

序　二

夏连悦老师的专著《中国团餐经营之道——团餐企业 MBA 案例教程》即将出版，我由衷地为他感到高兴。我对他取得的学术成果表示祝贺，也感谢他对中国团餐事业所做的贡献。夏连悦老师为我们奉献了一部颇有价值的专著。

夏连悦老师是同仁，我是在 1992 年春天第一届中国快餐产业论坛上与夏连悦老师相识的，由于团餐最早并入快餐业态，我们都没离开过快餐，因而我见证了夏连悦老师 12 届的团餐发展报告与中国好食堂规范的拟订。

团餐业态是从快餐业态孵化出来的产业，我参与并见证了快餐委同仁为团餐业态孵化、培育做出的贡献，同时也见证了他们为团餐产业论坛发起、培育所做的贡献。让我们记住快餐委创业同仁。

《中国团餐经营之道——团餐企业 MBA 案例教程》作为行业著作，讲述了索迪斯、阿尔玛特、怡乐食三个典型案例，让我们虚心地向第一学习。值得欣慰的是，我参与并见证了快餐委同仁组织的团餐产业论坛，每次都有与国际团餐品牌的交流。

夏连悦老师是企划人。作为企划人夏连悦老师为餐饮企业提供策划、顾问、指导以及解决方案。夏连悦老师在为不同业态、不同阶段、不同规模餐饮企业提供策划、顾问、指导的过程中，也积累了不同业态的深厚经验。

夏连悦老师是出版人。在餐饮领域夏连悦老师有系列著作出版，包括《快餐业成功之路》《为豆捞下定义》《为简餐下定义》《现场管理 5 项任务》《店长深度训练手册》，《区域经理训练手册》《为配送中心下定义》等。

夏连悦老师是训练师。从 2001 年至今，夏连悦老师每年都有 12 期以上的出场为连锁经营总部经济讲述业务体系、物流体系、行政体系及总裁系列、总监系列、店长系列专业课题，他是餐饮业界资深的训练师。

夏连悦老师是专家。专家有理论自信、知识自信、实践自信，是一专多能的通才。“专”是指精通团餐专业，“通”是指通晓其他专业。夏连悦老师在快餐领域、团餐领域获得终身成就奖，这是对“专家”概念最好的证明。

夏连悦老师是学者。作为学者关键要有学术著作出版，夏连悦老师耐得住寂寞，能干累活、脏活、苦活。在讲挣快钱、挣俏钱的今天，餐饮业界实践超前、理论滞后，我们需要这样的能理论联系实际的学者。

在中国快餐产业、团餐产业发展的过程中，夏连悦老师借鉴国际公司与地区公司的经验，提炼连锁经营实践，不断推出创新成果，相信他的《中国团餐经营之道——团餐企业 MBA 案例教程》对团餐企业与餐饮产业的发展有指导价值与重要作用！

中国烹饪协会执行副会长　李亚光

2020 年 8 月

序　三

期望已久的《中国团餐经营之道——团餐企业 MBA 案例教程》终于与大家见面了，我由衷地敬佩夏连悦老师长期以来对餐饮事业的追求，也为他对中国团餐事业所做的贡献感到欣慰。

我清楚地记得，那是 2005 年的一天，夏连悦老师、刘尊哲主编和我在一起，夏连悦老师提议启动团餐论坛，当时确定了在今天来看拗口的定义，即团体供餐用餐，快餐业态也被纳入团餐业态。2006 年 10 月在北京召开了第一届“中国团体供餐用餐论坛”，“团餐”概念首次出现，并启动了中国团餐产业论坛。

随着高校餐饮社会化改革，企业、机构、医院、航空铁路等后勤事业的市场化，中国团餐实力与规模不断增长，团餐业态以品类与地域为核心产生了品类品牌与地域品牌。2014 年 11 月成立了中国烹饪协会团餐委员会（以下简称“中烹协团餐委”），团餐业态从快餐业态分离并完成了豪华转身，取得了令人瞩目的业绩。

经过 10 多年的推动与发展壮大，到今天已召开了 15 届中国团餐大会。《中国团餐经营之道——团餐企业 MBA 案例教程》收录了夏连悦老师 12 期团餐产业大会主题发言，按编年题材进行全景描述，追溯中国团餐业态发展历程，梳理其发展逻辑。夏连悦老师为中国团餐业态发展做出了很大贡献。

中国团餐业态在行业组织中烹协团餐委的引领下，在团餐业界同仁的参与下，每年除了做好招牌性的中国团餐产业论坛以外，还编辑了年度团餐业态发展白皮书，并组织线下交流、考察、学习活动，务实前行。

中国团餐产业是从快餐产业孵化出来的朝阳产业。团餐企业从单纯为政府机构、高等院校、商务公司、各类企业、铁路航空、医院军队、中小学提供团餐服务，已向为后勤服务提供解决方案晋级。

中国团餐企业商业模式已实现从食堂模式向餐厅模式，向食街模式跃迁；中国团餐企业管理模式已实现从粗放管理向制度管理，向精细管理晋级。中国团餐企业每个模块晋级，都要分享成功企业案例。

21 世纪的今天，团餐业态厚积薄发，在餐饮产业中占有 25% 以上的市场份额，团餐企业担负着健康中国与健康国人的使命。

无论是快餐事业，还是团餐事业，我们都需要专业著作指南。因工作原因我与夏连悦老师相识多年，见证了夏连悦老师在团餐领域的耕耘与收获。感谢夏连悦老师为我们奉献了中国团餐业态的专业著作。

中国烹饪协会副秘书长　薛文

2020 年 8 月

序　四

夏连悦老师与快餐。我是在加入快餐业态时与夏连悦老师相识的，知道夏老师是改革开放后第一批从事快餐事业的元老，知道夏老师出版了中国快餐业第一部专著《快餐业成功之路》，并为《品牌之路》一书做全面点评。

夏连悦老师与团餐。团餐业态独立后，在夏连悦老师做团餐论坛发展报告分享时我与他熟悉。他对主题把握精准，逻辑缜密，精彩的讲述给我留下了深刻印象。值得庆幸的是，12 期论坛发言也收录在本书。

夏连悦老师有思想。客观地讲，虽然团餐产业发展论坛年年都办，但主题、内容、逻辑不同，需要能与时同行、与时俱进的专家持续引领方向。夏连悦老师有研发能力，能在思想层次与大家交流。

夏连悦老师有方法。在目标确定的前提下，方法选择是实现目标的有效途径。夏连悦老师有方法，每次论坛分享在确定主题的基础上通过方法论的讲述与大家分享实现目标的步骤。这些方法源于夏连悦老师的工作实践。

夏连悦老师有工具。有思想、有方法、有工具，才能在顶层设计、转化执行、底层逻辑的链接中，无论从上到下落地还是从下到上倒推，实现良性循环的闭环预期。夏连悦老师通过制度、手册、表单讲述工具。

夏连悦老师与督导管理。团餐企业区域经营、跨区经营、大区连锁布局需要督导管理，夏连悦老师出版的专著《营运督导训练手册》不但弥补了督导管理的空白，而且是区域经营、跨区督导、大区连锁布局的理论依据。

夏连悦老师与精益管理。精益求精、开拓进取，做好细节，匠心独具。精进既是禅定又是修炼。没有精进修炼写不出有指导意义的专业著作。夏连悦老师持续精进、持续修炼，才有这部教科书式的专著与我们见面。

夏连悦老师的专业著作。剖析的是商业模式，比拼的是背后体系；“总部连锁、体系支持、门店复制”12 字方针，诠释了夏连悦老师的提炼能力。有了提炼能力才能透过现象分析本质，才能回到原点分析问题、解决问题。

夏连悦老师的新书问世。2019 年《中国团餐经营之道——团餐企业 MBA 案例教程》一书成型，2020 年此书正式出版发行。夏连悦老师以经营为主线，通过 17 章逻辑布局、34 家企业案例、12 届团餐报告，向业界展示了 16 年磨一剑的道理。

团餐企业 MBA 教程。针对中国团餐业态实践超前、理论滞后的现实，针对我们的大学还没有团餐专业，更没有 MBA 课程教育的状况，夏老师不辞辛苦为中国团餐企业创作了 MBA 专业课程，我再次表示感谢。

中国烹饪协会团餐委员会主席　刘延云

2020 年 8 月

序　五

夏连悦老师的专题分享。我是在团餐产业论坛听夏连悦老师专题分享与他相识的。夏连悦老师每次发言都给我留下了深刻印象：思维缜密、语言简洁、语义深刻，充满智慧，通过关键词语讲述，分析与解决问题。

夏连悦老师的专著分享。夏连悦老师曾出版《连锁帝国总部经济》一书，其核心用三句话概括：一是“总部连锁、部门支持、门店复制”12字方针；二是业务体系、物流体系、行政体系3大体系；三是服务体系、厨务体系、行政体系的门店设计。

夏连悦老师的做事风格。“想到、写到、说到、做到”这8个字，既是夏连悦老师推崇的ISO9000质量管理体系的行为箴言，又是夏连悦老师的做事风格，才有了本书定性、定量、状态指标混搭，方法论、工具论熟练切换设计。

夏连悦老师能联系实际。因为有实践自信、知识自信、理论自信3个自信积累，有形式逻辑、辩证逻辑、数理逻辑底蕴积累，有实践——理论——实践循环往复闭环逻辑，夏连悦老师被团餐业界誉为“能理论联系实际的落地派”。

夏连悦老师的持续精进。经济转型、环境变化、顾客迭代，需要业界同仁不断适应环境；静下来、沉下来，做好自己；只有理解规律不变、方法要变的真谛，才能持续精进，实现升华预期。

夏连悦老师善于解决问题。一个问题，不等于一个麻烦；一个问题，意味着一个机会；谁能解决问题，谁就能把握机会。这是夏连悦老师的箴言，有了这样的指导思想，才能站在团餐行业高度提出解决问题方案。

夏连悦老师的教学能力。夏连悦老师强调总裁要有战略设计、体系设计、制度设计的能力，要有打造团队、工作指导、培育人才的能力，并投身培育人才的事业，才有了以案例教育为主的商学院教育。

夏连悦老师的商学院教育。夏连悦老师力主并践行商学院教育，推崇美国康奈尔饭店管理学院的商学院教育，通过提出问题、分析问题、解决问题的案例教育，把工商管理的精髓转到服务经济、服务团餐领域与职业教育中。

夏连悦老师的专业著作。《中国团餐经营之道——团餐企业 MBA 案例教程》从顶层设计，到转化实施，到底层逻辑，为我们描述了团餐企业区域经营，从上向下设计、从下到上倒推的思维、方法、工具。这是一部经营学专著，为夏连悦老师点赞。

团餐企业 MBA 课程。中国团餐企业发展需要 MBA 精英教育，麦金地公司也成立了自己的商学院。我们既需要理论联系实际的案例教育，又需要理论联系实际的教师团队，感谢夏连悦老师为中国团餐企业雪中送炭。

中国饭店协会团餐专委会主席　孔德顺

2020 年 8 月

序　六

快餐业的缘分。很久以前在加入快餐业态时，我认识了夏连悦老师。夏连悦老师是第一批中国快餐业的践行者，出版了中国快餐业第一部专业著作《快餐业成功之路》，成为我们在这个行业中前行的引路人。

夏连悦老师分享。1994 年中国快餐业有了行业组织，1994—2019 年快餐业召开了 20 多届产业大会，夏连悦老师不但参加了前 22 届产业大会，而且在会上做了主题发言。夏连悦老师的每一次分享都给我留下深刻的印象。

为模式而践行。我本人从中式快餐到美食广场一直践行着商业模式定义。夏连悦老师在他的《快餐业成功之路》中讲过，快餐业态包括专卖店模式、复合店模式、综合店模式、美食广场模式、送餐公司模式等，夏连悦老师是这些模式的实践者。

团餐模式转型。从食堂到餐厅，从餐厅到广场，从广场到"六好"，从"六好"到智能，从智能到健康，团餐业态商业模式一直在升级。每次晋级夏连悦老师都给了前瞻性、大局观、系统性的指导，使团企竞争优势前移。

美食广场分析。夏连悦老师的《快餐业成功之路》，描述了美食广场的经营模式，即美食广场起源于新加坡，并经历了暗档模式、半明半暗模式、明档模式三个阶段。美食广场有高尚食街、美食广场、小吃城等称谓。

亚惠团餐布局。亚惠团餐运用美食广场模式经营，经历了区域连锁、跨区连锁、大区连锁阶段；亚惠团餐把地产经营、物业招租、代金券制导入团餐领域；亚惠团餐把产销、配销、销售三个环节打透，赢得了优势。

从实践到理论。没有实践的理论是空洞的理论，这是夏连悦老师做团餐指导的箴言。目前，中国团餐业态实践超前、理论滞后的状况，导致团企很难突破初级、低度、粗放经营，延缓了中国团餐走向世界的步伐。

从理论到实践。没有理论的实践是盲目的实践，这是夏连悦老师做团餐指导常用的警句。目前，中国团餐产业缺少一部能总结团餐业态发展历程、分析团餐业态本质，并上升到理性与知性高度的专业著作。

专业著作指导。提出问题、分析问题、解决问题，是夏连悦老师讲述的方法论；顶层设计、转化执行、底层逻辑，使夏连悦老师的书能接地气；从实践到理论、从理论到实践，能解决团餐业态实践超前、理论滞后的问题。

团餐企业 MBA 教程。我本人做过教育，深知 MBA 课程拟订既要有深厚的理论功底，又要有扎实的商业实践，还要有提炼与整合能力。感谢夏连悦老师为中国团餐企业设计了 MBA 专业教程，使业界能分享 MBA 案例教育。

中国烹饪协会小吃委员会主席　程辉

2020 年 8 月

序　七

夏连悦老师的主题发言。我是在团餐产业论坛听夏连悦老师专题分享时与他相识的。夏连悦老师每次发言都给我留下了深刻印象，方向分析、方位分析、方法分析以及顶层设计、底层逻辑、关键词语，深刻而精辟。

夏连悦老师的微文分享。夏连悦老师在中国团餐社群对团餐业态做过微文系列分享。当我得知《中国团餐经营之道——团餐企业 MBA 案例教程》一书收纳了夏老师做过的分享内容时，由衷地感谢夏老师为我们提供的行业指引。

夏连悦老师对阶段的分析。团餐企业发展要经历四个阶段：初创阶段，商业模式要被认可；成长阶段，区域连锁、跨区经营；成熟阶段，产业链条生态设计；稳定阶段，资本经营品牌运作。夏老师强调不同阶段要有不同的管理。

夏连悦老师的专题讲座。我本人从远距离、中距离、近距离三个视角品鉴过夏连悦老师的专题讲座。从总裁系列、总监系列、店长系列，到业务体系、物流体系、行政体系，再到门店服务、厨务、行政体系全面覆盖。

夏连悦老师的出场点评。年度论坛、峰会、沙龙定期开启，我听过，又与夏连悦老师同台做过主持与点评。夏连悦老师的点评思维缜密、语言简洁、语义深刻，充满智慧，对团餐业态有理论与实践的指引。

夏连悦老师与精英教育。夏连悦老师力主并践行商学院教育，推崇美国康奈尔饭店管理学院的商学院教育，通过提出问题、分析问题、解决问题的案例教育，把工商管理的精髓转到服务经济，服务团餐领域与职业教育中。

广东团餐事业分析。广东团餐是珠三角、粤港澳大湾区团餐的集合，有诸多企业、机构、医院、学校等团餐品类品牌。广东团餐有地缘优势，有香港地区团餐样板，又有深圳华为典范，广东团餐应努力前行。

广东团餐务实分析。广东团餐根据团餐企业的发展阶段，着力做了几件大事：一是强化团餐项目营运现场管理训练；二是为团餐企业区域连锁经营制定规则与规范；三是打透产业环节，使产业园与终端共赢。

广东团餐善于学习。正如夏连悦老师所讲，团餐是舶来品，我们要向发达国家团餐企业学习。学习索迪斯的后勤解决方案，学习阿尔玛特的展会经济运作，学习怡乐食的外烩与外卖，学习香港地区团餐的运营管理。

广东团餐精英教育。中国团餐企业发展需要 MBA 精英教育，广东团餐要在商学院教育方面发力，我们既需要理论联系实际的案例，又需要从粗放经营到精益管理的指导，广东团餐在精英教育方面一直在努力。

广东团餐配送行业协会秘书长　陈翔
2020 年 8 月

前　言

当我们不懂用“幼稚工业保护理论”保护幼稚的民族快餐产业时，注定了中式快餐在起步阶段就要直面国际快餐巨头与国际快餐航母的碾压。虽然在与国际快餐巨头对决中出现过挑战论、速胜论、崇拜论、复制论、悲观论等不同理论观点，但中式快餐同仁通过韧性较量，终于在局部领域赢得优势。

当中式快餐在店态领域卧薪尝胆，终于厚积薄发时，我们忽略了在餐饮产业团餐业态领域，国际团餐企业攻城拔寨，赢得优势。索迪斯来了！金巴斯来了！阿尔玛特来了！索迪斯、金巴斯、阿尔玛特是谁？是国际团餐领域的王者，是国际团餐领域领军前三名企业。

中国团餐产业与快餐产业在原点是合一的。团餐产业挂牌后，就以惊人的业绩令业界瞩目。客观地讲，餐饮产业营业收入的25%是团餐业态份额。诸多原因使得团餐营业收入指标未被完全统计，这是中国团餐特定阶段的特殊现象，但同时给中国团餐领域带来巨大的发展空间。我们要理解服务外包的巨大机遇。

团餐业态是外延宽泛与内涵深厚的外食产业。宽泛是指团餐既包括政务、公务、军队、公司、企业、事业等团餐范畴①，又包括不同团餐范畴的深度实务，是值得花费力气、心血、智力研究的大专题。遗憾的是，团餐行业没有专门的研究机构，没有专门的研究基金，更没有专门的研究人员。

---

①注：公司是经营型的轻型组织，企业是生产型的重型组织，事业是非营利型的机构。在团餐业态，公司类、企业类、事业类已成为团餐企业入行品类经营的前提。团餐企业大多是先进入一个品类纵向发展，再跨越品类经营横向发展。

我们的大学还没有团餐专业，没有定向培育出本科人才，更谈不上培育出 MBA 人才，团餐产业人才严重匮乏，这一切使中国团餐企业在激烈的比拼中处于劣势。更令人难解的是，团餐领域至今仍缺少专业著作。中国团餐依然走在中国快餐实践超前、理论滞后的道路上。

中国团餐发展有不可替代的优势。一是中国人的饮食传承与饮食心理，使中国团餐企业发展占据了人和的优势；二是从每日三餐需求上看，中国人、中国胃，吃中餐天经地义，吃西餐只是调剂一下；三是外资企业进入团餐领域会遇到政策环境、法律法规、饮食传承水土不服等障碍。

中国团餐企业发展也有先天的不足，因为团餐企业优势是相对优势。当团餐领域真正市场化后，中国团餐企业与外来团餐企业会站在同一竞争平台上，届时团餐产业化、专业化、品牌化是赢得优势的关键。业界同仁牢记：留给我们的时间不多，中国团餐企业提升实力与专长才是根本。

21 世纪初，笔者在构思《中国团餐经营之道——团餐企业 MBA 案例教程》这部专著时，试图通过各种途径寻找资料，遗憾的是只有几本中国台湾版本的团餐书籍，几年前出版的日本团膳书籍都没找到。中国台湾版本团餐书籍着重在技术层面着墨（除了餐单设计，就是厨房布局，或是食品安全），少有理念、体系、运营的论述。

本书创作节点。2004 年《中国团餐经营之道——团餐企业 MBA 案例教程》草创，2006 年全书成型，2014 年做了改进，2019 年创作完成，2020 年进一步完善出版。16 年创作历程，本书与中国团餐企业发展保持同步，翔实地记录了中国团餐业态的时间表、路线图、里程碑。

本书创作追溯。2004 年笔者参与、策划、组织召开了第一届中国团餐高峰论坛，并做主题报告，讲述了中国团餐赢利模式Ⅰ。前三届中国团餐发展论坛，笔者就中国团餐赢利模式Ⅱ、盘点团餐历程 · 预估团餐趋势做了主题发言。笔者还发表相关论文三篇，为本书的创作夯实了基础。

本书目录设计。《中国团餐经营之道——团餐企业 MBA 案例教程》全书共 17 章。一章：团餐业态赢在定义；二章：团餐经营赢在主义；三章：

团餐经营赢在创新；四章：团餐企业赢在竞争；五章：团餐竞标赢在开单；六章：团餐管理赢在保单；七章：团餐经营赢在口碑；八章：团餐经营赢在品牌；九章：团餐经营赢在体系；十章：团餐经营赢在模式；十一章：团餐经营物流体系；十二章：团餐经营赢在食安；十三章：团餐经营赢在落地；十四章：团餐经营跨国设计；十五章：国际团餐企业启示；十六章：团餐产业大会发言；十七章：中国团餐案例分析。

本书定位设计。《中国团餐经营之道——团餐企业 MBA 案例教程》是一部全面阐述团餐业态经营规律的专著。本专著对中国团餐企业执掌人、经理人、管理人，高校团餐机构负责人、经理人、管理人，国内团餐与海外团餐执掌人、经理人、管理人，自己运作或外包定制的负责人、经理人来说，是一部有价值的、有指导意义的著作！

夏连悦

2020 年 8 月

目　录

定义，是对事物本质特征或概念内涵简要与确切的说明。静下来、沉下来、慢下来，回归原点，不忘初心，才能描述团餐业态属性特征、本质规律，才能描述团餐业态商业模式、呈现形态，为团餐业态下定义。

主义代表理念，是指有体系的思想、信念与实现目标的方法、工具。团餐经营赢在主义、赢在信念、赢在方法，主义经营背后有主题、体系、逻辑。团餐经营要把握好人文理念与工具理念的整合设计。

团餐经营赢在创新，创新包括模仿创新、自主创新、引领创新三个维度、三个层级、三个阶段。创新是团餐企业的生命，除了产品、服务、环境创新以外，还包括组织创新、制度创新、模式创新、技术创新。

团餐是未市场化的市场，是准则缺失的市场，是拼关系的市场，是地域化的市场，是初级阶段的市场。有市场就有竞争，规则竞争驱动进步，良性竞争优胜劣汰，恶性竞争浪费巨大，只有培育规则才能良性循环。

团餐企业进入市场、开拓市场、维系市场是以参与竞标、赢在开单为前提的。团餐开单包括标书设计、竞标设计、制胜设计三个环节。每个环节都独立成环，链接成节，需要把握规律，用技术来表现艺术。

团餐经营，首先要解决生存问题，然后才有资格谈可持续发展。如果连生存都有问题，又何谈可持续发展？保单既是团餐企业的生存命题，又是一道现实难题。如果不在保单上发力，团餐企业会落入既走不远又做不强的境地。

团餐企业口碑经营要把握做一单成一片的原则，比如，做成一单学校就要把学校团餐做到极致。用口碑经营赢得第二单、第三单，然后做到区域同类市场覆盖。做一单企业、做一单医院也是同样的道理。

团餐企业品牌经营要把握品类品牌、营销品牌、行业品牌之

团餐业态可持续发展要打造上游产销、中游配销、下游销售产业链条，团餐企业可持续发展要打造信息、采购、仓储、加工、配送物流体系，团餐企业区域连锁要把握总部连锁、体系支持、食堂复制的方针。

团餐企业经营食品安全第一，食品安全发生问题是零容忍。《中华人民共和国食品安全法》出台，团餐同仁牢记：食品安全出问题会面临刑事与民事双重处罚，先刑事、后民事执行。

团餐经营要把握深度分析、支持分析、下沉分析三者之间的逻辑。深度分析，要能赢在品类，赢在地域；支持分析，要定义工作餐饮刚需市场；下沉分析，要把握二线、三线的机遇。顶层设计要有底层逻辑。

走出国门，到更为广阔的市场上去博弈，这是团餐企业的追求。对于欲走出去的中国团餐企业来讲，对标团餐项目的不同需要，契合团餐顾客的不同需求，变革自身商业模式，才是跨国经营的生存法则。

国际团餐企业利用资本经营优势、产业经营优势、连锁经营优势、单店经营优势，以战略设计为主导从东南沿海发达城市（上海、广州、深圳、昆山、苏州）向内地按区域推进，这是团餐企业要面对的现实。

产业大会是行业盛会，发展报告（白皮书、蓝皮书）讲述年度产业大会主旨、趋势、走势、态势。12届团餐产业发展报告既描述了团餐业态年度走势，又描述了团餐产业发展轨迹。请品鉴12届发展报告。

中国团餐案例分析，选择34家团餐样板企业，旨在分析区域连锁、跨区布局、大区连锁团餐企业典型案例。这也是商学院教育运用案例分析教学的样板设计。案例教育是提出问题、分析问题、解决问题的样板设计。

一　团餐业态赢在定义
——团餐精准定义

定义，是对事物本质特征或概念内涵简要与确切的说明。静下来、沉下来、慢下来，回归原点，不忘初心，才能描述团餐业态属性特征、本质规律，才能描述团餐业态商业模式、呈现形态，为团餐业态下定义。

（一）团餐业态属性分析

团餐业态属性分析，要把握产业分析、行业分析、企业分析三个关键词语。

1. 团餐业态产业分析

团餐产业支柱产业，2018年中国餐饮产业营业收入总计4.27万亿元，占国民经济GDP的5.9%，是国民经济的支柱产业。团餐、快餐、火锅、中餐、简餐、小吃理性排序，团餐产业占据优势比例。

团餐产业服务贸易。团餐为客户提供服务、劳务、专业产能，产出物质、数据、顾客体验。团餐有劳务派遣，轻资产、重体验属性。团餐业态要素禀赋，使团餐产业成为餐饮产业中最大、最吸引人的利润单元。

团餐产业业态宽频。有多少团餐市场需求就会产生多少订单、契约、通路、业种、网点设计。团餐业态以市场排序，包括公司、企业、商务类，政府、机构、教育类，会展、会议、活动类，医院、部队、公益类。

团餐产业地域宽泛。团餐产业具有省域、地域、县域，城市、区域、跨区布局，地域宽泛特点。省域、地域、县域告诉我们团餐业态有明显的地域性特点，城市、区域、跨区告诉我们“强龙”与“地头蛇”要搏杀与博弈。

团餐产业供应链条。争取激烈竞争的下游市场，抢占尚在发育的上游市场，打造真正过硬的中间环节。未来团餐业态竞争，拼的是背后的运营体系、管理体系、物流体系，这是团餐企业能持续发展的硬实力。

团餐产业生态布局。人的寿命如果按平均70岁计算，那么人的一生大约要吃76000顿饭，有一多半在食堂度过。团餐产业与国人健康息息相关。所以才有食品安全第一的法典设计。团餐以固定客层为主，三个月不改变会有生理与心理的疲劳期。

2. 团餐业态行业分析

团餐业态营收增长。2000—2015 年这 15 年间，团餐产业行业综合增长率达 20%，同比增幅为 36.28%。综观整个团餐业态走势，15 年间以平均 11% 以上的速度快速增长，团餐百强企业复合增长率达 36.28%。

团餐企业营业收入在 5 亿 ~10 亿元区间的企业构成持续向前推动力量。当然，今天营业收入在 10 亿 ~30 亿元区间的企业，已有足够的危机感。在团餐业态走势波动中，10 亿元以上的团餐企业增长幅度是十分缓慢的。

百强企业团餐包括七大品类，其中学校食堂占 35.48%，企业食堂占 34.9%，机关食堂占 15%，学生营养餐与养老配餐占 5.2%，矿工食堂占 4.4%，航空铁路配餐占比还不到 3%，团餐项目 70% 的流向是学校及企业。

团餐产业是伟大产业。团餐产业将产生伟大企业、伟大品牌、伟大个人，将以数字成就、物质成就、市场份额受世人瞩目。伟大是熬出来的，中国团餐产业从品类、区域、地域经营入手生成跨区、跨省、跨国品牌格局。

团餐产业契约经济。团餐客户与团餐企业之间合作，是发包方与承包方之间，就委托经营、管理、服务、作业标的内容、范畴、规则，以要式契约方式签订合同约定。显然，发包方与承包方要执行合同约定。

团餐业态运行规则。甲乙双方要遵守完备的交易规则，团餐企业签单是投标拿单能力，团餐企业保单是经营管控能力。团餐企业晋级是持续努力、孜孜不倦、迭代升级的逻辑。规则与规范背后则是约束设计。

3. 团餐业态企业分析

团餐企业品类属性。无论团餐企业今天是什么规模，都是从品类起家的，即满足军队、学校、医院、公司、企业、机构团餐市场需求，团餐企业也从某个品类入手获得成功后，逐渐实现一专多能设计。

团餐企业中餐属性。团餐企业中餐需求，通过三个维度展示：一是甲方有中餐与宴会需求，二是甲方有口味与温度需求，三是舌尖上的感受用好吃说话。团餐企业有中餐底蕴是开单、保单与顾客满意的基础。

团餐企业简餐属性。团餐企业产品呈现以餐线自助为主，这是自助餐饮的快速实现。既实现了速度，又按标准餐单设计，还能实现营养标注。当自助、快线、组合相加时，擦出了食堂层面的自助简餐火花。

团餐企业快餐属性。团餐企业饭市设计，无论早市还是午市，或是晚市，品类设计、品种设计、组合设计要有快餐属性。特别是午市，在午餐加午休为一个小时的前提下，出品一定要讲求速度、效率、持续。

团餐企业小吃属性。团餐企业业种组合，尽管餐线自助非常适用，但“冷菜 + 热菜 + 主食”自助模式容易造成视觉、味觉、感觉疲劳，因而需要小吃档口，既作为餐线自助的补充，又能够通过导入特色吸引顾客。

团餐业态服务属性。后勤服务有宽度范畴与深度实务。在社会分工与协作高度发达的背景下，公司、企业、事业，政府、机构、学校、医院，把不擅长的后勤服务委托给专业公司运作，旨在能聚焦核心业务。

（二）团餐业态深度分析

团餐业态深度分析，要把握深度梳理、深度把握、商业逻辑三个关键词语。

1. 团餐业态深度梳理

团餐产业服务外包。团餐需求方（甲方）通过发标形式将有效需求范围、标的、约定传递给团餐供给方（乙方），供需双方经过招标、投标、议标、定标过程签订服务外包契约，通过契约规定双方责、权、利。

团餐产业品类经济。团餐企业进入团餐市场以某个品类团餐为主打，以相关业种为辅助，形成同时运营几类团餐的区域连锁经营，这是团餐企业成长阶段普遍适用的模式。导入品类经济，驱动品牌排序，形成区域连锁。

团餐业态发展阶段。团餐企业经营经历了单店经营、连锁经营阶段，现正经历产业经营向资本经营阶段跃迁。产业经营要打通产业链条，建立上游产销基地、中游配销中心、下游销售网点一体化经营。

团餐业态品牌经济。中国团餐企业发展从初创阶段向成长阶段，再向成熟阶段跃迁。团餐企业品牌也要经历从产品品牌向服务品牌，再向企业品牌过渡的过程。随着团餐产业发展，品牌集中将成为主流。

团餐业态递延经济。团餐企业发展要经历单店经营、连锁经营、产业经营、资本经营四个阶段。从阶段转型看，一是四个阶段递延推进，二是发展过程没有叠加，三是发展顺序没有倒置。产业经营有超速机遇。

团餐业态叠加经济。团餐企业经营已进入产业经营阶段。产业经营要建立上游产销基地、中游配销中心、下游销售网点。产业经营是叠加运作，这是团餐企业能够快速发展、超速发展、跨越发展的历史性机遇。

2. 团餐业态深度把握

团餐业态三次转型，是从大众食堂向"六好"食堂转型，从"六好"食堂向智能食堂转型，从智能食堂向健康食堂转型。在此基础上实现从居住空间向美食空间、从美食空间向社交空间、从社交空间向全时段跃迁。

团餐业态体验空间，不但包括早市、午市、茶市、晚市四个饭市设计，而且还是上网、阅读、写作、谈判空间。显然，这是团餐业态、食堂店态的革命性变革，彻底摆脱大锅菜、价格低、不好吃的代名词。

团餐业态垂直分析。团餐食堂要为顾客提供包房、零点、自助、小吃四类业种组合，还要提供素食、清真、三高、功能食品。团餐业态经营是难度系数很高的动作设计。如果不是通才，团餐经营很难可持续发展。

团餐业态工作餐饮。团餐企业经营工作餐，即在有限时间与有限空间内品鉴体验工作餐，强调速度第一、温度第一、味道第一；团餐顾客以固定客为主，每日享用三个饭市，容易产生视觉、味觉、感觉疲劳。

团餐业态食品安全。团餐业态无论叫团膳，还是叫团餐，由于团体、集体用餐的特点，因而强调食品安全第一。食品安全是红线，特别是在《中华人民共和国食品安全法》出台的背景下，食品安全事件执行先刑事、后民事程序。

团餐企业回归本质。团餐业态，你是什么，你做什么，你如何做？不忘初心，要回到原点思考，做好自己，建立品类，连锁经营。当然，对团餐业态的认识是一个渐进过程、提炼过程、升华过程，团餐人要努力。

3. 团餐业态商业逻辑

团餐业态商业模式。产品、服务、环境是商业模式要素，商业模式讲业务关系（顾客、员工、企业），商业模式是体系设计（运营、管理、作业），商业模式讲阶段设计（初创、成长、成熟）。商业模式有动态的特点。

团餐业态模式体验。团餐企业商业模式每天设计三个饭市，每天经历三次体验，每天经历三次评价。顾客体验沿着环境、服务、产品、营收、成本、物流、管理、利润八个环节画布体验布局展开，并做出评价。

团餐业态智慧升级。团餐企业要实现 1.0 版手工作坊、2.0 版电器时代、3.0 版机械时代、4.0 版智能时代四个阶段跃迁。阶段跃迁背后是生产方式、生产组织、生产资料、生产工具、生产要素的优化组合配置。

团餐业态模式升级。团餐业态要实现从食堂到餐厅、从餐厅到广场、从广场到智能、从智能到健康转型与升级。团餐同仁须知：环境变了、市场变了、顾客变了，竞争变了、政策变了、甲方变了，诸多变量思考。

团餐业态数字经济。食堂层面收银系统、物流层面数字系统、总部层面办公系统的背后是小数据、数据库、大数据分析、决策、控制体系。显然，团餐业态发展与数字经济零距离并通过智能食堂数字梳理来表现。

团餐业态“互联网 +”。团餐业态要导入“食堂 + 互联网”思维，因为互联网是链接、数字、沟通经济。导入“互联网 +”，才能拥抱互联网思维、O2O 模式设计、社群关系逻辑，才有回归原点、不忘初心、迭代升级期许。

（三）团餐业态解决问题

团餐业态解决问题，要把握提出问题、分析问题、解决问题三个关键词语。

1. 团餐业态提出问题

品牌经营问题。发达国家团餐业态品牌集中已达 60%，中国团餐业态品牌集中在 20% 以下，数字背后是规模经济与集约经营问题。

规模经济问题。团餐产业规模大，企业规模小，与支柱产业公信力的匹配问题，使团餐企业仍处于粗放经营与初级阶段的窘境。

跨区连锁问题。团餐产业地域属性与行业壁垒，使“地头蛇”阻碍“强龙”市场布局。这是中国团餐业态跨区域连锁遇到的首要问题。

交易规则问题。团餐项目在开单层面不公平竞争，导致竞标与转包泛滥的问题。这是法律、法规不完善与交易规则不完备的问题。

总部经济问题。团餐产业没有形成总部、部门、食堂经营体系，使单打独斗泛滥。没有总部、部门、食堂经营体系的团企没有竞争力。

经营思路问题。总部经济运营没有形成顶层设计、转化执行、底层思维逻辑。不能想象单打独斗、各自为战能撑起产业大局。

产业经营问题。团餐产业经营没有形成产销、配销、销售价值链条运行问题。没有价值链运作，降低战略采购总成本就是空谈。

智力赋能问题。团餐产业没有打透总部 OA、物流 ERP、食堂 POS 系统链接问题，软件打透、智力赋能、效率升级是困扰的问题。

创新经营问题。虽然团餐企业经营学校、企业、公司、医院已形成品牌，但少有组织创新、制度创新、模式创新的典型案例。

2. 宏观问题本质分析

品牌集中问题。市场规模大，企业规模小；业态规模大，集中程度小；产业规模大，集约经营小；单打独斗强体系与能力弱是本质。

规模经营问题。2018 年餐饮营业收入达 4.27 万亿元，若团餐营业收入占比为 25%，即 1.07 万亿元。团企营业收入超过 100 亿元的仅 1 家，其他企业多在 5 亿元内。

跨区经营问题。团餐产业受地域属性与行业壁垒两大因素的制约，使团餐企业跨区经营受到地区品牌的强烈阻碍与持续阻击。

交易规则问题。团餐项目定标不公平竞争导致竞标内定与转包泛滥，这反映了交易规则不完善以及暗标不透明的问题。

总部经济问题。团餐区域运营既没有形成总部、部门、食堂三个层面横向格局，也没有生成业务、物流、行政三大支持体系设计。

经营思路问题。团餐区域经营、总部经济没有顶层设计、转化执行、底层思维逻辑，导致从上到下、从下到上缺少闭环设计。

产业经营问题。没有规模优势难以打透产销环节，没有区域配销难以实现物流红利，没有区域经营很难实现营运督导与共享经济。

智力赋能问题。总部 OA 行政管理、物流 ERP 数据管理、食堂 POS 收银管理的割裂状态，造成总部、部门、食堂间信息孤岛效应。

创新经营问题。任何创新经营都面临着被同行抄袭、复制的经营风险，使创新者感受到领先的脆弱、孤独、烦躁、压抑。

3. 团餐业态解决问题

总部经济导入。区域连锁讲总部连锁、体系支持、项目复制，在此基础上生成大中国区连锁。总部经济是区域连锁经营的利器。

顶层设计原理。顶层设计既是战略设计，又是方法设计，还是落地设计，讲究顶层设计、体系思维、底层落地，目的是实现闭环经济。

体系思维运用，区域经营总部经济。在设计总部架构的基础上，要设计业务、物流、行政三大体系，用体系来支撑终端落地。

部门设计精细。部门设计包括：营建、营运、研发、营销、训练，信息、采购、仓储、加工、配送，人力、财务、办公、网管、工程。

底层逻辑实施。战略设计、体系思维、工具设计都要考虑底层逻辑，才能够实现从上向下设计、从下向上实施的闭环经济。

服务体系设计。服务体系负责前场经营，包括包房、自助、小吃、酒水品类，服务体系运营通过服务区域五大工作单元实现。

厨务体系设计。厨务体系负责后场经营，通过开生、切配、烹制、打荷、面点、冷菜、洗消、档口八个工作单元分工协作实现。

行政体系设计。行政体系负责行政支持，通过文员、仓管、财务、工程、网管五大工作单元闭环，与总部行政体系对接实现。

评价反馈设计。既然团餐商业模式设计的出发点与落脚点是顾客满意，那么就要回到原点，不忘初心，做好自己，实现顾客满意。

二　团餐经营赢在主义
——主义制胜分析

主义代表理念，是指有体系的思想、信念与实现目标的方法、工具。团餐经营赢在主义、赢在信念、赢在方法，主义经营背后有主题、体系、逻辑。团餐经营要把握好人文理念与工具理念的整合设计。

（一）服务体验主义制胜

服务体验主义制胜，要把握顾客主义、服务主义、体验主义三个关键词语。

1. 顾客主义经营制胜

顾客管理价值定位。企业是价值平台，要选择价值与实现价值。关于价值创造：企业为顾客提供使用价值，顾客买单为企业实现价值。顾客管理包括价值定位、关系强度、团队运作、流程工具、顾客维系等。

顾客管理要素分析。其内容包括：顾客为何疲劳，为何厌倦，为何离去；顾客数据分析，顾客行为图谱，顾客购买心理；推出话题设计，展示活动设计，实施沟通设计；事件营销设计，评估应对设计，情感维系设计。

黏住顾客三个三角，是组合拳法。既包括运营体系水平、员工隐形知识、企业机制文化，又包括比顾客懂顾客、销售漏斗规避、公共事务导入，还包括顾客数据分析、顾客操纵分析、顾客维系管理三个三角。

顾客体验赢在前面。要设计购买便利性、成本低位性、沟通双向性、体验价值性的商业模式。通过内容、流程、节点、细则、感受、体验、评价丝带设计，使所有体验点能实现无时无刻、无始无终、无时不有。

顾客着想顾客思维。日本 7-11 领袖铃木敏文说：“是为顾客着想还是站在顾客立场上思考。”请重新审视自己的思维方式究竟属于前者还是后者。为顾客着想设计产品是徒劳的，站在顾客立场思考设计产品是要提倡的。

感恩的心心法经营。团餐企业有感恩的心用心法经营收获价值。心法与技法、北风与南风、自觉与自愿、预期与超越、心智与牵制、思维与行为、牵心与牵手，心法经营是七大元素叠加，心法经营是制胜的根本。

2. 服务主义经营制胜

服务信仰服务主义。工业文明走向后工业文明时，服务经济时代到来了。服务经济要向体验经济升级。体验经济要实现从感谢消费到感动消费转变，要有服务信仰支持。服务信仰是服务主义实现的强力支点。

服务态度服务主义。服务信仰是意识、思想、观念，通过可感受的态度呈现。服务人员以乐意心态为顾客服务，能使服务设计更具亲和力。服务态度是服务主义的情感表达，不同人员在不同场景下有很大差异。

服务产品服务主义。服务有时效性，顾客候餐、点餐、用餐对时间有要求；服务有体验性，不同场景下顾客消费会对服务体验做评价；服务有附着性，服务与产品结合实现价值。服务产品是服务主义传递。

服务设计服务主义。服务在服务主义指导下，通过服务流程、服务内容、服务节点展示，通过服务组织、服务督导、服务标准实现。服务设计是可触摸、可感受、可评价指标的组合。服务设计是服务主义传递。

服务体系服务主义。服务要有统一性，需要服务体系保证；服务要有持续性，需要服务训练保驾；服务要有体系性，需要服务手册保障。团餐企业要做好标准服务设计并与顾客个性需求配合。服务体系是服务主义传递。

服务体验服务主义。服务既是商业模式的重要因素，又体现场景附加价值。服务体验强调“接触环节多一度”理念，即简化服务流程、设计自助服务、降低服务期望、创造服务惊喜。服务体验是服务主义传递。

3. 体验主义经营制胜

体验主义结构分析。体验经济要为顾客设计无缝连接的体验丝带，顾客体验赢在细则、赢在道具、赢在心理、关键时刻、很不简单要精细设计。须知：服务主义与体验主义不同，体验经济是服务经济的升级。

顾客体验赢在细则。把顾客遇到的问题、困难、需求事先想好并逐项设计应对措施，为顾客创建流畅体验。顾客体验是顾客与你的公司、你的品牌互动方式的总和，互动不是发生在某时某刻，而是贯穿顾客体验的整个过程。

顾客体验赢在道具。团餐企业先要拥有顾客，再为顾客提供产品、服务、环境，顾客才能产生消费体验。团餐企业不能完全控制顾客体验，因为顾客体验涉及感受、情感、心理，无论体验设计多完美仍会有遗憾。

顾客体验关键时刻。顾客体验是团餐企业可设计的接触点。接触点包括店外接触点、店内接触点与离店接触点。店外接触点，即广告位置、外立装饰、指示系统；店内接触点，即环境要素、服务要素、产品要素；离店接触点即赠送礼品、体验感受、顾客访谈。

顾客体验很不简单。建立接触点需要营运策划、产品设计、顾客服务、销售动线、话术设计等方面的配合，从顾客角度看消费过程一切便利，便利背后是精心设计、精心训练、精心坚守，体验设计不简单。

顾客体验精细设计。其内容包括：拟订顾客进店路线，把握顾客消费行为，设计顾客接触点位，改变顾客服务规则，生成顾客体验感受。体验背后是环境、服务、产品设计，通过无缝连接体验丝带让顾客产生体验。

（二）产品主义极致制胜

产品主义极致制胜，要把握产品主义、极致主义、精细主义三个关键词语。

1. 产品主义经营制胜

单品爆破产品主义。互联网时代信息渠道泛滥，出现了顾客选择失聪。如何让企业产品被顾客第一时间关注、认可、传播，需要有惊艳的单品。单品爆破是产品体系中突出的极品，每个品类都要有爆品设计。

品类极简产品主义。消费心理学认为，人能记住的品类品牌最多七个，首选为前三，忠诚为第一。对团餐企业来讲，品类设计不是越复杂越好，而是提倡极简主义，极简品类能让顾客容易做出选择并提升体验。

产品品牌产品主义。产品主义能实现对团餐企业品牌支持，产品属性赋予品牌文化内涵，两者相互作用构成产品品牌的竞争力。产品是品牌的代名词，团餐企业在产品设计时要与企业品牌连接，让顾客产生联想。

产品组合产品主义。团餐企业产品设计要考虑产品与顾客的匹配度，以及与产品品类的互补性。产品匹配是产品设计要与主流顾客诉求一致，产品组合是菜系混搭与中西融合。产品组合设计合理，能让顾客顺利做出选择。

餐单亮点产品主义。餐单是团餐企业与顾客接触的媒介，通过餐单设计，顾客能了解产品特色与产品组合。餐单设计是产品品种、品类、品牌的组合，是团餐企业运营管理的必修课程。

持续创新产品主义。没有一劳永逸的品牌，没有永具生命的产品，产品只有不断创新才能保持鲜活。在迭代快速的今天，要求团餐企业创新速度升级，研发能力超强，市场竞争提速，持续创新才能实现产品主义。

2. 极致主义经营制胜

食材选型极致主义。产品食材选型要做到：好食材需要好生态（生态环境认证），好营养需要好研发（营养均衡设计），好加工需要好制售（顾客体验思维）。好产品是从好食材、好选型、好加工、好制售开始的。

工艺设计极致主义。极致出品要做到：工艺文件成型（标准化的工艺文件），工艺环节分解（分解是为了分工协作），工艺设计布局（产销、配销、销售）。中国团餐企业的产品研发还没有工艺设计师的角色设计。

酱汁成型极致主义。酱汁成型要做到：味型锁定到位（总裁灵魂酱汁锁定），批量制作到位（20 份菜肴批量制作），现场合成到位（酱汁合成净料设计）。“酱汁 + 净料 + 合成＝锅气香气味道”，酱汁成型还在进行时。

产品制作极致主义。产品制作要做到：加工过程精细（标准、定量、程序），制作过程精益（匠人主义、匠人精神），出品过程精致（品质管理环节管理）。产品制作追求极致主义，要有专业、技术、作业的支持。

设备支持极致主义。设备支持要做到：机械技术支持（3.0 版机械化的升级），智能技术支持（4.0 版智能化的升级），控制技术支持（4.5 版软件技术支持）。中国团餐企业转型升级，要转向创意产业智能餐饮。

技术表现艺术主义。技术表现要做到：极简主义思维（理解少即是多原理），后现代思维（将传统与现代整合），混搭整合思维（将中式与西式融合）。匠人精神是用技术表现艺术，追求完善、完美、极致主义。

3. 精细主义经营制胜

利润源泉理念分析。丰田公司精益生产不是口号，是有理论指导的实践。丰田公司精益生产在于制造过程与制造方法的差异，丰田公司对成本理解是“利润＝售价－浪费”，精益生产主张一切以经济性为判断基准。

暴露问题理念分析。强调问题再现，将潜在问题全都暴露出来并持续改善，包括：不许过剩生产（销售订制生产），追求零度库存（库存加工链接），推进目视管理（推广看板管理），实施停线制度（执行五问管理）。

遵守标准理念分析。标准作业要求管理人具备业务素质（员工隐性能力）、工作职责（工作任务设计）、改善技术（持续技术改善）、育人技术（持续技术培育）与领导能力（现场管控能力）5 个方面。

现场为主理念分析。精益生产强调现场是有机整体，不能将现场的“脑”托付给管理部门而只有“手脚”在现场运作。现场管理五项任务：营运走势控制、工作设计督导、服务品质控制、清洁安全控制、突发事件处理。

持续改善理念分析。其内容包括抛弃固有观念，不找理由借口，学会否定现状，吸纳不同意见，改善要靠智慧，找出问题症结，完善永无止境七大要点。持续改善是打破现有平衡，寻找新的突破，以创造新的业绩。

职能化的理念分析。精益生产反映了不良品不转入后面工序原则，即找出原因，消除不良品，确保良品。精细管理不能轰轰烈烈搞形式，扎扎实实走过场。精细管理是观念、技术、方法。

（三）环境极简主义制胜

环境极简主义制胜，要把握环境主义、极简主义、混搭主义三个关键词语。

1. 环境主义经营制胜

环境主题呈现主义。环境主题彰显团餐企业定位主张、经营主求、风格主义。顾客喜欢一家食堂，有时是因为能在这家食堂找到自己喜欢的调性。环境主题要能打动顾客心智，塑造品牌形象，体现主义内涵。

环境设计智慧主义。环境设计既是经营思想的表达，又是空间的合理利用，还是色彩指标的融合。团餐企业在环境设计方面竭尽心智，是为了把团餐企业语言、符号、构想通过环境设计有形传达让顾客感受。

环境时空人性主义。环境能让顾客与时代文化相连、与建筑艺术相通、与企业个性相融。时空功能是人性所需，即空间、尺度、距离诉求私密性，温度、湿度、气味实现舒适度，灯光、色彩、音乐能满足情感需求。

环境价值分享主义。麦当劳是孩子的“欢乐天地”，星巴克是办公一族的“移动办公场所”，当环境与主流顾客身份对等时，环境能产生价值，从而聚集顾客；当环境给顾客带来惊喜时环境会产生附加值，把分享放大。

环境感受体验主义。候餐时刻，顾客会对环境评头论足；用餐过程，顾客会融入其中；离店环节，顾客会留影纪念。显然，环境是从顾客进店到顾客离店被全程评价的指标，好食堂环境能够为顾客体验加分。

环境看点重点主义。团餐企业通过大量留白、主题展示、色彩模块、图文结合、装饰装点等表现形式，让环境更有韵味，从而增强顾客记忆。环境看点强调“少既是多，点到为止”的装饰理念，留出空间给顾客留出联想空间。

2. 极简主义经营制胜

视觉设计极简主义。思想上讲少就是多，感官上讲简约整洁，品味上讲追求优雅。极简主义主张艺术作品不是自我表现方式，要使用重复或均等手法，物料尽量减少加工，采用原物表现原质地作为设计卖点。

背景音乐极简主义。表现为重复音节、最少变化、长时静止、连续杂音，单调音调转变是背景音乐的特定模式。在上海我们体验了一家日本料理，采用一个节奏、一个主题、一种语言，背景音乐效果不错。

文字装饰极简主义。极简主义表现为文字的节约性，以平铺直叙方式，减少华丽辞藻，让读者主动参与，如生活絮语、散文篇章、箴言短句。文字极简让顾客产生兴趣、自觉参与，从而记住你。

建材装修极简主义。极简主义以后现代为主题，运用水泥墙、木饰面、不锈钢、地面砖、玻璃幕、裸露天花板为主元素，通过变化实现主题设计。星巴克用建材装修极简主义打造现代办公理念，吸引顾客，使顾客聚集。

产品模式极简主义。强调品类设计、品种设计、组合设计，以最少品类、最简品种、最好组合，实现用餐体验价值最大。餐单收窄、品类经营、品种极简、单品爆破、带出组合、价值放大，即产品极简主义。

服务简化极简主义。极简主义强调服务减法、服务简约、服务简化，减少与顾客接触点，在必要接触点位超越顾客希望，比对手要好半步。在人工成本不断上扬的背景下，团餐企业都要懂服务极简主义设计。

3. 混搭主义经营制胜

赢在维度混搭主义。混搭是将不同风格、不同材质、不同元素确定一个基调，其他元素作为点缀，分出轻重层次。混搭设计有主题指导、混搭设计，不同维度组合能实现环境创新，星巴克每家店态做到了持续创新。

环境经营混搭主义。混搭是将传统与现在、现在与未来、极简与精致诸多理念，通过环境要素按秩序和谐呈现。主题指导六大元素混搭设计，以实现店态持续创新，中国团餐企业要学习混搭主义实现轻资产经营。

产品经营混搭主义。不同菜系混搭、不同地域混搭、中式西式混搭、中餐简餐混搭、简餐快餐混搭。产品经营混塔设计，是要突破原有的研发思想，通过混搭设计来创造出时代的、体验的、极致的产品体验。

服务经营混搭主义。自助服务、自选服务、自我服务，简餐服务、小吃服务、外带服务，零点服务、包房服务、宴会服务混搭组合。团餐企业服务设计要实现适度服务、极简服务、自我服务以减少用工成本。

饭市经营混搭主义。早餐经营、午餐经营、茶餐经营、晚餐经营，零点经营、包房经营，水吧经营、休闲经营混搭。从早餐到晚餐 4 个饭市，比 2 个饭市、3 个饭市、4 个饭市有更多营业收入。饭市混搭能提升业绩。

营销推广混搭主义。讲究传统媒体、现代媒体、未来媒体，互联网络、移动互联、微信平台，年度营销、季度营销、月度营销，双休营销、长假营销、黄金周营销，广告方案、促销方案、公关方案混搭设计。

三　团餐经营赢在创新

——创新经营逻辑

团餐经营赢在创新，创新包括模仿创新、自主创新、引领创新三个维度、三个层级、三个阶段。创新是团餐企业的生命，除了产品、服务、环境创新以外，还包括组织创新、制度创新、模式创新、技术创新。

（一）模仿创新阶段分析

模仿创新阶段分析，要把握创意要点、创新原点、价值驱动三个关键词语。

1. 创意要做好 6 件事

企业层面创新设计。包括战略创新、策略创新、方法创新，模式创新、流程创新、节点创新，制度创新、规范管理、规则创新 9 项。当创新上升到战略层面时，既完成了团企顶层设计，又完成了关键任务设计。

研发创新选项设计。研发创新模式设计，通过总裁指导研发、企划指导研发、深入市场研发、团队提案研发为产品选型做支持。客观地讲，总裁指导、企划指导、市场指导、提案指导研发，相互作用、相互补充。

研发创新训练设计。通过研发创新对信息中心、采购环节、仓储环节、加工环节、配送环节、验货环节、使用环节、申购环节、财务环节进行指导，用工艺文件对不同环节的工作人员做训练转化指导，以实现创新落地。

创新机会把握设计。对市场现状与发展趋势做精准分析，以寻找市场机会，把握赢利机会，通过创新提升业绩。实现层面按年龄、性别、层级、身高、体重、健康状况设计品类品种、口味温度、营养健康创新。

创意生成管理设计。对研发部门、研发人员、研发创意实施管理，详细记录创意生成、创意上线、创意全程，为企业做贡献。创意要生成工艺文件、工艺流程、汁水配方、料包制作，用工艺文件锁定商业秘密。

设计保护方案设计。团企总裁需要合理配置资源，为研发创新提供资金、资源、资产支持，避免从种子阶段向市场过渡阶段出局。把握资源配置、时间经济、投入产出规律，当然还要设计研发创新容忍失败机制。

2. 创新原点基因培育

持续创新持续升级。团餐模式要实现从 1.0 版（手工作坊）向 2.0 版

（电器化），到 3.0 版（机械化），到 4.0 版（智能化）持续升级，就要打造研发创新驱动能力。因为一切都在变化，唯一不变的就是变化（本身）。

研发创新持续引领。从后勤到外包、从食堂到餐厅，从餐厅到广场、从餐线到档口，从领导到经理、从经理到员工，迭代速度让创新提速。研发要用组织行为实现产品创新、安全卫生、营养健康、味型变化。

深入现场接触顾客。研发团队深入现场看顾客用餐过程，对产品、服务、环境进行体验，研发人员发现的饭市设计、餐单组合、交易模式、用餐过程等问题，会成为研发创新的突破口和切入点。

持续创新意识培育。研发创新要付出代价，有人要勇于承担责任。团餐企业要设计容忍创新失败机制，以鼓励持续创新。研发创新涉及太多的领域、学科、专业，食品工业与烹饪产业相结合，失误在所难免。

持续创新驱动能力。火车跑得快，全凭车头带，车头原理与持续创新是同样的道理。团餐企业要运用创新能力构建竞争力，总裁要支持研发，研发要打造平台，营运要业务支持，财务要成本核算，企划要策划转化。

持续创新基因培育。创新是一种意识、一种文化、一种方法，研发创新要不断演练才能最终形成研发组织与成员的创新基因。通过研发模式设计、流程设计、节点设计、秩序设计使研发创新成为组织行为。

3. 价值观念驱动创新

创新归于价值观念。价值观念是道，创新方法是术。团企不能只保守经营，不愿创新。实践证明，持续经营与持续创新是并行不悖的法则。创新是在理念的指导下，运用正确的方法，做正确的事，实现持续发展。

创新源于与众不同。这是运用差异化思维指导创新的关键设计。显然，差异化、低成本、个性化、速度论同样是研发创新屡试不爽的方法论。当然，研发要有坚忍的意志，要坚持才能克服困难，把握机会，获得成功。

创新需要内心强大。关于创新，人的情商都够，智商不缺，但还需内心世界足够强大这项修炼，因为所有发明创造都要面对挫折、面对失败，如果没有强大的内心世界，不可能持续创新、引领创新，赢得优势。

从顾客角度做思考。团餐企业经营，是顾客选择并体验你的产品、服务、环境。要思考：顾客为什么选择你，并持续复购？团企要站在顾客角度换位思考，才能延缓与规避顾客的视觉疲劳、味觉疲劳、感觉疲劳。

研发创新专业集合。研发是烹饪物理、烹饪化学、烹饪工艺，食品工程、食品营养专业的集合。研发成果更是以工艺文件形式呈现的流程、节点、细则，以及料包、配方、酱汁知识产权与商业秘密的整合与集合。

从微创新到大创新。人们往往把微创新理解为小打小闹，其实创新是从很小的点切入的，所有颠覆式创新开始都是微创新。创新只有上升到战略层面、组织层面、制度层面，才能实现从微创新到大创新的晋级。

（二）自主创新阶段分析

自主创新阶段分析，要把握模式创新、组织创新、制度创新三个关键词语。

1. 团餐商业模式创新

商业模式评价要点。应从业务增长率、利润稳定性、重复购买性等绩效结果指标对商业模式进行定性与定量评价。当然，还要从产品、服务、环境商业模式核心要素角度对团餐商业模式做精准精益评价。

商业模式持续成长。团餐企业商业模式要实现可预期的成长，需要模式容易复制，产业能够扩张，市场边界不断扩延，如此才能让团餐企业实现扩张预期。显然，复制是关键。复制是标准、规范、软实力复制。

商业模式独特优势。商业模式具有核心能力优势，具体包括以下内容：与众不同的经营思路，定位、策略、步骤优势；价值链条的控制能力，产销、配销、销售优势；模式内涵难被模仿，体系、规范、升级优势。

商业模式互利共赢。商业模式能互利共赢，包括伙伴关系、销售通路、线上线下整合资源发展，环节之间、节点之间、利益分享形成价值网络，上游产销、中游配销、下游销售商业生态稳定三项共赢内容。

商业模式投资绩效。商业模式优秀讲业绩，包括以下内容：轻型资产模式，团企要实现轻资产运作；投资回报率高，劳务派遣低成本、高回报；利润保护设计，四高一低与团企无关；口碑营销传递，做一单成一片预期。

商业模式协调特性。商业模式包括环境设计、服务体验、产品品鉴，业务关系、管理体系、营销组合，产销环节、配销环节、销售环节九个维度，要实现三大内核、三大中核、三大外核要素的协调发展。

2. 团餐企业组织创新

组织外部环境变化。具体包括以下内容：政策环境因素，食材政策、地产政策、人工政策；法律环境因素，食安法律、外卖法律、精神赔偿；市场环境因素，顾客变化、商圈变化、竞争变化。这些因素都会影响组织创新过程。

组织内部环境影响。从企业组织自身角度讲，包括以下内容：组织结构因素，因发展阶段不同而不同；组织文化因素，因价值观念不同而不同；人才资源因素，因供需关系不同而不同。组织内部环节对组织创新有决定作用。

组织架构体系变动。从组织架构的变动来讲，包括以下内容：战略设计变化，组织随战略调整而变动；组织架构调整，组织因发展阶段而变动；资源重新配置，组织资源重新配置。要按战略目标调整实现重新设计组织功能。

管理结构体系变动。从管理体系的设计来讲，组织架构变动、组织结构变化是首要变化，部门机构变动、分工协作变化是重要变化，职位设计变动、作业细则变化是关键变化。三者会改进流程信息联系方式。

管理体制结构变动。管理体制设计变动，包括以下内容：管理职位变动，体制因结构而调整；管理人员变动，体制因分工而调整；职责权限变动，体制因责任而调整。显然，体制结构变动，具体分工协作要重新排定。

管理行为内容变动。管理体制设计变动、制度设计变动、基本制度与工作制度变动，规范规定变动、管理流程与作业流程变动，行为准则变动、基本行为与工作行为变动，导致工作节点与工作细则重新设计。

3. 团餐企业制度创新

制度承载管理创新。任何管理创新都以制度为落脚点，科学管理生成泰罗制，行为科学生成激励制，管理科学生成人本制。显然，制度创新要把握基本原理、管理制度、行为准则三者之间导入逻辑关系设计。

制度链接市场经济。任何制度创新都要链接市场经济，包括以下内容：产权制度，要清晰定义；运行制度，要精准设计；责任制度，要明确归责；资源配置，考虑投入产出；公司制度，是现代企业制度。

制度创新获得生命。制度创新使企业在市场获得生命，包括五项具体内容要设计实施：行业标准，要持续完善；公平竞争，要制定规则；黑名单制，要建立秩序；商业秘密，有保密协议；竞业禁止，有法律约束。

制度体系核心能力。制度创新包括三个层面具体内容设计：体制层的制度，解决管理体制问题；机制层的制度，解决动力驱动问题；制度层的约束，解决行为规范问题。制度体系创新旨在形成新能力。

制度创新约束决策。决策流程、决策评价、决策担责是任何企业都不能回避的决策问题。个人决策是职位所赋予的权利，要接受评价；经理会议决策是公司制决策机制，旨在规避决策失误。决策要有评价体系。

制度创新三个维度。制度创新操作层面包括以下三个维度：基本制度是公司宪法，都要执行；工作制度是工作规范，部门执行；责任制度是责任担当，岗位担责。制度设计要相对稳定，制度创新要随战略调整而做调整。

（三）引领创新阶段分析

引领创新阶段分析，要把握阶段分析、创新升级、创新设计三个关键词语。

1. 引领创新阶段分析

行业领先领导创新。只有当团餐企业积极、持续创新时，才能实现突破以及领导创新的预期。创新是团企永恒的话题，要把握没有创新就没有优秀企业的商业逻辑。创新是组织行为、制度行为、持续行为设计。

物竞天择适者生存。只有适应市场团企才能生存。环境在变化，经验会过时，优势在缩短，为了适应变化，企业要不断创新。特别是以固定顾客为主、被动复购的团餐业态，创新更是可持续发展的生存智慧。

创新速度聚焦分析。互联网时代企业竞争已没有壁垒、垄断、独占。一切止步不前、发展缓慢、研发落后的企业都要掉队。看到的是商业模式，比拼的则是背后的营运体系、管理体系、训练体系、研发体系。

创新增加利润分析。创新能增加产品价值，分享附加价值；创新能降低生产成本，享受价值创造；创新能规避激烈竞争，增加利润空间。由于团餐企业餐单设计要考虑口味、地域、习惯特性，所以需要创新。

创新打破均衡分析。熊彼特认为，均衡会限制企业发展，因为没有超额利润。当创新为企业带来超额利润时能实现新的均衡。所有创新都面临着被模仿的状态，所有领先都面临被追踪的窘境，所以创新要持续。

创新引领市场分析。一项新技术为企业带来利润增长点，用技术密集提升出品效率；一套新模式为企业带来获利能力，用营销推广实现顾客点击；一种新管理为企业提高管理效益，向业务、向行政管理要效益。

2. 团餐企业创新升级

组织创新，包括总部组织、部门组织、食堂组织设计，除了要有组织模式设计以外，还要有架构、职位、人员、岗位描述。这是团餐企业初创、成长、成熟、稳定不同阶段要解决的问题，如此竞争优势才可持续。

制度创新，包括基本制度（全员遵守）、工作制度（部门遵守）、责任制度（岗位遵守）设计。在此基础上，生成制度经济、管理体制、激励机制，用制度激励与约束组织、部门、职业行为，实现制度化管理。

模式创新，包括产品模式、服务模式、环境模式。产品要传递企业信仰，服务要提供适度设计，环境要展示时代主题。商业模式是动态均衡，商业模式要持续升级，商业模式要与时俱进，这是新的解析。

管理创新，包括基础管理、专业管理、发展管理。基础管理解决基层管理问题，专业管理解决专业管理问题，发展管理解决体系管理问题。管理是体系，要设计持续晋升的阶梯，才能够通过训练向管理要效率。

店态创新，包括经济店态、标准店态、旗舰店态。经济店态展示极简店态，标准店态展示简约店态，旗舰店态展示前卫店态。团餐企业合作对象不同，生存状态不同，需要根据不同条件设计不同的店态模式。

活动创新，包括话题设计、美食推广、顾客恳谈。话题设计需要制造话题，以活跃线上交流；美食推广要设计节日节令菜肴，让顾客能够体验；恳谈需要定期设计，让顾客忘记不满、忘记投诉，以共同前行。

3. 团企创新盘点设计

创意要做好六件事。包括顾客需求分析、研发创新提案、研发创新选项、创意生成管理、保护方案设计、研发创新上线。

创新原点基因培育。是创新主体、顾客需求、意识培育、核心能力、基因培育、创新升级的集合，原点思考会使创新少付出代价。

价值观念驱动创新。价值观念、与众不同、内心强大、创新思考、企业资源、做大市场，既是逻辑排序又是创新实施的轨迹。

团餐商业模式创新。建立可持续的商业模式，要考虑产品、模式、路径、团队四大要素，以及复制性、扩展性、效率性指标。

团餐企业组织创新。组织创新是系统工程，受外部环境与内部因素综合影响；组织创新是渐进过程，组织创新影响组织效率。

团餐企业制度创新。模式创新、组织创新、制度创新既是与战略设计匹配的要素，又是创新生成关键，团企应把握制度创新。

模仿创新阶段分析。模仿终极目标是创新。未来赢家是快速捕捉市场变化、准确把握消费需求、不断提供新型产品的创新者。

自主创新阶段分析。自主创新与品牌价值联系，品牌价值打造顺序生成了；企业家与创新精神联系，创新思维逻辑也生成了。

引领创新阶段分析。一流企业做产品，二流企业做服务，三流企业做品牌，超一流企业做定义。引领经营是做定义，是做领导者。

四　团餐企业赢在竞争
——竞争策略分析

团餐是未市场化的市场，是准则缺失的市场，是拼关系的市场，是地域化的市场，是初级阶段的市场。有市场就有竞争，规则竞争驱动进步，良性竞争优胜劣汰，恶性竞争浪费巨大，只有培育规则才能良性循环。

（一）团餐业态竞争分析

团餐业态竞争分析，要把握竞争分析、竞争策略、生存之道三个关键词语。

1. 团餐业态竞争分析

自由竞争阶段分析。自由竞争是追求产品、品质、价格、服务、环境要素的竞争，是团餐企业跑马圈地、把握有利发展机会的竞争，是初级阶段、粗放经营、策略设计的外部阶段竞争。自由竞争是必然阶段。

适度竞争阶段分析。适度竞争是处于供求平衡阶段的市场竞争。实践证明，供求平衡非常短暂，很快会向供过于求的竞争转变。显然，团餐业态同仁能感知到幸福来得太突然，幸福来得也太短暂，在爽快的背后要拼体系。

过度竞争阶段分析。这是高度竞争阶段分析。团餐企业没有过几天好日子就领教了什么叫过度竞争。以一家学校食堂项目为例，一个存量或增量项目不但要有 20 家团餐企业竞标，而且过度竞争已成为招标投标常态。

规则竞争阶段分析。规则竞争是有秩序的竞争阶段。团企能够遵守行为准则，能够自觉约束自身行为，能够共同培育市场。在此基础上，法律设计、政策设计、准则设计使团餐企业之间竞争讲规则、讲秩序、讲规范。

良性竞争阶段分析。良性竞争是能够促进团企自身发展的市场竞争。良性竞争结果呈现优胜劣汰森林法则，使团餐企业持续进步。须知：没有竞争、缺乏竞争不利于实现团餐企业持续升级、团餐业态持续优化的预期。

恶性竞争阶段分析。恶性竞争是造成社会财富巨大浪费的市场竞争，表现为：打价格战，互挖墙脚，关系经营。恶性竞争不会有赢家。打价格战死路一条，互挖墙脚破坏秩序，关系经营毁灭市场。恶性竞争的结果是事业不可持续。

2. 团餐企业竞争策略

低成本竞争策略。此种策略是以低位成本在相同售价前提下，能比竞争对手获得更多回报。在搏杀“入口成本”的今天，低成本竞争策略是有效策略。当然，入口成本计算与合作模式、费用比率、合理回报有直接关系与联系。

速度论竞争策略。此种策略是以速度冲击规模形成竞争优势。沿着业态与品类进入，高速成长，形成优势。当然，要有系统与管理的支持。团餐企业进入一个行业，获得成功，取得示范效应后，迅速在行业收获业绩。

附加值竞争策略。产品虽然是顾客满意的决定因素，但若没有服务、环境、研发、推广、维系等附加值，单纯靠产品威力会打折扣。显然，服务、环境、研发、推广、维系五大要素，是附加值竞争的关键设计。

差异化竞争策略。差异化永远是赢得竞争优势的法宝。人无我有、人有我优、人优我佳，是对差异化竞争策略的诠释。差异化竞争用“在大同的世界里，寻找大不同”这句广告语描述，是最好释义。

个性化竞争策略。个性化能让顾客记住企业产品个性、服务个性、环境个性、管理个性、文化个性，以形成竞争优势并赢得胜势。个性还包括企业家个性、商业模式个性、成本管理个性、顾客维系个性等。

创新论竞争策略。团企竞争优势是持续创新。从模仿创新，看标杆企业怎样创新找到差距，到自主创新，用自主研发实现创新，再到引领创新，为持续创新做出定义。用创新规避顾客视觉、味觉、感觉疲劳。

3. 中小企业生存之道

边缘法则生存策略。中小团企在寻找目标市场、接近目标客群、参与竞标过程，明显处于劣势，需要从边缘业态、区域、市场入手。如从小学、中学团餐入手，从中型、小型公司入手，从银行、保险公司入手。

精准法则生存策略。中小团企参与竞标要定位精准，找到适合的项目，用感动服务超越顾客希望。今天的“小”一定会成就明天的“大”。对第一单生意要确立不赔就是赚的思想，关键是入行并取得示范效应，然后再推广。

口碑法则生存策略。中小团企生存把握口碑法则。精准定位、精耕细作、精益求精，生成满意、生成口碑，带来生意，赢在永续。华为公司把大团餐项目做分包经营，就是给中小团餐企业提供的机遇。

品类法则生存策略。中小团企生存把握品类法则。通过品类，设计品种，打造品牌。品类也是美食广场产品组合的重要构思途径。中小团餐企业可以考虑进入大团企档口或美食广场档口，从小连锁经营做起。

区域法则生存策略。团企首先要实现区域经营然后再做跨区域发展，因为团餐有属地属性，即口味、习性、传承性；团企首先要做地域品牌，然后再做跨地区品牌，即品类品牌——地区品牌——大区品牌晋级。

舞台法则生存策略。中小团企在中国团餐市场大舞台上要从边缘向中间、向前排靠拢。当掌声响起的时候，我们的努力还在持续。这是中小团餐企业生存应遵循的舞台法则、生存智慧、生存策略，以此来把握机遇。

（二）团餐企业胜在竞争

团餐企业胜在竞争，要把握品类品牌、品牌排序、创新升级三个关键词语。

1. 团企品类品牌分析

定位经营。导入市场调研、市场细分、目标市场、市场定位经营策略，团餐企业先要分析自身核心专长，准确定义进入哪个品类市场，为哪个客层提供产品、服务、环境设计。定位经营是团企入行的首要问题。

品类经营。品牌排序为中小企业关上一扇门，打开一扇窗。规避正面竞争，通过品类经营，培育口碑、赢得市场，成为业界主导。团餐企业要按自身核心能力选择品类经营，以小见大，获得成功，实现弯道超车。

产品突破。选好品类要有产品，产品设计要有突破。产品要超越顾客期望，给顾客留下印象，这是产品突破的理论依据。显然团餐企业要有自助餐饮设计、小吃餐饮设计、宴席餐饮设计核心专长与能力。

品牌培育。品类经营、品种经营、品牌排序是品牌打造逻辑。须知：品类为品牌打造赢得了空间，即遵循着品类——品种——品牌打造秩序；品种为品牌打造提供了支点，即遵循产品——服务——公司品牌打造秩序。

持续创新。市场是动态的，市场环境一直在变化；需求是变化的，顾客类别一直在迭代；竞争是升级的，激烈竞争到惨烈竞争只一步之遥。没有一成不变的品种，也没有不需提升的品类，更没有不需要创新的品牌。

品牌升级。产品品牌、服务品牌、企业品牌是品牌培育的逻辑。品牌培育要导入走口模式、走手模式、走心模式的务实策略：走口模式，满足顾客舌尖与口腔体验；走手模式，满足顾客自助与参与体验；走心模式，满足顾客生理与心理体验。

2. 团餐企业品牌排序

发达国家品牌集中。发达国家团餐行业品牌集中已达 70%，即少数团餐企业成为领军、领航、领衔企业，占据绝大部分市场份额。欧洲、美国团餐市场品牌集中已达 70%，即世界 500 强团餐企业已占欧美市场份额的 70%。

亚洲国家品牌集中。亚洲的日本、韩国，品牌集中已达 56%，即少数团餐品牌企业通过品牌集中，持续优化、升级、晋级，已在本国市场、地区市场、地域市场赢得优势。品牌集中是品牌排序大吃小的过程。

中国团餐品牌集中。中国团餐业态已进入品牌集中期，以省份前 5 大品牌为主导，全国 29 个省份将产生 140 多个品牌企业。然后按产业、行业、业绩做减法。因为即使中国地大物博，也容不下那么多品牌。

地区团餐品牌集中。团餐品牌首先是地区品牌，一方水土养一方人。地域承载着习俗、口味、传承，是打造品牌的孵化器。南甜、北咸、东辣、西酸口味特点，八大菜系、地方菜系为地区品牌提供了支撑。

区域团餐品牌集中。团餐品牌先是区域品牌，再是地区品牌，后是跨区品牌。区域品牌要有核心专长，才有开单与保单能力。先做成一个团餐项目，再提炼升华、复制推广，这是做一单成一类的品牌打造之道。

品类团餐品牌集中。品类品牌是打造团餐品牌的捷径，专做公司、企业、学校品类，政府、医院、机构品类，都能打造品类品牌。关键是要成为品类第一、品类领先、品类领袖，才能有话语权，为品类品牌做定义。

3. 团餐企业创新升级

组织创新，包括总部组织、部门组织、食堂组织设计创新。除了要有组织模式设计外，还要有架构设计、职位设计、人员配置、工作描述，这样才能使组织体系在分工协作框架下，通过职位与岗位工作设计提升效率。

制度创新，包括基本制度、工作制度、责任制度设计创新。在此基础上，生成制度经济、管理体制、激励机制。制度是组织行为的规范、规则、规定，需要牢记：制度执行既需要稳定，又需要升级，还需要统一。

模式创新，包括产品模式、服务模式、环境模式创新。须知：产品要传递企业信仰，服务要适度提供设计，环境要展示时代主题。产品、服务、环境这样排序：服务是重要因素，环境是关键因素，产品是决定因素。

管理创新，包括基础管理、专业管理、发展管理创新。基础管理解决基层管理，专业管理解决体系管理，发展管理解决食堂管理。团餐企业要为管理团队设计职业升迁阶梯，就要打造基础、专业、发展管理体系。

店态创新，包括经济店态、标准店态、旗舰店态创新。经济店态展示极简店态，标准店态展示简约店态，旗舰店态展示前卫店态。店态展示每个年度都要晋级，如此才有不同年度版本设计，才有团餐企业的年度主题。

活动创新，包括话题设计、美食推广、顾客恳谈创新。话题设计需要制造话题，并以线上交流为主；美食推广需要季节设计，并以节令节日美食推广为主；顾客恳谈需要定期设计，并以季度或半年为期仔细设计。

（三）团餐企业生存智慧

团餐企业生存智慧，要把握品牌培育、规模分析、盘点设计三个关键词语。

1. 团餐企业品牌培育

品类品牌策略设计。这是中小企业生存策略。聚焦品类品牌，生成竞争优势，借助走口模式，口碑口口相传成就团企品牌模式。口碑传递虽然较慢，但却是做一单成一类的务实策略，更是中小企业品牌打造之道。

品种品牌策略设计。爆品是追求，惊艳是卖点，精进要持续。在此基础上，打造产品味型、产品工艺、产品技法、产品模式。在从自由竞争向适度竞争，再向过度竞争升级的背景下，爆品打造能赢得优势。

极品品牌策略设计。品类品牌、产品品牌、极品品牌打造是逻辑，即产品背后有故事，故事背后有人物，人物背后有信仰。极品打造是奉行产品主义企业的信仰，有信仰、有追求、有匠心，才能生成极品品牌。

服务品牌策略设计。服务信仰、服务意识、服务态度，服务主张、服务主求、服务主义，服务设计、服务流程、服务品牌。服务品牌打造要有服务设计、服务训练、服务优化、服务智能、服务升级的打磨。

环境品牌策略设计。环境主题、环境主张、环境主义，环境价值、附加价值、人文关怀，物理环境、心理环境、环境品牌。环境品牌打造也是场景打造，今天的餐饮已是社交、休闲场所，环境打造非常关键。

企业品牌策略设计。企业品牌 = 品类品牌 + 品种品牌 + 极品品牌 + 服务品牌 + 环境品牌，既讲述了品牌打造的顺序，又展示了优势叠加效应。当然，每个节点最优，才能够实现叠加效应。

2. 团餐企业规模分析

1 亿元以内小微企业。今天，年度经营在 1 亿元以内的企业称为小微企业。小微企业适合品类经营，专做某个业态进而形成规模。在这个业态有了话语权，在做市场覆盖的基础上，形成规模经营，再向其他品类扩延。

5 亿元以内中小型企业。今天，年度经营在 5 亿元以内的企业称为中小型企业。中小企业呈现成长状态，要迅速成长以成就规模。显然，这是专做某个业态，等其初具规模、初具成效，再向纵向，然后横向发展。

10 亿元以内中型企业。今天，年度经营在 10 亿元以内的企业称为中型企业。中型企业需要产业经营，驱动销售终端连锁经营。显然，打造供应链，用供应链保驾食安、品质，获取利润，是产业经营规定动作。

20亿元以内中大型企业。今天，年度经营在20亿元以内的企业称中大型企业。中大型企业要资本运营，通过叠加运作立体发展。显然，资本经营对外通过融资，对内通过改制，导入期权制、合伙制、计件制实现。

40亿元以内大型企业。今天，年度经营在40亿元以内的企业称为大型企业。大型企业需要品牌经营，通过品牌赋能叠加发展。显然，品牌经营的逻辑是无形变有形，通过品牌等级升级，获得溢价能力升级。

60亿元以内超大型企业。今天，年度经营在60亿元以内的企业称为超大型企业。超大型企业需要智慧经营，通过创意产业乘数发展。显然，智力、智能、智慧经营，产销、配销、销售经营，利润中心打造是关键。

3. 团餐企业竞争盘点设计

团餐企业竞争策略。团餐同仁要把握迈克尔·波特的五大竞争策略，当然要加上创新策略并组合运用。在此基础上，我们还要论述中小团餐企业的生存智慧，中小团企在品牌排序期如何规避淘汰出局。

团餐企业品类品牌分析。品牌排序是市场、口碑、位置、数据排序。团企要进地区前五，争第一。定位经营、品类经营、品种经营、品牌经营，一条主线将定位、品类、品种、品牌链在一起，构成品牌价值经营。

团餐企业品牌排序。任何团餐企业都无法规避品牌集中、行业集中、产业集中排序。发达国家和地区团餐企业已完成品牌排序。中国团餐品牌排序已是进行时态。关于品牌排序，中国团餐同仁准备好了吗？

团餐企业创新升级。创新是企业的生命，创新是企业家精神，创新能够打破均衡，创新需要智慧导入，创新需要技术支持，创新需要绩效评价。创新能使团餐企业赢得优势、收获胜势，打破均衡，引领经营。

团餐企业品牌培育。内容包括品类品牌、品种品牌、极品品牌、服务品牌、环境品牌、企业品牌的培育，团企要组合运用品牌培育策略。团企要懂得品牌打造逻辑顺序，才能实现进前五、争第三、做第一的格局与结局。

团餐企业规模分析。吨位决定地位，团餐要理解连锁经营、规模经济、排序设计，在此基础上导入产销、配销、经销，实现团企价值最大。虽然以上排序代表了今天的团餐规模水平，但吨位决定地位给您带来启示。

五　团餐竞标赢在开单
——团餐开单技术

团餐企业进入市场、开拓市场、维系市场是以参与竞标、赢在开单为前提的。团餐开单包括标书设计、竞标设计、制胜设计三个环节。每个环节都独立成环，链接成节，需要把握规律，用技术来表现艺术。

（一）团餐开单标书设计

团餐开单标书设计，要把握竞标反思、关键时刻、标书升级三个关键词语。

1. 团餐企业竞标反思

团餐企业提供价值。企业是价值平台，要选择价值、实现价值、放大价值。团餐企业为顾客提供价值，这是团餐企业自信的原点。由于团餐事业出发点与落脚点都是顾客，所以要为顾客提供价值，提供满意体验。

顾客买单实现价值。顾客是团餐企业价值平台实现载体，只有顾客买单，价值才能实现，所以我们的观点是顾客重要、顾客关键、顾客为王。“除了顾客买单，一切都是成本。”德鲁克的精辟论述，道出了顾客买单价值的含义。

双方关系平等互利。团餐企业与招标企业之间是平等互利关系，团餐企业为甲方提供价值，甲方买单为团餐企业实现价值。双方是价值创造、利益共享、协同协作关系。这是劳务派遣与契约经济的关键设计。

招标投标规则设计。一个项目招标，二十几家团餐企业竞标，这无疑降低了团餐企业的地位。设想：招标企业为何“脾气”越来越大？这是团餐企业之间打价格战，相互恶搞，破坏秩序的结果。当然还要规避暗标设计。

竞争博弈胜算分析。团餐企业之间为了获得签单需要展开竞争博弈，重要的是用数据说明、业绩说话、管理说话、品牌说话。为此团餐企业要设计好标书，并做好标书作为合同附件绑定的心理准备。

传统手段升级分析。招标企业人员诉求内容，以及团餐企业竞标手段要升级，既搏杀入口成本，又搏杀顾客价值、健康理念。当团餐企业以为顾客创造价值作为担当时，容易打动招标企业人员感动消费。

2. 团餐竞标关键时刻

15 分钟的复盘策略。讲什么要精心设计。视觉要有冲击，图文表达到位，讲述言简意赅，要把信仰、信念、信心讲出来，打动顾客。宣讲需要脱稿讲述，直面招标企业人员，语音、语调、语义、语汇精准到位。

竞标讲述内容设计。要讲述企业核心专长、自主研发能力、产品创新设计、供应链条能力、健康理念落地、解决问题能力等内容。只讲我是谁，我能为您做什么，我能创造什么价值，我愿随时接受评价并改进。

竞标人员表达设计。包括语调运用设计、语速节奏设计、语言表达设计、问题解决设计、客观评价设计、有效沟通设计等内容。只讲自己做什么，怎么做，怎么接受评价，不评价其他团餐企业与竞争对手。

竞标团队组合设计。模式一：餐饮总裁 + 营运经理 + 研发经理。模式二：营运经理 + 研发经理 + 网管经理。两个模式是较理想的组合。采用模式一，团餐总裁亲自出场是对顾客重视；采用模式二，是用专业赢得优势。

顾客关注痛点设计。站在顾客立场讲述顾客需求、顾客满足、顾客主义，让顾客感动、顾客体验、顾客品鉴，团餐竞标赢在现场。这是用专业、技术讲顾客主义思维与艺术的思考，是普遍适用的商业逻辑。

解决方案浓缩设计。提炼竞标标书，浓缩解决方案，深度发酵设计，当团餐企业传递解决方案价值时，任何甲方企业都不会拒绝，这也是“最后一公里”与“临门一脚”的关键设计，需要持续演练与超水平现场发挥。

3. 团餐竞标标书升级

标书视觉设计。封面设计典雅，标题设计突出；封二设计留白，文字言简意赅；扉页传递主义，阐述企业信仰；封底设计简洁，巧妙设计主张。标书版式设计要符合落眼规则、阅读习惯，重点突出，吸引眼球。

标书架构设计。标书框架表述，标题吸引眼球；二标浓缩精华，解决方案呈现；单独模块成文，总体组合成章；一条主线贯穿，布局设计严谨。这也是标书结构布局、行文、段落、推进、里程的技能技巧设计。

标书导读设计。分割营销设计，标题吸引眼球；内容引爆视觉，行文穿透设计；侧封色块设计，数字巧妙设计；阅读效率提升，有效沟通实现。标书作为大体量商业文件，要有模式、流程、节点、细则精准设计。

标书版式设计。页面版式设计，页眉页脚设计；图文比例设计，图表比例设计；数据比例设计，文字比例设计；正文行文设计，字体字号须知。标书版式两种实现方式：一是由甲方提供模板；二是乙方运用样板范例。

标书落眼规则。封面落眼比例，封二落眼比例；扉页落眼比例，封三落眼比例；中页落眼比例，左上右上项限；左下右下项限，表头封底设计。这是标书装饰设计，即标书装饰色彩、图文、比例要符合落眼规则。

标书重点主义。色彩运用强调，字体运用强调；字号运用强调，排版设计强调；落眼秩序强调，眼球操纵强调；阅读联想强调，爱不释手强调。字体字号运用，要考虑适应读者的阅读习惯，字体字号符合排版规则。

（二）团餐开单竞标设计

团餐开单竞标设计，要把握竞标策略、竞标思路、标书设计三个关键词语。

1. 团餐竞标策略设计

个性策略。企业文化个性、企业经营个性、服务模式个性、产品组合个性、就餐环境个性，个性诉求让招标企业记住你的个性。个性化是迈克尔·波特五大竞争策略之一。个性化把握以上五大竞争策略设计。

差异策略。产品品类差异、产品品种差异、产品组合差异、服务适度差异、就餐环境差异，差异诉求让团餐企业区别竞争企业。差异化是迈克尔·波特五大竞争策略之一。差异化把握以上五大竞争策略设计。

低位成本策略。规避浪费经营，透明采购通路，设计监督通路，接受监督问讯，诚实守信经营，确保入口成本，以诚信确保低成本。低成本是迈克尔·波特五大竞争策略之一。低成本把握以上五大竞争策略设计。

附加价值策略。食材健康推出、清真餐饮推出、素食主义推出、三高食品推出、配送通路推出、标准运作推出，用附加值赢得优势。附加值是迈克尔·波特五大竞争策略之一。附加值把握以上五大竞争策略设计。

速度策略。营建工程复制、训练体系复制、餐单设计复制、食堂营运复制、智能软件复制、物流体系复制，用速度赢得优势。速度论是迈克尔·波特五大竞争策略之一。速度论把握以上五大竞争策略设计。

赢在管理策略。管理体系设计、管理制度设计、管理团队设计、管理流程设计、关键任务设计、应诉管理设计，用管理来收获胜势。团餐企业赢在经营，败在管理，错在没有体系。此策略告诉我们，向管理要效益多么关键。

2. 团餐竞标标书思路

企业资质精要。包括企业性质概述、企业规模描述、资质认证获得、行业荣誉获得、连锁总部设计、组织体系设计、品牌诉求设计七项内容。团餐企业需要持续积累，做出口碑、做出品牌、做出公益，资质才能升级。

企业信仰传递。包括价值观念诠释、企业宗旨表述、企业使命定义、企业精神分析、行为准则设计、价值主张诉求、主义经营概述七项内容。团餐企业需要打造文化、提炼信仰、设计使命，用企业文化驱动组织行为。

企业核心专长。包括自主研发实力、持续创新实力、供应链条实力、区域管理实力、顾客满意实力、透明经营实力、诚信经营实力七项内容。团餐区域需要打造核心能力、培育核心专长，持续转型升级，收获预期业绩。

企业报价依据。包括人员工资设计、管理工资设计、经理工资设计、维保费用设计、能耗费用设计、管理费用设计、行政费用设计七项内容。团餐项目无论采取哪种经营模式，人工费、管理费、服务费要精准设计。

企业管理优势。包括安全清洁卫生、营业管理设计、成本费用设计、网络管理设计、数据管理设计、微信管理设计、沟通管理设计七项内容。团餐项目在营运管理、食品安全、网络管理、沟通管理方面要运用数据。

智能餐厅。包括建立微信平台、扫描公众号码、建立顾客档案、设计互动通路、顾客晒出体验、及时有效沟通、用智能维系顾客七项内容。团餐企业要打造线上线下沟通通路，用活动吸引顾客，把危机变为机遇。

3. 团餐竞标标书设计

企业产品模式。包括餐单变化设计、零点菜肴设计、包房菜肴设计、自助菜肴设计、时令菜肴设计、清真菜肴设计、三高食品设计七项内容。团餐企业餐单设计要持续研发转化，以规避顾客视觉、味觉、感觉疲劳。

企业服务模式。包括适度服务设计、零点服务设计、包房服务设计、自助服务设计、快速准确设计、顾客满意设计、投诉应诉设计七项内容。团餐企业服务设计要实现，既要诉求极简，又要持续优化，还要体验升级。

企业环境模式。包括环境主题设计、零点区域设计、包房区域设计、自助区域设计、休闲茶餐区域、谈判区域设计、读书办公设计七项内容。团餐企业要把食堂打造成为饮食空间、工作空间、交往空间、智能空间。

企业资产管理。包括资产清单管理、设备卡片管理、资产账簿管理、资产使用管理、资产维护管理、资产保养管理、资产抢修管理七项内容。团餐企业要深刻理解委托经营、委托管理、合作经营对资产管理的预期。

企业沟通机制。包括建立客户档案、直面顾客沟通、电话交流沟通、微信语音沟通、网络视频沟通、顾客调查沟通、互动设计沟通七项内容。团餐企业要在营运现场建立与甲方、顾客、物业之间的高效沟通。

团餐标书梳理。团餐企业标书要理性设计、梳理、完善。设想：标书作为合同附件，您能够做到吗？您能接受评价吗？您能接受监督吗？标书设计如此重要，花多大力气设计、优化都值得，这就是关键设计。

（三）团餐开单制胜设计

团餐开单制胜设计，要把握制胜要素、赢在两手、复盘分析三个关键词语。

1. 团餐竞标制胜要素

建微客群。团餐顾客是特定群体。团餐企业要与顾客建立微社区，才能实现持续互动，有了沟通通路才能够了解顾客现实需要。沟通解决问题，沟通需要持续，沟通化解不满，沟通通路是组织行为工作设计。

产品主张。品类设计是差异思维，品种设计是极致思维，产品组合是整合思维。导入食品安全、营养、健康、快速、稳定、细分诉求，旨在使团餐企业实现餐单设计、产品组合、产品手册、营养均衡产品主张设计。

服务主导。低接触、适度化、精准化，用员工的价值观念、隐形知识、做事能力，做正确的事，正确做事，让顾客能体验服务。旨在使团餐企业服务设计换位思考，提供一站式、家庭式、体验式的服务设计。

文化驱动。企业文化是团餐企业高层负责设计，企业文化导入则是一线管理人员与一线工作人员的责任。要运用文化驱动行为。价值观念、企业精神、行为准则、制度设计、流程设计、规范设计功能缺一不可。

管理体系。团餐企业管理水平低意味着不精益、不标准。不精益会造成成本高位，侵蚀利润；不标准则无法培养一致性的顾客感受。关于精益，是中国团餐企业要补的一课；标准缺失或没有标准则无法实现复制经营。

活动设计。产品行动：节令推广，每周创新。会议沟通：交心会议、恳谈会议。特殊活动：生日特餐、活动特餐。活动使顾客满意。活动设计三个品类、六项内容，讲述了活动设计、活动内容、活动预期价值设计。

2. 团餐竞标赢在两手

赢家，线上交流、线下交友。用互联网思维，线上线下合一，是赢得竞标的前提。打开沟通渠道线上交流，进行深度交流专业交友，才能受到尊敬。团餐企业要运用互联网思维建立沟通通路，以把问题变为机遇。

赢家，现场交易、场外交友。场内场外交易，能够内外通吃，是赢得竞标的要点。导入股市思维，既有场内交易，又有场外的交友，才能赢得预期。团企运用交易与交友策略是赢得优势、收获胜势的关键。

赢家，桌上交谈、桌下交友。桌上桌下交流，桌上谈判专业，是赢得竞标的关键。谈判桌下交友，一起喝茶、一起用餐，持续交流，才能赢在当下。团餐企业竞标是智商、情商、胆商的集合，要思考顾客选择你的道理。

赢家，文本往来、沟通交友。文本往来规范，文本交流高效，是赢得竞标的手段。文本交流与修改需甲、乙双方执行约定的修改规范，如此才能提升效率。文本往来标注了团餐企业纸面实力与轨迹，要花功夫设计。

赢家，交易规则、信誉交友。恪守交易规则，不使用庸俗手段，是赢得竞标的砝码。须知：企业为顾客创造价值，顾客为企业实现价值，赢在恪守规则。靠纸面实力、沟通能力、运营实力赢得优势是关键设计。

赢家，做好自己才能交友。做好每个饭市，才有订单延续，这是赢得竞标的基础。做好餐单设计、品类设计、品种设计、品质设计，团企才能持续发展。团企要经得住项目被考察、被评价，做好自己才是最重要的。

3. 团餐竞标复盘分析

团餐竞标深度反思。做竞标评价时，总感觉团餐企业与招标企业间不对等，是谁让团企掉价？这个问题需要反思。

团餐竞标关键时刻。竞标是对智力、智能、智慧的考量，不要一味地讲企业多么优秀，要站在顾客角度讲，若中标能为顾客带来什么。

团餐竞标标书升级。每次参加竞标都会制作标书，为了这本标书团企下了大功夫。但标书缺少个性，很难让读者记住你。

团餐竞标策略设计。团企竞标是实力竞标、智慧竞标、策略竞标，不搏杀价格低位，要搏杀价值创造，讲述品质高位。

团餐竞标制胜要素。团餐竞标赢在制胜要素。招标企业选择团企会对顾客价值做评价。顾客价值评价决定团餐企业能否入围。

团餐竞标标书思考。团企理想标书设计要把握发标须知要点。标书设计要花多大力气设计、完善、优化。

团餐竞标标书思考。团企标书要理性设计、梳理、完善。设想标书作为合同附件进行绑定，你能做到吗？你能够接受评价吗？

团餐竞标赢在两手。公共事务是大企业应对主管部门、主流媒体、主流顾客的专业运作。运用公共事务参与竞标能成为赢家。

团餐经营第一分析。包括内容：订单获取第一，顾客满意第一，赢在竞标第一，差异策略第一，个性策略第一，换位思考第一。

六　团餐管理赢在保单
——团餐保单方略

团餐经营，首先要解决生存问题，然后才有资格谈可持续发展。如果连生存都有问题，又何谈可持续发展？保单既是团餐企业的生存命题，又是一道现实难题。如果不在保单上发力，团餐企业会落入既走不远又做不强的境地。

（一）团餐保单管理设计

团餐保单管理设计，要把握赢在管理、管理体系、运营体系三个关键词语。

1. 团餐保单赢在管理

管理赢在顾客满意。须知，你所做的一切努力都是为了顾客满意。因为团企为顾客提供价值，顾客为团企购买价值，这是供需关系，讲清了团餐企业管理（体系、方法、工具）导入的出发点与落脚点设计。

管理赢在性价之比。德鲁克认为："除了顾客买单一切都是成本。"这是对管理就是管成本的精辟论述。所以，团餐企业要管理成本、管理浪费、管理价格，才能让顾客感受与体验何为入口成本，何为性价比。

管理赢在创新持续。须知，创新是团企生命，创新是保单前提，创新能回避疲劳。顾客用货币为团企创新投票，这是团餐企业应领悟的创新意义。我们欣赏"您努力实现梦想，我们努力为您"这句广告用语。

管理赢在健康营养。须知，健康是第一位的，营养是第一位的，好吃是第一位的。团餐企业秉承三个第一，顾客为团餐企业点赞，两者之间是因果关系。当然，既健康，又营养，还好吃，是有难度的工作设计。

管理赢在标准规范。须知，标准是餐品标准，规范是服务规范，体验是顾客感受。团餐企业用标准、规范赢得顾客体验，两者之间是因果关系。显然，团餐企业要做好产品标准、服务规范，才能掌握顾客体验。

管理赢在食品安全。须知，团企晒进货单据，团企请顾客监督，团企能追溯管理。食品安全有保障，团餐项目才能做久。显然，团餐企业关于食品安全的流程、节点、工具导入，才使安全有实施依据。

2. 团餐保单管理体系

团餐保单目标体系。战略指导管理体系，即战略聚焦目标，目标转化任务，任务转化指标，指标转化动作，动作转化责任。这系列目标体系推理，诠释了团餐保单目标设计、转化执行、责任数据的操作依据。

团餐保单营运体系。食堂营运赢在体系，即服务体系设计、厨务体系设计、行政体系设计、沟通通路设计、网络互动设计。食堂营运体系设计，通过服务、厨务、行政三大体系的分工协作，并运用互联网实现。

团餐保单管理体系。食堂营运管理体系，即组织架构设计、职务说明设计、工作流程设计、工作节点设计、工作细节设计，从分工协作、职位岗位、工作设计视角讲述了团餐保单遵从组织行为与分工协作原理。

团餐保单制度体系。食堂营运制度体系，即基本制度设计、工作制度设计、责任制度设计、制度经济设计、制度规范设计，从制度层面讲述了团餐保单是制度设计，即专门组织、专门制度、专门责任设计。

团餐保单工具体系。食堂营运工具体系，即营运手册、管理手册、训练手册、表格单据、制度工具设计。从工具设计、工具整合、工具运用视角，讲述了团餐保单要有方法，运用工具，告别模糊，走向精确设计。

团餐保单评价体系。食堂营运评价体系，即计划设计评价、工作过程评价、工作绩效评价、优秀行为评价、危机应对评价。从评价设计、评价整合、评价视角讲述了团餐保单工作设计、工作执行、工作业绩。

3. 团餐保单运营体系

团餐保单商业模式。内容包括产品要素、服务要素、环境要素，以及背后的业务关系、管理体系、运营体系。通过商业模式获得利润。三大核心要素直接产生顾客体验与顾客评价，背后三大要素驱动保单能可持续。

团餐保单营运体系。内容包括服务体系、厨务体系、行政体系，以及背后的总部经济、体系支持、食堂复制，营运体系商业逻辑。食堂三大体系设计，使食堂营运产生业绩；背后支持体系，使保单作业能可持续。

团餐保单配销模式。内容包括信息中心、采购部门、仓储部门、加工工厂、配送部门五大要素集合，配销是实现中游获利的关键。食堂终端背后要有物流体系支持，才能实现食材品质、价格水平、安全健康预期。

团餐保单配销体系。内容包括研发转化、战略采购、采购排期、越库作业、服务外包五大要素组合，配销是实现中游获利的支点。团餐保单要有背后的配销体系设计，才能实现产销、配销、销售之间产业链的打透。

团餐保单产销模式。内容包括产品品类、产品品种、厂商选择、契约签订、合作经营五大要素组合，产销是实现上游获利的关键。团餐保单要有产销环节支持，才能实现食材健康、餐料安全、越库作业工作设计。

团餐保单产销体系。内容包括战略采购、批量采购、季节采购、越库作业、服务外包五大要素组合，产销是实现上游获利的支点。团餐保单要有产销环节支持，才能实现通过量采、越库作业、外包服务降低成本。

（二）团餐保单体系设计

团餐保单体系设计，要把握顾客维系、通路设计、活动设计三个关键词语。

1. 团餐保单顾客维系

宴请用餐。“国八条”出台后，企业、事业单位高标用餐已经内化，团餐企业需要设计包房用餐、招待用餐、宴会用餐，让领导层满意。宴请用餐既是“国八条”以后正餐的场景描述，又是团餐业态经营特色的真实写照。

商务用餐。业务招待需要包房、零点、自助餐单设计满足需求，团餐企业要设计零点菜肴、小型筵席、商务自助让经理层满意。因为业务招待、迎来送往要有商务用餐消费需求，这是团餐企业要面对的现实。

工作用餐。常态用餐包括自助、小吃、自选用餐需求设计。需要团餐企业设计自助餐饮、小吃组合、饮品组合，让工作人员对工作餐饮满意。团餐是以固定顾客为主，被动复购的工作餐饮，要让顾客有选择性。

早餐用餐。早上吃好需要主食、副食、小菜营养用餐需求设计。需要团餐企业设计主食品类、主流饮品、应季小菜，让用早餐工作人员满意。早餐餐单设计还要导入中早与西早、清真与三高等食品组合设计。

午餐用餐。中午吃饱需要冷菜、热菜、汤菜、面点、水果品类组合设计。团餐企业要设计包房、零点菜肴，要设计自助、小吃菜肴，要设计清真、“三高”菜肴。这是团餐企业满足顾客工作餐需要的现实与选择。

晚餐用餐。晚上吃少需要汤品、粥品、菜品精致用餐需求设计，需要团餐企业设计汤羹品类、粗粮品类、有机蔬菜，让用晚餐工作人员满意。团餐企业要设计清真与“三高”产品组合，并设计外带与外卖产品组合。

2. 团餐保单通路设计

运营体系通路设计。运营组织设计目的是让经理人、管理人、工作人一眼盯市场、一眼盯现场，旨在实现顾客价值最大化。在吃饱已经不是问题的前提下，团餐企业要理解吃出营养、吃出健康的价值与含义。

隐性能力通路设计。员工隐性知识是顾客感受、顾客体验、顾客评价的直接通路，员工训练、员工能力、员工成长很关键。团餐企业所有梦想、所有设计、所有预期要通过员工实现，员工隐形能力非常关键。

企业文化通路设计。视觉设计包括 VI 设计、BI 设计、MI 设计，以及企业宗旨、价值观念、行为准则、企业精神通路设计。视觉设计属于显形指标，通过视觉可评价；企业文化属于隐形指标，通过感受可体验。

客服组织通路设计，客服组织是专门的人、专业的人、专职的人，运用步骤、方法、工具与顾客实现零距离沟通与时时沟通。团餐服务体系虽然有用人少的优化设计，但有客服岗位能够实现与顾客沟通零距离。

微信平台通路设计。微信平台是专业管理、社群管理、沟通管理平台，要擅用意见领袖、顾客跟帖、顾客评价实现与顾客沟通。既要化解抱怨，把问题变机遇；又要组织活动，实现线上沟通、线下交友的预期。

互联网络通路设计。互联网络是链接设计、通路设计、客群设计，用链接经济形成圈子、形成人脉，实现与顾客的及时沟通。互联网时代要利用链接优势、通路设计优势，实现与顾客之间及时沟通、随时沟通。

3. 团餐保单活动设计

节令菜肴活动设计。团餐企业 24 个节令要设计节令菜肴，因为中国人不同节令吃不同的内容，节令菜肴是舌尖美食活动设计。团餐企业餐单设计，既要设计每周不重复的产品组合，又要设计节令菜肴产品组合。

节日菜肴活动设计。团餐企业节日假日要设计美食佳肴，一年法定的节日假日包括 11 天，团餐企业需要做好舌尖美食活动设计。舌尖美食设计，既为过去的日子画上休止符，又为明天到来的日子做好预期。

庆典菜肴活动设计。甲方企业庆典日期要设计美食佳肴，团餐企业要把握甲方企业庆典日，做好排期实施庆典美食活动设计。庆典活动要有仪式感，要与众不同，要能给人留下印记。这是庆典活动美食设计的要点。

交心会议活动设计。团餐企业要定期举办顾客交心会议，仔细做好主题设计、人员设计、场景设计，实现与顾客的有效沟通。心与心的呼唤、心与心的交流能提升认识、认知、认可。

恳谈会议活动设计。团餐企业要定期举办顾客恳谈会议，努力做好恳谈内容、共识与行动计划，实现与顾客的深度交流。团餐经营，每日三餐都要面对顾客，有抱怨别积压，通过恳谈化解压力。

忘年会议活动设计。团餐企业要定期举办顾客忘年会议，努力做好预判设计、预案设计、应诉设计，消除顾客之间的隔阂。忘年会议是消除隔阂的重要举措，团企为实现保单在顾客满意上要花力气。

（三）团餐保单维系设计

团餐保单维系设计，要把握创新设计、细分设计、赢在主义三个关键词语。

1. 团餐保单创新设计

产品组合创新设计。内容包括包房、零点、自助组合，季节、时令、节日组合，菜肴、主食、杂粮组合，清真、素食、“三高”组合。产品组合要求团餐企业除了要有研发团队设计以外，还要有训练团队、执行团队设计。

服务简化体验设计。内容包括服务接触简化、服务节点简化、服务内容到位，旨在增加顾客正面的感受设计、体验设计、评价设计。团餐企业服务设计虽然简化，但与顾客接触点位要超越顾客预期，比竞争对手优秀。

环境主题价值设计。内容包括环境主题设计、环境风格设计、环境工艺设计，旨在让顾客正面感受环境价值、环境增值、环境体验。团餐项目环境主题要有思想、有风格、有流派，讲究空间设计、动线设计、色彩设计。

组织架构扁平设计。要求组织设计扁平、分工设计简约、协作设计高效，旨在让顾客感受隐性知识、企业文化、运营体系。看到的是商业模式，比拼的是背后体系。体系是以组织体系、管理体系、营运体系为主。

制度经济机制设计。内容包括薪酬制度设计、用工机制设计、员工成长设计，旨在让顾客正面感受制度经济、制度文化、制度设计。制度包括激励与约束、规范与规则、规定与执行三个维度，在制度面前要人人平等。

商业模式升级设计。内容包括顾客体验环境、顾客感受服务、顾客品鉴产品，旨在让顾客正面感受环境价值、服务体验、产品精致。团企所做的一切努力都为实现顾客满意。顾客通过产品、服务、环境设计做评价。

2. 团餐保单细分设计

顾客年龄细分设计。从 70 后人群、80 后人群、90 后人群，消费偏好、消费特点、消费需求，集中力量、精准营销、赢在细分 9 个维度讲述了年龄定位、消费定位、细分定位三者之间的关系，以及之间的链接逻辑。

顾客饮食习惯设计。清真菜肴、素食主义、“三高”人群，不同习惯、不同习性、不同传承，要设计适当、适合、适口产品组合。这对团餐企业提出了挑战。因为在一个食堂要开出诸多品类产品组合难度系数很高。

顾客籍贯细分设计。有家一族、单身一族、新婚一族，本地员工、外地员工，不同信仰有不同的饮食定制需求。在主食选择上，黄河流域吃面，长江流域吃米；在口味习性上，有南甜、北咸、东辣、西酸的差异。

职位等级细分设计。经理人员、管理人员、工作人员，招待餐饮、商务餐饮、工作餐饮，要适合不同层级用餐，进行不同类别用餐产品组合设计。要设计好宴席餐、零点餐、自助餐，把握餐饮类别、用途、层级的差异。

顾客需求细分设计。早市细分、午市细分、晚市细分，顾客细分是定义现实需求、潜在需求、刚性需求、轻奢需求品类组合。要把握早餐占全天食量的30%，午餐占全天食量的40%，晚餐占全天食量的30%的比例。

顾客口味细分设计。地域细分、传承细分、习惯细分，性别差异、年龄差异、口味习性，口味细分、小众定制、特殊人群，要做好顾客口味细分设计。把握好正宗的、改良的，流行的、时尚的口味细分差异。

3. 团餐保单赢在主义

团企产品主义制胜。营销主义把产品当道具，产品主义把产品当根本。团企每天都要接受顾客裁判，所以要有产品主义价值观。

团企顾客主义制胜。企业是价值平台，要选择实现放大价值。价值创造须知：团企要为顾客提供价值，顾客为团企实现价值。

团企成本主义制胜。传统成本表述是，营业利润＝营业额度－营业成本；现代成本表述是，营业利润＝营业成本－营业浪费。

团企极致主义制胜。苹果公司创始人乔布斯认为，极致主义是在充分考虑客观因素情况下的完美主义，达成目标并持续精进。

团企混搭主义制胜。混搭是将不同风格、不同材质、不同身价元素，确定一个基调主线，其他元素点缀并分出轻重层次加以呈现。

团企跨界主义制胜。团企跨界包括三个环节，即食堂销售环节、中游配销环节、上游产销环节设计，跨界是团企供应链条跨越。

团企极简主义制胜。极简是一种设计风格，以简单极致为追求。思想上讲少就是多，感官上讲简约整洁，品味上讲追求优雅。

团企体验主义制胜。是指顾客与你的公司、你的品牌互动方式的总和，互动不是发生在某时某刻，而是贯穿在整个交易过程。

团企精细主义制胜。易经讲：简则易知，易知则易从，易从则功成，易成则功亲。道德经讲：大事必做于细，难事必做于易。

七　团餐经营赢在口碑
——团餐口碑打造

团餐企业口碑经营要把握做一单成一片的原则，比如，做成一单学校就要把学校团餐做到极致。用口碑经营赢得第二单、第三单，然后做到区域同类市场覆盖。做一单企业、做一单医院也是同样的道理。

（一）做好产品做好满意

做好产品做好满意，要把握口碑培育、最佳设计、口碑营销三个关键词语。

1. 团餐经营口碑培育

顾客满意设计，是顾客在享用团餐企业提供的环境、服务、产品后的综合感受指标，要超越顾客的心理预期才有满意度指标设计。顾客满意有说出的与未说出的满意；一份已知的投诉，代表若干未知的投诉。

顾客忠诚设计，是顾客对团餐企业环境、服务、产品设计持续满意所表现的状态，顾客忠诚只要不被伤害就会持续复购。顾客忠诚既需要商业模式持续晋级，又需要顾客维系持续升级，两者相向而行才能走下去。

顾客最佳设计，是顾客不但喜欢团餐企业的环境、服务、产品，而且对别人说“你的企业好”，并向业界、同仁推荐你的团餐企业。这是口碑营销专利，当然口碑营销来自最佳顾客，因而有很少的占比。

感性消费设计，是大食堂时代消费设计，能够做到有温度、有味道、有礼貌就是了不起的设计，这是感性消费时代的工作设计。导致“大锅饭”是价格低、不好吃的代词称呼，需要向更高级别食堂店态持续晋级。

感动消费设计，是美食广场消费场景设计，顾客有选择、有美食、有体验，才有感动消费设计。感动消费要超越顾客心理预期，就要实现从普通食堂向精美餐厅，从精美餐厅向美食广场持续跃迁、持续升级。

体验消费设计，是智慧餐饮的消费设计，顾客从进入选餐到美食体验，到用餐完毕，要有无缝链接的体验“丝带”，让顾客感觉便捷、效率、惬意。显然，体验“丝带”背后要有主题、主线、主求之间无缝链接设计。

2. 团餐经营最佳设计

持续消费。回头顾客、忠实顾客、最佳顾客是有梯级的，团餐企业要有顾客管理设计，不能够只谈论固定顾客的抽象概念。持续消费要打造持续创新、引导消费、规避疲劳实力，才能使满意顾客比例持续升级。

推荐客户。选出最佳顾客，持续消费，推荐客户，是典型行为，团餐企业要有最佳顾客名单，并做好每周跟进、活动设计、互动设计。特别要利用好包房餐饮、商务餐饮、零点餐饮机会，向客户推荐团餐企业。

称赞企业。说企业好，赞美企业，是最佳顾客行为。团餐企业要给最佳顾客激励，以感恩的心、感谢的情，感激顾客。要做好产品、服务、环境基本功，使赞许可持续。

口碑传递。口口相传，口对耳传播，展现企业魅力是典型行为，团餐企业需要培育口碑制造，因为顾客相信口碑而购买的概率要超过广告数倍。团餐企业开单，要接受新客户的尽职调研，调研也是团餐企业接受评价的过程。

容忍失误。容忍误区、容忍怠慢、容忍错误，是典型行为，团餐企业赞美最佳顾客行为，最佳顾客站在团企角度为团企思考。最值得赞美的最佳顾客，不但赞美你的企业，而且容忍你的失误，还能为你的失误找借口。

“铁粉”层级。顾客回头、粉丝生成、“铁粉”升级是典型行为，团餐企业需要“铁粉”比例培育，“铁粉”是最佳顾客中的最佳比例设计。虽然只有 3%、5%、10% 的极少占比，但对团餐事业的发展有巨大影响力。

3. 团餐经营口碑营销

走心模式。走进顾客心里，破译心理密码，把握顾客行为，是走心模式的三部曲。当然，走心模式要用数据支持把工作做细。要有线上、线下、活动设计，要有交心、恳谈、忘年设计，用心灵呼唤心灵。

走口模式。顾客称赞企业，顾客口碑传递，口对耳的广告，是走口模式的三部曲。当然，走口模式要有最佳顾客客层培育，要有舌尖上的体验设计，要有机会、机缘、场景设计，需要做好功课。

走肾模式。舌尖上的美味、舌尖上的感受、舌尖上的体验是走肾模式的三部曲。当然，走肾模式有味道、温度、工艺支持。餐单设计要有品类组合、品种组合、味型设计、营养分析以及“三高”产品、清真产品设计。

口碑制造。匠人精神制造、极致主义制造、精细主义制造是口碑制造的三部曲。当然，口碑制造要培育忠诚顾客、最佳顾客。牢记：匠人精神导入顾客有感受，极致主义制造顾客有体验，精细主义设计顾客有感知。

口碑营销。团企经营口碑营销是营销设计的最高境界。没有口碑制造机制制造口碑营销，只能从最佳顾客口口传递生成。团餐企业要做好自己。生成更多的忠实顾客与最佳顾客，才能提升口碑传递的比例与秩序。

务实营销。团餐企业口碑营销是最经济的营销、最务实的营销、最简洁的营销，团餐企业只有做好自己，才有口碑营销生成。客观地讲，口碑营销若精准到位，可提升业绩。口碑营销可低成本运作。

（二）做好性价做好体验

做好性价做好体验，要把握一单一类、血拼规避、通路设计三个关键词语。

1. 团餐经营一单一类

样板经营。团餐企业进入任何项目，都要以样板店的态度做好这单生意，并梳理商业模式，取得示范效应，快速成型复制。这是团企连锁经营、区域布局、占有市场的方略设计。

模式成型。内容包括产品模式成型、服务模式成型、环境模式成型、网络模式成型、沟通通路成型、活动组合成型。复制成型模式，这是团餐企业经营，在商业模式被市场认可的基础上的提炼、升华，是复制经营的前提。

市场认可。产品组合认可、服务设计认可、环境主题认可、网络平台认可、沟通通路认可、活动组织认可。市场认可是关键。市场认可是指团餐项目合作方、用餐顾客、合作伙伴认可，团餐项目才能可持续发展。

顾客满意。内容包括领导人员满意，高级管理人员满意，中层人员满意，基层人员满意，顾客满意是分层次的。须知：总体满意才是满意。顾客满意要求服务零缺陷，出品高品质，环境附加值，如此才能让顾客享受高性价比。

超越期望。走进顾客内心，破译心理密码，超越顾客期望，赢得顾客满意。顾客心中有评价尺度，有定盘的星，要超越顾客期许。超越顾客心理期望，既要做出一次性超越预期努力，又要有持续性的长期主义设计。

项目推荐。顾客满意、顾客忠诚、顾客最佳，口碑生成。衡量一个项目是否成功，关键是要看做一单能成一类的效果。如果有顾客推荐顾客的范例，说明项目运作获得巨大成功。这也是实现稳健经营的关键。

2. 团餐经营血拼规避

招标参与。做好前期功夫，做好自己功夫，做好客户沟通，用专业水平、技术支持、管理体系、顾客满意赢得优势。显然，招标参与纸面实力、顾客关系、公共事务三条主线共同驱动的前提是做好自己。

投标设计。内容包括标书理性设计、合同理性设计、背书理性设计、数据理性设计、业绩理性设计、专长理性设计，要用实力来说话。标书设计要吃透模式，合理布局、图文并茂、夹叙夹议旨在收获业绩。

竞标智慧。把握线上交流与线下交友二者并行，桌上交流与桌下交友二者并行，场内交流与场外交友二者并行，赢得认可与交朋友二者并行，做好自己与真正交友二者并行五个要点。竞标智慧是生存智慧、竞争智慧。

竞争分析。把握展示核心专长、核心能力、模式升级、订制设计，以及规避不良竞争、规避低俗行为、规避关系经济 7 个要点。用核心专长、核心能力讲述，在服务期间为顾客创造体验、价值、满意。

代价分析。把握过度竞争、相互压价、价格血拼，如同在拳台上靠点数微弱优势获胜，虽然获胜但已是伤痕累累，难以永续经营。竞标参与要建立公平、公道、公正的指导思想，以实现长期主义的稳健经营。

血拼规避。团餐企业做好自己，用业绩说话、数据说话、实力说话、体系说话、品牌说话是有效规避血拼的策略与智慧设计。用核心专长讲供应链条支持，讲运营体系设计，讲顾客价值创造，讲精益管理逻辑。

3. 团餐经营通路设计

网页通路。团餐企业要有企业网页通路，顾客可以点击网页、浏览网页，了解企业。团企要设计专门网页并进行内容管理。互联网时代，门户网站、成功企业、成熟企业不但有邮箱、网址，而且有网页、内容设计。

邮箱通路。团餐企业要有企业邮箱通路，顾客通过邮箱发送文件、接收文件沟通互动，大文件一般要通过邮箱通路实现。互联网时代，通信技术持续升级，人们感受到了邮箱代替传真所带来的便利与效率。

微信通路。团餐企业要有企业微信平台，运用微信社区、微信社群、微信链接，通过牵心、牵口、牵手模式培养企业粉丝。互联网时代，网络与通信结合生成了微信技术。微信有移动、即时、时时沟通的优势。

电话通路。团餐企业要有企业电话平台，运用固定电话、移动电话、呼叫业务实现与顾客有效沟通、电话沟通、便利沟通。互联网时代，网络再发达也不会替代电话通信的功能，团餐企业要有通信系统设计。

呼叫通路。团餐企业通过企业呼叫通路，实现销售终端与配送部门、配送人员、配送车辆随时沟通、即时沟通、及时沟通。在没有 WIFI、通信受阻的背景下，使用呼叫通路能实现沟通效率预期。

客服通路。团企通过网页通路、邮箱通路、微信通路、电话通路、呼叫通路设计，与顾客有效沟通、时时沟通、即时沟通。对顾客反馈、顾客满意、顾客建议，及时吸纳、及时回复、及时完善，才能做好自己。

（三）做好口碑做好推荐

做好口碑做好推荐，要把握事业设计、固定生意、做好自己三个关键词语。

1. 团餐经营事业设计

顾客在哪儿。目前，顾客看数字媒体的时间已超过看电视媒体时间。团餐企业沟通设计要跟着顾客走，运用好邮箱、微信、社群数字媒体。在电视、广播、杂志、报纸传统媒体业绩下行背景下，数字媒体面临新机遇。

团企去哪儿。顾客去哪儿团企去哪儿，这是团餐经营逻辑。走进顾客心里，破译心理密码，掌握顾客行为，是团餐企业的不二选择。既然团餐事业出发点与落脚点是为顾客创造价值，那么团企需要与顾客相向而行。

顾客客层。领导层招待、管理层商务、员工层刚需，70 后需求、80 后需求、90 后需求，菜系美食、跨界美食、混搭美食。产品组合要考虑用餐人员管理层级、年龄阶段用餐分析、品味品种组合设计三个要点。

消费偏好。不同地域偏好、不同习性偏好、不同年龄偏好，健康美食偏好、素食美食偏好、杂粮美食偏好，偏好用货币选择。中国人是杂食类人群，不同饮食偏好受口味习性、口味传承、口味选择制约。

疲劳规避。视觉疲劳、味觉疲劳、感觉疲劳是疲劳的综合体现。顾客疲劳考量着团餐企业的研发能力、创新能力、推出能力。由于团餐是以固定顾客为主的工作餐设计，所以有效规避疲劳使团餐免于被迫淘汰出局。

节目设计。节令美食设计、节日美食设计、美食周设计，季节变化设计、节令菜肴设计、月度餐单设计，要做好节目设计。当四周产品设计有保留、有转化、有创新时，能有效规避视觉、味觉、感觉疲劳。

2. 团餐经营固定生意

品类设计。以档口模式呈现，每个档口都是品类，都要精选，都要设计。品类可以迭代，可以更换，可以改良，可以超越。先做好品类，再做好产品，后做好组合，无论是在餐线还是在档口呈现都能打造 IP。

品种组合，设档口品类模式，用品类选择、品种组合形成互补，即原料互补、味型互补、工艺互补，产品互补方便顾客选择。品种组合是品类确定前提下的品相深度设计、品系的组合设计，是难度高的选择。

品种创新。设档口品种组合，用品种创新支持季节创新、月度创新、每周创新。团餐企业要思考：顾客为何选择你？由于团餐是以固定顾客为主，以被动复购为主的工作餐，所以创新是赢得顾客的关键。

客层分析。70 后客层、80 后客层、90 后客层，吃肉人群、食素人群、清真人群，“三高”人群、“六高”人群、减肥人群，要深度分析。5 年一个代沟，10 年一个迭代，团餐经营要考虑创新；六大人群的不同需求，要考虑餐单定制。

习性分析。一方水土养一方人，7 岁已经定了口味，消费习性是传承的，符合消费习性的产品设计一定会受到顾客的好评。显然，餐单设计、品类设计、品种组合要考虑顾客年龄、地域、口味习性特点与特征。

味觉分析。要把握浓香、味厚、清淡，香辣、酸辣、麻辣，咖喱、豆豉、酱汁，调料、小料、香辛料，舌尖、舌根、两侧味觉体验。冷菜、热菜、汤菜、面点都要考虑味型组合、味觉组合、味道感受艺术。

3. 团餐经营做好自己

总裁层级。领导层的招待餐讲原料、讲手艺、讲盘饰，讲味型、讲温度、讲品相。招待餐有临时特征，考量团企整合能力。“国八条”出台以后，领导层的招待餐内化，要求团餐企业要有大厨团队以做好宴席设计。

高管层级。管理层的商务餐讲味道、讲适量、讲工艺，讲温度、讲效率、讲养眼。商务餐有小酌、休闲、小聚特点。商务餐以零点餐单与商务自助为主，强调精致、味道、养眼，要注重上菜速度与顺序。

雇员层级。员工层的工作餐讲味道、讲温度、讲份量，讲效率、讲安全、讲性价。员工餐有时效、安全、好吃的特点。由于员工餐要分两个或三个批次用餐，所以要考虑好批次、温度、味道的组合设计。

品类品种。品类设计要考虑混搭，品种组合要考虑互补，原料运用要考虑通用，味道设计要考虑客层，品类品种不简单。品类品种组合，既有纸面设计实力，又有出品品质的持续稳定，还有顾客用餐体验满意。

时间效率。1 个小时时间、所有用餐人员、3 个轮次设计、时间效率第一，即团餐出品能完成一小时内出餐、用餐、体验是硬道理，才有动线、品类、品种，时段、周转、效率，温度、口味、菜式的组合设计。

变化设计。内容包括季节变化、月度变化、每周变化，菜式变化、原料变化、味型变化，菜系混搭、民族混搭、中西混搭变化设计。餐单设计要拼研发转化，要拼持续变化，旨在能规避视觉疲劳、味觉疲劳、感觉疲劳。

八　团餐经营赢在品牌
——团餐品牌培育

团餐企业品牌经营要把握品类品牌、营销品牌、行业品牌之间的逻辑关系，在坚信大品类出大品牌的同时注重品牌培育。当然，要从品类品牌入手，打造地方品牌，成就行业品牌，这是团餐能赢在品牌的商业逻辑。

（一）团餐品牌打造顺序

团餐企业品类品牌，要把握品类品牌、确定赛点、确定价值三个关键词语。

1. 团餐企业品类品牌

品类是指团企进入哪种业态要明确主流客层定位，选择哪种店态要确定主题、功能、布局，设计哪种业种要把握产品组合逻辑。

品类是指目标顾客购买某种商品获得的单一利益点，简称 SBP。每个单一利益点都是由物质利益、功能利益、情感利益构成的。

AC 尼尔森调研公司认为，品类即“确定什么产品组成与类别，这与消费者感知有关，应有对消费需求驱动与购买行为的理解”。

家乐福认为，“品类即商品分类，一个小分类代表一种消费者需求”。品类即商品种类，一个品类指顾客要购买的商品或服务。

品类分为四个角色：目标性品类、常规性品类、季节性品类、便利性品类。不同品类角色扮演，有不同品类策略与品类目标。

目标品类是一个门店或品牌的标志性品类，能起到创造形象、吸引客流、增加客流、创造销售的作用。值得花费心力精耕细作。

目标品类应与最优条件匹配，如最大频率促销、最佳陈列位置、最优竞争价格、最佳进货补货、最优结款期限五大最优组合。

单一品类优势分析。品类单一，做好标准化、规范化、定量化、程序化运作。当然，选择单一，如果不是强需求，顾客会产生疲劳。

复合品类优势分析。主打一个品类，辅助一个品类，构成复合品类。如麦当劳汉堡品类系列加休闲品类系列构成复合品类。

2. 品种就是确定赛点

广义产品定义，是指人们通过购买而获得的，能满足某种需求与欲望的物品总和，既包括具有物质形态的产品实体，又包括非物质形态的利益，这才是产品整体概念，即产品是有形实体与无形利益的综合设计。

狭义产品定义，是指有特定物质形状与用途的物品，是看得见、摸得着的实务。显然，物质形态、具体用途、物理属性是核心内容。当然，颜值设计、规格设计、比例秩序、图文表述是产品内涵的外化表现形式。

团餐企业产品通过餐单设计呈现，是饮品、冷菜、热菜、汤菜、面点品类组合。每个品类又包括若干品种，构成餐单设计的核心内容。当然，要考虑味型设计、工艺技法、口味温度、价格秩序具体核心卖点设计。

餐单设计以季节为主线，运用末位淘汰法，推出春、夏、秋、冬四套餐单，并有招牌菜、口味菜、滋味菜、时尚菜、季节菜核心内容组合。当然，背后要有产品研发实力。牢记产品是流动的，符号是永存的。

产品是指核心利益、形式产品、期望产品、附加产品、潜在产品五个层次组合。顾客购买产品，首先要能满足自身需要的使用价值，即产品核心利益；形式产品，即产品是由品质、式样、特征、商标、包装五个形式特征构成的；期望产品，即购买者在购买产品时，期望得到与产品密切相关的整套属性与条件；附加产品，即购买者在购买产品时，希望能得到的附加服务、利益等附加价值；潜在产品，即现有产品，包括所有附加价值，可能发展成为未来最终产品价值。

3. 品牌就是确定价值

广义品牌是指有经济价值的无形资产，用抽象化、特有的、能识别的心智概念来表现品牌的差异性。当然，好名称、好记忆，好比例、好秩序，好色彩、好文字，好口碑、好传递，是品牌打造的充分与必要条件。

狭义品牌是指有对内对外两面性的“标准”或“规则”，是通过对理念、行为、视觉、听觉四个方面进行标准化与规则化设计，使品牌具备特有性、价值性、长期性、认知性的识别系统的总称，我们称之为 CIS 体系。

品牌是团餐企业加在产品与商品上的标志，是由名称、术语、符号、标志、图文设计与组合构成的。品牌一般包括两个部分：品牌名称与品牌标志。无论名称还是标识都要商标局、市场监管局备案，才有法律效力。

团餐企业创建品牌，是不断创造时尚、培育文化的过程。随着团企做强做大，不断从低附加值向高附加值升级，再从产品研发优势向文化创新优势跃迁。当品牌文化被市场认可并接受，品牌才会产生市场价值。

品牌是能给拥有者带来溢价、产生增值的一种无形资产，它的载体是用于与其他竞争企业产品或劳务相区分的名称、术语、标志、记号、设计、组合，品牌增值源泉来自消费者心智中形成的有关载体的印象。

品牌是人们对团企产品组合、售后服务、环境价值的评价、信任、认知。品牌是商品品质的代表，当人们想到某品牌时总会联想到产品、服务、环境要素。品牌是从名牌到知名、著名、驰名品牌的持续晋级。

（二）团餐企业营销品牌

团餐企业营销品牌，要把握做好自己、智能餐饮、营销品牌三个关键词语。

1. 做好自己品牌分析

做好产品研发。产品是团餐企业生命根基，创新是团餐企业的经营之道。显然，产品研发是团餐企业竞争优势的体现，产品研发可以延长企业品牌生命周期。做好产品研发要把握好原料、好味型、好加工、好技法。

做好产品出品。产品是食堂营运的决定因素，出品是产品品质稳定的体现。产品出品要好味道支持，好技术支持，好餐单支持，好流程支持，好制度支持。做好产品出品要把握好组合、好点击、好控制、好性价。

做好简约服务。服务是食堂营运的重要因素，简约是服务模式转型之需。简约服务需要做好服务组织优化，做好人员数量设计、人员排班设计工作。做好简约服务要导入顾客自我服务，减少与顾客接触点。

做好环境主题。环境是食堂营运的关键因素，主题是环境设计的思想灵魂。环境主题要理解企业经营价值，理解企业品牌形象，要对接顾客消费诉求。做好环境主题要把握企业标识、色调、语言、诉求的整体定位。

做好顾客体验。顾客是团餐企业生存之本，体验是顾客满意综合感受。顾客体验是团餐企业应关注的经营内容，要符合顾客期许，符合自身业态。做好顾客体验要突出差异化、个性化、场景化、价值感设计。

做好口碑相传。口碑是顾客认可企业模式，传播是团餐品牌扩展之法。口碑相传是团餐企业顾客管理的重要工作，要满足顾客心智，管理传播渠道。做好口碑相传要策划推动、营销拉动、公关活动持续维系。

2. 智能餐饮品牌培育

智能灯光指标导入。食堂智能灯光设计旨在给不同区域营造真实、健康、舒适的光环境。通过光线立体设计，达到人体感官的良好体验。光环境设计以自动调光为切入点并考虑光线颜色、强度、角度的互补关系。

智能温度湿度导入。食堂温度湿度设计应以人为本，通过智能设备设施导入实现。食堂不同区域要执行不同温湿指标要求，以环保、节能、绿色为第一要务，同时体现出区域与单元的工作性质与环境特质。

智能软件控制导入。POS 系统，即销售时点信息系统。商品销售通过自动读取设备直接读取商品销售信息，通过通信与电脑传送至后台以提高运算效率。我国团餐业态堂食出品与档口交易都已导入 POS 系统。

智能食堂营养标注。智能设计是运用食品行业营养标注方法，借助智能硬件、智能软件，对出品进行营养标注，使顾客清晰了解餐品营养构成，方便顾客根据自身健康状况选择餐品，旨在实现营养均衡设计目标。

智能沟通通路导入。通过食堂网址、食堂邮箱、食堂微博智能设计，以及总部与食堂 OA 打透、物流与食堂 ERP 链接、食堂与 POS 组合 6 个维度，实现总部业务、物流、行政与食堂终端信息及时送达管理。

智能餐饮技术导入。技术导入是智力赋能、数据管理、效率升级。21 世纪的今天，用智力密集掌控技术密集、用技术密集替代劳动密集是团餐产业与智能食堂发展的大趋势。要做好数据库与大数据、互联网与物联网链接。

3. 营销品牌内容分析

营销品牌围绕主题。面对不同顾客群体定位，需要注意：店外、店内，线上、线下，传媒、新媒，立体推广设计要聚焦一个主题。须知：若分散顾客注意力，就会加大顾客选择难度，会导致顾客选择体验下降。

营销品牌活动设计。营销品牌要拿极致产品、精致产品、优质产品做活动。通过活动互动提升顾客消费体验，增加顾客点击与复购指标。活动设计属于线上交流，线上品牌推广需要线下体验配合才有实际意义。

营销品牌线下体验。营销品牌要有线下体验。环境设计、服务模式、产品组合，训练水平、乐意态度、专业素养，顾客主义、企业信仰、价值观念，构成体验指标、体验节点、体验“丝带”，以使线下体验营销升级。

营销品牌策略设计。营销品牌既要借助传统营销 4C 策略、4P 策略、4R 策略，又要借助网络营销、移动互联、微信营销，还要借助传统媒体、现代媒体、未来媒体整合营销，才能把营销品牌真正导入顾客心里。

营销品牌故事设计。品牌背后是品类、品种、品质、品格、品味、品德。六大元素要聚焦，语言、符号、图表，用整合营销通过一个形象、一个声音、一句话讲故事，实现团餐企业与顾客间有效沟通设计。

营销品牌口碑传递。营销品牌在品牌入市之前要做好产品设计、服务设计、环境设计、管理设计、训练设计、体系设计，打造无缝链接体验“丝带”。通过走口、走手、走心模式提升体验，形成口碑，口口相传。

（三）团餐企业行业品牌

团餐企业行业品牌，要把握业态品牌、区域品牌、跨区品牌三个关键词语。

1. 业态品牌起家分析

学校业态品类进入，即小学、中学、大学教育业态进入。业态是商业模式的表现形态，学校业态是教育产业小学、中学、大学教育的集合。有些团餐企业做大学、中学、小学业态起家，再从纵向走向横向连锁。

机构业态品类进入，即政府、事业单位、机构政务业态进入。政府机关、事业单位、服务机构是团餐业态进入的重要选项。机构团餐有包房宴席、自助餐饮、小吃组合要求，团餐企业要有研发体系与专有团队设计。

公司业态品类进入，即网络、金融、地产公司业态进入。网络公司、金融公司、地产公司都属当红业态，有零点餐饮、下午茶餐设计需求，要求团餐企业有开设零点餐饮、下午茶餐组合能力，难度系数在升级。

企业业态品类进入，即石油、矿山、油轮、动车业态进入，包括总分公司团餐设计、油田矿区团餐设计、油轮动车团餐设计等形态。企业业态有机构白领与企业蓝领两个类别，要做好分类、整合、垂直设计。

医院业态品类进入，即公立、私立、地方医院业态品类进入。医院业态有全年度、全天候、全时段、全品类用餐特点，有医护餐、雇员餐、病人餐、陪护餐用餐需求。医院业态需求也为团企经营增加了难度。

军队业态品类进入，即军事院校、部队后勤、野战军种业态进入，军校已经放开，后勤已经放开，野炊已经放开，活动已经放开。这既是团餐企业的机遇，又为团餐企业提出了要求。军队业态团餐需求在持续升级。

2. 区域品牌形成分析

区域业态品牌须知。业态品牌纵向连锁，是以品类为核心纵向精耕细作梳理。以学校、机构、公司、企业、医院、军队业态为切入点，树立样板，纵向连锁，形成规模，这是区域业态品牌打造第一种品牌逻辑。

区域业态品牌连锁。业态品牌横向连锁，是以品类为核心横向宽频链接设计。在以学校、机构、公司、企业、医院、军队业态为切入点，在纵向连锁的基础上实现横向连锁，这是区域业态品牌打造第二种逻辑。

区域业种品牌须知。业种品牌纵向连锁，是中餐、自助、小吃组合链接设计。业种是卖什么，即产品组合。团餐企业区域业种品牌打造，是在相同业态的前提下推广的产品组合。不同业态产品组合有所不同。

区域业种品牌连锁。业种品牌横向连锁，是产品、服务、公司品牌差异连锁。客观地讲，团餐企业业种经营与星级酒店餐饮经营近似，是包房、零点、自助、小吃、饮品等产品品牌的差异连锁，难度更大。

区域物流打造须知。区域物流打透设计，是产销、配销、销售品牌链接设计。产销环节确保食材生态、产地、品牌指标，配销环节确保净料、酱汁、料包食品安全，销售环节确保包房、自助、小吃出品满意。

区域物流打造连锁。区域物流打造连锁，是生态、绿色、有机食安链接连锁。销售终端提出申购要求，配销环节提出采购要求，产销环节提供绿色食材，打透三个环节是实现食材产地、厂家、品牌化的前提。

3. 跨区品牌打造分析

站在行业风口。分析行业品牌发展轨迹不难发现，在不同发展阶段，只有行业品牌定位准确、选择正确、持续超越，才能站在行业风口。

具有影响能力。分析行业品牌影响能力不难发现，在不同市场环境下，行业品牌影响市场，影响行业，影响同业，具有很大的影响力。

代表城市名片。分析行业品牌做城市名牌不难发现，在不同地域市场，行业品牌经营，代表城市，口碑相传，城市名牌是交往的名片。

跨区发展布局。分析行业品牌的跨区布局不难发现，在不同发展阶段，行业品牌跨区连锁、跨区布局、跨区经营是版图设计。

行业排名前卫。分析行业品牌的行业排名不难发现，在品牌排序过程中，行业品牌是领导品牌、第一阵营。进前三名排序占优势。

持续引领经营。分析行业品牌的持续引领不难发现，在不同产业环境，行业品牌能持续创新，持续超越，持续引领，在行业内才有话语权。

行业品牌天赋。行业品牌具有站在风口、有影响力、城市名片、跨区发展、行业翘楚、引领经营的特性。行业品牌有持续成功与成长的禀赋能力。

行业品牌风口。如小米创始人雷军所说“猪在风口上都能够飞”。须知，猪要能够持续飞跃，就要长出翅膀，借风飞翔。

行业影响能力。一个追求持续成功与成长的团餐企业，不能只低头挣钱，还要注重公众形象，从事公益事业，推动行业发展。

九　团餐经营赢在体系

——体系复制能力

团餐企业连锁经营要实现区域连锁、跨区连锁、大区连锁三次跃迁，要实现“总部连锁、部门支持、门店复制”12字经营方针；团餐企业连锁经营是服务体系、厨务体系、行政体系复制经营。

（一）总部指导体系设计

总部指导体系设计，要把握战略体系、制度体系、文化体系三个关键词语。

1. 连锁总部战略体系

连锁总部是连锁经营体系大脑中枢，团企总裁是大脑中枢思想供应商，负责战略、制度、文化、模式、连锁、品牌体系设计。

连锁经营战略设计。连锁经营发展战略通过战略意图、选择、目标，宗旨、使命、愿景，策略、步骤设计，以生成战略布局。

人力资源战略设计。人力资源作为第一资源要与发展战略匹配，旨在通过人力资源战略设计，用人才匹配实现战略布局设计。

产品研发战略设计。创新是企业的生命，产品作为赢利的决定因素，通过产品研发导入支持一年四季餐单、月度每旬餐单的实现。

营销组合战略设计。传统媒体、现代媒体、未来媒体组合运用，通过主题、策略、布局，实现用营销组合拉动生意，提升期许。

品牌培育战略设计。新创品牌、成长品牌、成熟品牌是品牌攻略设计，好品牌要创新，好品牌要精进，好品牌需要持续引领。

多元发展战略设计。主业选择、辅业选择、互补选择，是上市经营策略。多元发展也是战略设计、成熟设计、发展设计。

发展战略主导设计。团餐企业要有发展战略设计，并有一年计划、三年规划、五年战略设计，以实现近期、中期、长期组合。

战略体系整合设计。发展战略设计要有人力资源、产品研发、营销组合、品牌培育、多元发展战略体系配合，以实现战略互补。

2. 连锁总部制度体系

制度是宽频的范畴，包括体制、机制、制度三项。体制解决公司制度问题，机制解决动力驱动问题，制度解决行为约束问题。

管理体制总体设计。公司制度、法人治理、决策程序、监督机制是管理体制的组成要素，管理体制是制度设计的顶层设计。

动力机制策略设计。物质激励（股权期权、周薪制度、小时工制、计件制度、奖惩制度）、精神激励、发展激励解决动力机制。

制度体系理性设计。基本制度、工作制度、责任制度构成运营制度设计。基本制度是宪法，工作制度是规范，责任制度是担责任。

手册使用细则设计。营运手册、管理手册、训练手册，赢在细节、赢在规范、赢在标准。手册使用能实现食堂体系复制经营。

工具配置精准设计。表格工具、单据工具、数据工具，旨在通过工具设计在作业层面实现告别模糊、走向精确持续评价管理。

程序节点极简设计。流程为王、节点为王、细节为王，通过流程、节点、细则设计，团企能赢在效率、赢在程序、赢在管理。

制度体系解决体制问题、机制问题、制度设计，这既是连锁经营总部经营无法规避的体系设计，又是做强、做久的法理设计。

制度设计逻辑梳理。体制层面制度设计是顶层设计，机制层面制度设计是激励设计，执行层面制度设计是约束设计，这是制度设计的逻辑。

3. 连锁总部文化体系

连锁总部功能。负责视觉体系设计，生成视觉手册。视觉手册包括视觉部分、理念部分、行为部分，难度在理念与行为部分。

标准视觉部分。解决标准字体、标准颜色、标准图文设计问题，用 LOGO 浓缩实现视觉传播，这是任何团餐企业都要下的功夫。

应用视觉部分。视觉设计在应用层面通过应用 VI 实现，即通过路广、标牌、水牌、店头、店内、电视、网络、微信媒介实现。

价值观念部分。通过价值观念设计，包括经营型、管理型、组织型、服务型、作业型价值观念的组合，使价值观念落地。

企业文化部分。企业宗旨、企业使命、企业愿景、企业精神、行为准则，是企业文化理念核心要素。

行为规范设计。基本制度、工作制度、责任制度都是约束，制度设计是热炉法则，制度面前人人平等，制度法则是刚性法则。

行为准则设计。行为准则、行为规范、行为箴言，是行为设计的工作指南、尺度、依据。三项行为准则设计，一项都不能少。

CIS 系统设计。视觉设计、理念设计、行为设计，构成企业文化载体；连锁总部践行、示范企业文化，才能使企业文化有根！

企业文化手册。内容包括总裁宣言、企业简介、成长历程、获奖资质、核心专长、工作准则、商务准则、制度规范，要用心设计。

（二）体系支持体系设计

体系支持体系设计，要把握业务体系、物流体系、行政体系三个关键词语。

1. 连锁经营业务体系

业务体系架构设计。包括项目营建、食堂营运、产品研发、管理训练、营销策划五大部门，体系也是创造价值的部门设计。

营建部门平台支持。包括项目选址、营运点的基础数据，产权交易、契约签订经营权力，项目营建、施工布局与施工品质等内容。

营运部门管控支持。通过营运设计、营运督导、营运协调管控食堂终端，以实现团餐企业的领先经营、个性经营、持续经营。

研发部门创新支持。完成研发提案、上线排单，产品试制、技术锁定、工艺锁定，标准设计、批量生产、后商业化创新设计。

训练部门推动支持。基础管理、专业管理、发展管理是训练部门的工作设计。须知：管理训练是中国团餐企业的短板。

策划部门拉动支持。营运策划、危机应对是策划部门的工作设计。策划方案有范本，策划方案要真正能解决问题。

五大部门结构升级。销售终端数量增加，驱动业务体系实现裂变，从而实现从兼职到专职、从简单到复杂、从低级到中级的转型升级。

五大部门创造价值。营建完成项目布局，营运完成日常管理，研发完成创新设计；训练完成管理升级，策划完成解决问题。

部门存在要因分析。部门因专业而存在，专业不同部门不同；部门因分工而存在，分工不同部门不同；部门因协作而存在，部门要独立互补。

2. 连锁经营物流体系

物流体系五大支持。内容包括信息中心体系支持、采购申购对接支持、中心周转仓储支持、加工验收转化支持、配送用货销售支持等。

信息中心工作支持。信息中心是物流体系的大脑中枢，包括对外原料基地、对下销售终端、对内内部运作三个方面的务实支持。

采购部门工作支持。采购部门对外与供应商交易，对内完成配销验货用货，对下接受销售终端评价，对上执行工作任务分派。

仓储部门工作支持。仓储部门是配销中心的核心部门，仓储组织架构延续采购组织架构设计的原理，以服务、厨务、行政仓储为重点。

加工工厂工作支持。加工工厂是配销中心的重要部门，在加工定义基础上，完成工厂管理，工厂订单、出品管理，运行管理、安全管理等。

配送部门工作支持。内容包括配货协调部门关系，装车设计车辆尺度，运输排定时段里程，交易设计交易规则，配送固化送货次数，等等。

物流总裁工作支持。物流总裁是餐企物流体系执掌人，物流总裁工作模式影响物流体系业绩，物流总裁角色决定对销售终端配销支持。

物流体系专业支持。为区域连锁销售终端提供支持，包括信息中心支持、采购支持、仓储支持、加工支持、配送支持五项内容。

物流体系标准设计。包括产销环节标准、配销环节规范、销售环节规定设计。有了物流体系标准，才会有生态、有机、绿色依据。

3. 连锁经营行政体系

行政体系架构设计。包括人力资源部门、财务部门、公共事务公关部门、工程部门、综合办公部门设计。行政体系架构设计让管理人专注食堂营运，实现任务目标。

人力资源体系支持。人力资源的获取、培育、使用是衡量竞争力的标志。团企需要与人才建立劳动、管理、契约等纽带关系。

财务部门体系支持。了解连锁经营体系物品流、表单流、资金流运行，通过指导、监督、控制手段实现对资金与资产的管控。

公共事务体系支持。为总部与政府、主管部门、协会联系，为部门与法律、质检、媒体进行链接，为食堂应对事件、危机提供支持。

工程部门体系支持。工程部门参与项目营建工程监理，为食堂营运搭建平台；负责食堂资产维护保养，为食堂营运保驾护航。

综合办公体系支持。包括文件文档、总务后勤、会务会议，政工政务、法律法务、监察审计，企业报刊、网络管理等具体内容。

五大部门体系升级。行政要做实工作单元、工作岗位，实现结构裂变、转型升级。行政升级会裂变出网络时代行政功能部门。

五大部门任务梳理。人力部门完成培训升迁，财务部门完成日报梳理，公共事务部门应对媒体公众，工程部门完成维保计划，综合部门完成行政转化。

网络管理浮出水面。互联网时代无“网”不胜，网络管理部门无论在总部、部门、食堂，还是在业务、物流、行政的位置都要升级。

（三）终端复制营运体系

终端复制营运体系，要把握服务体系、厨务体系、行政体系三个关键词语。

1. 食堂终端服务体系

食堂服务体系，是组织体系、功能团队、流程体系、管理设计、工具体系、弥补设计六大核心元素的集合、互补、链接设计。

组织体系架构，解决组织设计；职务说明拟订，解决职务描述；岗位说明描述，解决岗位设计；运行规则设计，解决分工协作。

训练团队，解决作业能力问题；促销团队，解决营业提升问题；维系团队，实现顾客满意；宴会团队，负责宴会服务管理。

流程体系设计，是实现服务内容与服务标准的保障。流程有两层含义：三个步骤构成一个作业流程；三个岗位构成一个岗位流程。

管理体系设计。内容包括服务营运管理、功能团队管理、服务行政管理三大设计。牢记管理就是管成本、管浪费、管利润。

工具体系设计。服务营运要告别模糊，走向精确。表格运用、单据运用、制度运用、手册运用是服务营运走向量化的主要工具。

弥补体系设计。良好的弥补体系能化解不满、抱怨、投诉，使团企赢得顾客理解、同情、信任。弥补体系设计是预案与预判设计。

服务营运管理。没有理性、审慎的思考，客观的评价、比较，纵向、横向的参照，团企服务经理无法对服务做定性、定量，进而定义。

食堂服务设计。在提倡优化设计、极简设计、智能设计的同时，基础服务、功能服务、必要服务需要重新定义，需要精进升级。

2. 食堂终端厨务体系

食堂厨务体系，是组织体系、功能团队、流程体系、控制体系、管理设计、工具体系六大核心元素的集合、互补、链接设计。

组织体系架构，解决组织模式；职务说明设计，解决工作设计；岗位说明设计，解决作业设计；运行规则设计，解决协作关系。

功能团队设计。训练团队解决员工生产力，促销团队解决营业额提升，品控团队解决品质控制力，宴会团队负责宴席的设计。

流程体系设计。无论厨务营运设计多么完美，若没有流程保障就没有持续稳定的产品生产与再生产，流程是厨务营运保障体系。

控制功能设计，是请购、验货、用货、加工、制作、出品过程控制。请购、验货、用货、出品控制，是制售出品的品质保障。

管理体系设计。定量时间管理、理性营运管理、功能团队管理、专业行政管理，构成厨务营运、功能团队、行政管理体系管理。

工具体系设计。表格运用、单据运用、制度运用、手册运用是厨务营运走向量化的主要工具。厨务营运要告别模糊，走向精确。

评价管理设计。没有理性与审慎思考，没有客观评价与比较，没有纵向与横向参照，厨务经理无法对厨务定性、定量，进而定义。

食堂厨务体系。需要提升食品安全训练、配餐作业晋级、工艺文件使用、酱汁菜肴设计、营养均衡标注、健康饮食设计能力。

3. 食堂终端行政体系

食堂七大行政。包括行政文员执掌、周转仓库执掌、驻店财务执掌、驻店工程执掌、公共事务执掌、驻店网管执掌等内容。

行政文员执掌。文员扮演着秘书、专员、总务的角色。文员工作包括公文撰写、资料管理、行政任务、和谐邻里、事务处理等。

周转仓库执掌。经理要指导食堂周转仓库，执行正常申购、紧急申购、加急申购、特急申购、先进先出、库存品质的原则。

驻店财务执掌。经理配合驻店财务人员实施财务计划制订、原始数据收集、财务指标监控、日常营运监控、收银系统监控等。

驻店工程执掌。经理配合驻店工程实施资产维护保养，包括执行维保计划、明确使用责任、实施维保作业、做好保养记录等。

公共事务执掌。经理配合公共事务部门，在食堂层面实施品牌维护、事件处理、危机应对、顾客关系、顾客牵心、顾客牵手等。

驻店网管执掌。网管人员检查网络运行参数，包括吞吐速率、响应时间、网络功能，检查控制网络安全、设备响应、设备报警。

食堂行政执掌。由食堂经理亲自担纲，既能实现专业对接，又能实现集约管理，还能实现行政支持。须知：行政软弱，业务则不会强。

食堂行政短板，包括三个方面内容：一是食堂行政与总部行政功能对接，二是食堂行政与总部行政软件对接，三是食堂行政接受训练与评价。

十　团餐经营赢在模式
——交易模式获利

团餐企业经营模式设计以交易规则为前提，具体包括委托经营、委托管理、服务外包三种模式。团餐企业应把握契约经济（合同经济）和信用经济运行规律内在规定要求，按规则接受市场评价与检验。

（一）委托经营模式透析

委托经营模式透析，要把握委托经营、投资经营、租赁经营三个关键词语。

1. 委托经营模式

按经济学原理，委托经营是指受托人接受委托人的委托，按照预先规定的合同，对委托对象进行经营管理的行为。企业或项目委托经营，是以企业或项目经营权为对象，将需要专业经营项目委托给专业机构经营。

在团餐业态中，委托经营是指受托方（团餐企业）接受委托方（需求单位）的委托，按照双方预先签订的委托合同，对委托对象（团餐项目）进行经营管理的行为。委托经营对团餐企业品牌声誉有很高要求。

预订契约原则。签订委托契约，即以法律合同形式载明委托人权利与义务、受托人责任与双方当事人的权利、义务等事项，受托人必须以委托契约为依据来对受托对象履行义务，这是团餐业态委托经营的基础条件。

委托自主原则。在企业委托经营关系中，受托人受托期间拥有委托财产的使用权，受托人有权在保证实现委托人意志前提下，自主经营合乎法律、社会规则的项目，自主经营符合双方意志规定的经营项目。

分开管理原则，即委托人财产与受托人财产要分开管理，不能混为一谈。双方财产要有明确划分，特别是对委托人自有财产应强化管理职能，既不能出现财产损耗大的情况，又不能够出现财产报废大的现象。

和谐关系建立。和谐关系是建立在双方相互信任、以诚相待的前提下，是双方共同遵守委托协议、主动为对方排忧解难的真诚合作。团企应与委托方沟通，了解团餐经营问题，了解具体需求，采取针对策略。

2. 投资经营模式

在经济学的理论中，投资经营是指货币转化为资本的经营行为。投资可分为实物投资、资本投资、无形资产三种。团餐企业投资经营属无形资产投资经营形式，通过劳务派遣与管理导入，最终获取经营利润。

团餐企业投资经营模式也表现为投入部分资金形式，即投入设备资金、流动资金、周转资金，以投入部分资金带动整体资金、资产运转，从而盘活整体资本，满足顾客需求，使部分投资能形成增值。

团餐企业以投资方式经营，在签订经营合同时，应尽量将经营时间签得长一些，这样做既能根据实际情况厘定投入内容与投资额度，又能争取在投资期限内使投入资金价值最大化，并能收回 2.5 倍的投资回报。

团餐企业运用投资经营方式，在厘定投资项目与资金额时，首先要界定投资项目，如是装修项目还是装饰项目，是设备项目还是设施项目，是需要现有人才还是需要引进专业人才，在此基础上界定投资额。

团餐企业运用投资经营方式，要特别关注委托单位实际经营条件，如经营场地条件、就餐场所条件、现有设施条件、现有设备条件、现有能源条件、每餐接待能力、最大接待数量、人均餐标水平等具体内容。

团餐企业运用投资经营方式，要关注用餐顾客的工作性质、消费能力、薪酬水平、饮食习惯等，在此基础上掌握顾客每餐、每日的整体消费状况，根据顾客信息、项目条件、资源条件，再设计相应的经营策略。

3. 租赁经营模式

在经济学的理论中，租赁经营是指所有者或出租人将生产资料出租给承租人使用并收取租金的经营方式。租赁经营是企业的所有者与经营者之间通过订立租赁合同实现企业经营管理权转移，出租方获得收益权。

出租方有义务把资产交给承租方占有、使用，同时有权规定企业的经营方向与范围。承租方作为经营者，具有企业经营管理权，按出租方规定项目经营管理并承担全部责任。承租方要向出租者交纳租金与税收。

团餐经营最初形式是租赁经营，出租方通过租赁餐饮场所，提供餐饮服务，在满足团餐需求的同时赢得团餐利润。租赁经营虽然是一种原始的经营形态，但一直延续至今，很多出租方的档口项目仍运用这种形式。

团餐企业采取租赁经营形式，出租方向承租方提供经营场所、经营设施、经营设备等团餐经营的硬件，承租方向出租方按期交纳租赁费用，并通过自身经营，向对方提供工作餐饮服务，赢取自身的经营利润。

团餐租赁经营是以资产（如餐饮设施、餐饮设备、就餐场地）使用权转移及部分经营管理权为标的。出租方有经营设置权、收益分配权、生产经营决策权，承租方可根据顾客需要来调整自身的餐饮经营结构。

《单位餐饮租赁经营合同》是双方建立租赁关系的载体，包括租赁标的、租赁期限、租赁费用、双方权力、双方义务、违约责任、合同变更等基本内容，租赁经营合同有经济合同的一般特征与法律的约束力。

（二）委托管理模式透析

委托管理模式透析，要把握设计管理、配备管理、专业管理三个关键词语。

1. 设计管理模式

管理模式设计。是根据管理理念、管理内容、管理工具、管理流程、管理制度、管理方法，设计出完善的管理，使团餐企业在运行过程中自觉遵守管理规则。是从管理理念出发，在管理过程已固化的操作系统。

管理模式表述。管理模式 = 管理理念 + 系统结构 + 操作方法 + 管理工具。管理模式设计要契合管理对象的实际状况，即管理模式设计不能脱离管理对象实际。否则，管理模式设计会既缺乏针对性，又缺少有效性。

管理模式初衷。是针对委托方实际状况，根据双方的资源条件，来设计适宜的管理模式，使资源能效发挥达到极致，最大限度地满足委托方团餐需求。这些都依赖于委托管理模式架构、体系、运作的设计。

委托管理模式。是在了解与掌握委托方实际条件与管理需求基础上实现的，团餐委托管理包括全面委托管理、局部委托管理、合作委托管理、单项委托管理模式。采取哪种管理模式，要根据实际情况做出选择。

管理模式须知。团餐企业应运用完整、全面的调查方案，了解委托方项目管理要求、管理目标、管理内容、管理资源、管理条件等现实信息，在此基础之上，设计具有针对性的管理模式，为委托方解决问题。

管理模式设计。团餐企业要运用自身资源优势与管理优势，结合委托方资源条件，设计既能发挥自身特长又能解决委托方问题的管理模式，通过场所管理、设施管理、设备管理、餐单设计、产品研发解决问题。

2. 配备管理人员

适应管理要求。团餐企业管理人员的管理理念要与管理模式要求相适应，要与团餐经营要求相适应，才能使团餐管理人员配备得合理。管理人员是执行管理模式的前提，管理人员配备是管理模式设计的前提。

组织效率最大。管理人员配备要使组织效益最大化。管理人员过多会造成人浮于事，增加组织成本，管理人员过少则不能承担组织任务。要提升组织效率，须知：过多、过少的人员配备都会影响组织效率的发挥。

管理效能最大。管理人员配备原则是使管理效能最大化，管理效能的发挥依赖管理人员的日常工作，依赖管理人员能量的发挥。人员配置要与管理效能匹配，要与管理成本匹配，要求团餐企业配备适宜数量的人员。

把握精简原则。配备管理人员应遵循“小编制、大负荷、高效率”原则。小编制是指组织体系的纵横跨度要小；大负荷是指小编制的组织并满负荷运作；高效率是指通过小编制、大负荷运转，来实现组织的高效率运行。

遵循组织理论。组织规模既定，配备多少管理人员、配备多少工作人员有基本要求与基本规则，人员数量配备过多会增加组成成本，人员数量配备过少将会阻碍组织目标实现，人员数量应与组织体量相匹配。

团餐项目管理。管理人员配置按 1∶6 的比例做人员配置，工作人员配置按 1∶25 的比例做人员配置。应根据团餐项目的规模和体量，如受众顾客人数、就餐场所规模、加工生产能力、出餐时间要求，来配备人员数量。

3. 实施专业管理

专业管理设计。团餐项目管理通过专业管理实现，需要专业管理与项目管理结合、经营与管理结合、运营与营运结合、总部与食堂结合、配销与销售结合，生成符合团餐项目实际特征的管理模式以具体应用。

目标管理设计。团餐企业通过设计一定时期的总目标与项目目标，如营业收入、成本水平、费用水平、顾客满意目标，为全体人员明确努力方向。在此基础上，将总目标进行分解，并与每个项目目标具体链接。

流程管理设计。流程管理是对工作过程的全方位把控，是建立在流程节点控制、节点规范控制的基础上，根据时间顺序来导入管理细则，强调时间过程控制，明确工作过程规范、操作流程规范、作业流程规范。

标准管理设计。标准管理是通过建立工作标准，将标准导入训练环节、工作过程、操作要求、评价要求中，建立定量化、定性化标准，使工作人员按既定标准作业，管理人员按照相应标准进行管控。

绩效管理设计。是将绩效评价与工作责任、工作过程、工作标准、工作规范结合起来，使工作人员与管理人员确定组织与自身目标、相关责任、工作任务、时间约束、规范要求，实现组织绩效与个人绩效链接。

组合管理设计。目标管理、流程管理、标准管理、绩效管理模式要共同运用，使团餐项目管理从一开始就在专业管理的架构下运行，规避单一管理模式的误区，旨在使管理效能发挥到极致，并收获管理效益。

（三）服务外包模式透析

服务外包模式透析，要把握负责经营、负责管理、负责服务三个关键词语。

1. 负责团餐经营

团餐服务模式。团餐项目服务外包是指团餐需求方即服务需求方提出需求，服务提供方即团餐企业提供服务，双方建立服务关系，通过团餐项目经营满足服务需求方的要求，在此基础上收取服务费作为收益。

服务外包形式。服务外包形式是团餐业态普遍采用的经营模式，也是国际团餐企业惯用的经营模式，国际团餐公司通过自身品牌影响力承揽团餐服务项目，并以卓越的服务、优良的出品提供服务并收取费用。

服务外包须知。要掌握受众要求，如工作餐的需求、商务餐的需求、宴会餐的需求、招待餐的需求，并对需求进行深度剖析，包括工作性质分析、就餐人数分析、顾客就餐习惯分析、工作时间分析等具体实施内容。

服务外包注意。在对团餐项目需求方分析的基础上，通过团餐经营措施设计，满足团餐顾客餐饮服务需求。团餐经营措施要有针对性，是针对工作餐还是商务餐，是主导宴会餐还是零点餐，要清楚定义。

服务外包能力。团餐企业运用服务外包模式，立足既有团餐项目、全力做好团餐项目的同时，应利用各种渠道宣传企业品牌，通过借力宣传、满意指标、口碑宣传形式，进行团餐企业品牌培育与品牌经营。

团餐服务经营。团餐企业只有充分掌握顾客的宴席需求、自助餐饮需求、零点需求、小吃需求、饮品需求，并采取具有针对性的服务措施，脚踏实地地为顾客服务，才能建立不同的利润中心，使团餐项目经营最终获利。

2. 负责团餐管理

团餐管理模式。运用服务外包模式经营团餐项目，应导入团餐管理模式，为团餐经营保驾护航。团餐管理模式是管理理念、管理规则、管理标准、管理规范、管理系统、管理操作的集合，旨在保障经营目标实现。

建立出品标准。团餐经营是批量化生产、标准化经营，从食材标准到加工标准，从标准餐单到操作流程，从厨务作业到出品标准，每项作业都有标准要求，都有标准控制，都有规范督导，标准是团餐管理的“圣经”。

注重工时标准。时间管理非常重要，特别是午餐，即“午餐＋午休”一个小时，绝不能拖延。团餐企业出品速度从操作时间界定到作业时间管控，从加工时间把握到出品时间掌控，要以时间为主线，强化时间管理。

把控操作流程。团餐企业应导入流程管理，对团餐生产、加工、营运、作业流程进行控制，在采购节点、验收节点、出库节点、加工节点、烹饪节点、出品节点实施精准的管控措施。通过把控操作流程，提升分工协作效率。

评价工作绩效。绩效管理应导入采购绩效评价、仓储绩效评价、加工绩效评价、烹饪绩效评价、出品绩效评价、成本绩效评价、费用绩效评价，通过绩效评价将员工收益与工作绩效联系起来，以调动员工工作的积极性。

经营管理互补。团餐管理与团餐经营相互补充，团餐管理是在团餐经营的过程中实施的管控，因而导入团餐管理要对经营环境、经营阶段、经营对象、经营措施进行精准分析，才能强化团餐管理职能的具体作用。

3. 负责团餐服务

团餐服务制胜。团餐属于服务经济，自然离不开服务。对团餐企业来讲，应当把团餐服务摆到与团餐经营、团餐管理同样重要的地位，应当强化团餐工作人员的服务观念，使其树立服务顾客的职业意识。

把握服务特性。团餐服务看似简单，实则复杂，它是自助餐饮、小吃餐饮、包房宴席的集合。自助餐饮是大众服务，商务宴席是包房服务，小吃档口是小众服务，团餐服务要针对不同受众采取不同策略。

诉求服务特色。团餐经营、团餐管理、团餐服务的集合是团餐项目的“三驾马车”，在强化团餐经营、团餐管理的基础上推进团餐服务，是团餐企业导入团餐服务设计的规定动作，关键要提升顾客体验与满意指标。

设计服务团队。在强化团餐服务特色的同时，团餐企业应设计服务团队，旨在将服务理念、服务意识、服务特色导入团餐经营与管理过程。团餐企业服务团队设计，应从服务内容、服务成本、兼职服务入手。

导入适度服务。团餐服务强调服务的适度性，即在工作餐服务过程的适度，在商务餐服务过程的适度，在宴会餐服务过程的适度，以在食品安全、出品速度、温度口味、菜品品相、营养配餐方面赢得优势。

团餐服务升级。团餐服务不是可有可无的，必须做好并做到位。弘扬服务理念，把握必要服务，回应服务特色的诉求，注重服务团队的精进，服务措施到位，等等，将提升团餐项目顾客满意指标与水平。

十一　团餐经营物流体系
——物流为王设计

团餐业态可持续发展要打造上游产销、中游配销、下游销售产业链条，团餐企业可持续发展要打造信息、采购、仓储、加工、配送物流体系，团餐企业区域连锁要把握总部连锁、体系支持、食堂复制的方针。

(一)物流体系架构设计

物流体系架构设计，要把握布局分析、功能分析、作业分析等多个关键词语。

1. 信息中心布局分析

信息中心架构分析。行政办公单元、物流数据单元、收银报表单元构成信息中心架构设计，在此基础上完成工作分析、职务说明、工作细则、工作指导设计。信息中心运行效率，既有硬件效能又有软件贡献。

信息中心功能分析。信息中心是物流体系的大脑中枢，对上执行物流总裁的工作指导，对下与销售终端进行经济信息交流；对内整合信息做工作任务分派，对外与供应厂商及第三方对接。信息中心本身智力密集。

信息中心软件分析。信息中心软件包括总部行政办公软件、物流数据生成软件、终端收银财务软件。信息中心软件配置语言要兼容，不要产生信息孤岛，旨在提升移动办公、远程控制、运算效率理想预期。

2. 采购部门功能分析

采购部门架构设计。与门店申购，包括服务申购、厨务申购、行政申购三大类别相适应，采购部门组织架构设计包括服务采购、厨务采购、行政采购三大单元，并有职务说明、工作设计、制度设计文件。

采购部门功能分析。根据销售终端申购需求，接收信息中心任务分派，实施常态、批量、季节采购；采购价格商定、采购价格调整由经理办公会议决定；采购价格执行、采购作业账期设计由采购部门来执行。

采购部门验货作业。采购部门负责到货时间、仓储部门负责验收品质、财务部门负责验收价格是验货作业的基本程序。导入智力赋能，在批量验货的前提下使用电子泵秤、叉车装卸，要完成批量抽检作业设计。

3. 仓储部门作业分析

仓储部门架构设计。采购部门架构设计包括服务采购、厨务采购、行政采购三个单元，仓储部门架构设计包括服务仓储、厨务仓储、行政仓储三个单元以及不同库别设计，以实现横向协作无缝链接。

仓储部门功能分析。建立冷冻、保鲜、干货、粮油、调料、物料、物品、行政八类库存，建立实体库、概念库、第三方、外租库、移动库五类库别，实现进、销、存闭环作业与账物、账账、物物之间的相符。

仓储部门软件设计。仓储部门除了实体库存以外，还要设计虚拟库存，即用计算机模拟所有实体库存的货架、货位、货号，空间、码放、距离，动线、交通、安全数据，完成进、销、存环节账账、账物处理。

4. 加工部门订单经济

加工部门架构设计。加工部门或叫加工工厂、中央厨房，组织架构设计包括净原料半成品单元、味汁酱汁底汤单元、速凉打码包装单元。工作单元设计与工作动线设计相匹配，完成工艺、工序、工位管理。

加工部门功能分析。根据销售终端申购需求，接收信息中心任务分派，完成订单加工制作出品。根据加工作业量完成与采购部门、仓储部门、配送部门合作。加工部门出品包括净原料、半成品、产成品三类。

加工部门技术密集。加工工厂用技术密集代替劳动密集，用智力赋能提升机械设备水平，用科学技术导入解决生产工艺问题。科学发明要转化为技术应用才能实现技术密集预期，这也是加工部门蓄产能关键设计。

5. 配送部门规则经济

配送部门架构设计。配送部门组织架构设计，包括服务配送、厨务配送、行政配送三个工作单元。当然还要负责越库作业、租库作业、逛货作业。配送部门要从仓储部门、加工部门配货、理货并完成送货。

配送部门功能分析。根据销售终端申购需求，接收信息中心任务分派，完成配货理货送货作业。“天上一颗星，北斗七星定位；地上一张网，配送网络图示；交易一规则，交易规则设计。”这是对配送的形象描述。

配送部门规则执行。配送部门配送业务执行以下原则：时间精准原则，按约定时间准时送货；协助卸货原则，按约定规则协助卸货；交易规则原则，执行物流体系的规则。按要求完成送货、卸货、退货与调拨作业。

6. 物流体系闭环逻辑

物流体系架构设计。物流总裁执掌管理、信息中心任务分派、采购部门采购作业、仓储部门仓储作业、加工工场加工定制、配送部门配货送货、销售终端用货验货，既是物流体系架构设计，又是流程与规则。

物流体系运行逻辑。销售终端向信息中心申购，信息中心经过检索做分派，采购部门要完成采购作业，仓储部门完成进销存作业，加工部门要完成加工定制，配送部门向销售终端配送，是物流体系运行闭环。

物流体系持续晋级。物流体系持续发展，需要拓宽终端客户边界。显然，为各类食堂、共享厨房、各类活动做物流配送，只是事业发展阶段里程。相信会有老年餐饮、展会餐饮、外卖餐饮大客户数量的升级。

（二）供应链条环节设计

供应链条环节设计，要把握产销环节、配销环节、销售环节三个关键词语。

1. 产销环节理性布局

产销环节业态分析。产销环节包括畜牧业、养殖业、种植业，加工业、制造业、运输业等不同产业，构成了产业经营上游。团餐企业要与供应厂商建立伙伴关系，打造契约关系，实现打开账本做生意预期。

产销环节链接分析。团餐企业与产销环节是订单经济、越库作业、契约关系。当然，产销环节定制、供应厂商精选、契约关系建立是团餐企业要做好的功课。团餐企业应该有一套甄选、合作、评价管理体系。

产销环节物流分析。第一方物流指“产销＋加工功能”，第二方物流指“产销＋仓储”，第三方物流指“产销＋运输”。显然第三方物流比较适合团餐事业，因为战略、季节、批量采购有趸货作业、批次运输、越库送货设计。

产销环节契约经济。无论产需双方是否建立信任与信用关系，都要以契约经济为前提遵循打开账本做生意的逻辑。显然，公道与理性的契约条款设计与执行是双方持续前行的评价尺度与背书设计，需要合规。

产销环节越库作业。团餐企业实施季节采购、批量采购，需要产销环节供应厂商实施越库作业，即按约定时间准时把团餐所需货物送到目的地交货。越库作业是评价产销环节供应厂商综合能力关键指标设计。

产销环节战略设计。一次采购是短期行为，注重一次交易；常态采购是中期行为，注重阶段交易；战略采购是长期行为，注重长期行为。显然，战略采购作为长期行为，关注总成本的降低，这是战略采购的意义。

2. 配销环节精准设计

配销环节功能分析。配销环节包括信息中心、采购部门、仓储部门、加工部门、配送部门五大功能。配销环节在物流总裁的指导下，通过信息中心任务分派完成与产销环节链接，与销售环节链接闭环作业。

配销环节运行分析。团餐企业可持续发展，要打造供应链条配销环节支持体系。不能设想靠单打独斗、食堂为战、高位成本作业，支持团餐事业可持续发展。配销环节讲规模经济与集约经营才能实现获利。

配销环节获利能力。团餐事业讲区域经营，区域经营讲规模经济，规模经济讲集约设计，这一组逻辑推理告诉我们：规模经济讲集约经营，自己做配销中心要有规模前提，才能实现配销中心运营获利的预期。

配销环节分销设计。配销环节负责区域经营商圈覆盖，对各类食堂是直销设计，对各类活动是配销设计，对各类厨房是分销设计。显然，分销是配销环节不可或缺的内容。要打造配销环节与分销环节链接体系。

配销环节内部作业。采购部门、仓储部门、加工部门、配送部门之间是价值链条运作关系，任何环节出现短板都会提升运营成本，降低运营效率。因而要打透环节、单元、岗位之间沟通通路，才能使效率升级。

配销环节流程转化。产销环节、配销环节、销售环节产业链条运作，要实现物流、商流、金流的时间、空间、性状转化设计。一般是以销售业绩为核心，计算申购数量，倒推采购设计的以终为始逻辑设计。

3. 销售环节提升业绩

销售环节功能分析。各类食堂、各类活动、共享经济构成销售终端环节。销售环节倒推预估货是团餐业态物流体系运行的关键。互联网时代要做好食堂物流、总部物流、食堂与总部两者链接三者之间的软件功能设计。

销售环节作业分析。早市设计、午市设计、茶市设计、晚市设计构成经营设计，宴席需求、零点需求、自助需求、小吃需求构成餐单设计，营运管理、值班管理、督导管理、训练管理构成销售现场的管控设计。

销售环节特点分析。销售环节设计主要是以固定客源为主的工作餐设计。当然销售环节餐单设计包括宴席、自助、小吃，冷菜、热菜、面点，清真、速食、“三高”人群用餐设计。固定客源用餐，容易产生视觉、味觉、感觉疲劳。

销售环节特色分析。团餐食堂不是“大锅菜”“低价位”“不好吃”的代名词，要导入一线正餐、简餐、小吃品牌与经营特色，才能实现可持续发展。当然也为团餐经营提出了挑战，团餐业态同仁应该有思想准备设计。

销售环节预估设计。由于销售终端以固定顾客为主，不但需求稳定，而且能提前预估。这也是销售终端实现每周、每月、每季用货指标预估的关键，也为配销中心月度采购、季度采购、批量采购提供了前提。

销售环节申购设计。由于销售终端根据用餐人数、餐标设计、周转设计倒推千元营业额用货量，实施品类、品种、结构订货，因而为补齐式订货，即考虑在库、在用指标，能够精准提出所需物品申购作业设计。

（三）六个功能对接设计

六个功能对接设计，要把握信息与整合、申购与采购、周转与中央、定制与加工、配送与用货、循环与闭环六个关键词。

1. 信息与整合的对接

信息中心接收信息。接受各类食堂申购信息、各种活动申购信息、各类厨房共享信息。信息中心无论硬件设计，还是人员配置，或是运行速度都是一流，才能实现与销售终端时时链接、时段链接、时点链接。

信息中心分类检索。信息中心在接受销售终端信息的基础上，及时进行分类、检索、处理。重点把握经济信息的时间性与效率性原则。当然，专门的组织、专门的人员、专门的作业是确保信息精准的前提。

信息中心任务分派。信息中心在对经济信息分类、检索、处理的基础上，通过统计分析、财务分析、数据分析，参考销售终端营业走势、销售业绩、时段分析做出工作任务设计，在此基础上完成任务分派指导。

2. 申购与采购的对接

销售终端申购作业。无论销售终端是各类食堂，还是各类活动，或是各类共享，都要按时间、按规则、按约定完成申购作业。销售终端根据营业走势，在每日盘点基础上提出申购，完成补齐式的申购作业。

信息中心数据处理。从互联网向物联网过渡关键要完成各类数字、数据库、大数据的处理。显然数据处理水平，即速度、准确、价值是评价信息中心数据处理的关键指标。这也是电脑代替人脑关键价值所在。

采购部门接受订购。销售终端提出按时申购，信息中心按时检索，采购部门接受任务是闭环运作。在采用无纸办公作业的前提下，责任设计、责任转移、经手人员、责任评价要有规则设计以及追溯评价体系。

3. 周转与中央的对接

各类食堂周转仓储。在区域经营建立配销体系的背景下，各类食堂通过干仓、冻仓、湿仓设计完成物流的安全期、经济期、理想期存储。各类食堂仓储功能设计，在配销体系仓储人员专业指导下完成规划作业。

配销中心中央仓储。配销中心中央仓储包括冷冻、保鲜、干货、粮油、调料、物料、物品、行政八类库存，以及实体库、概念库、第三方、外租库、移动库五类库别，已实现对销售终端用货持续与稳定支持。

周转中央对接设计。周转库存厨务用货，每天配送；服务用货，周为单位；行政用货，旬为单位。显然，中央库房要对周转库房精准支持，必须设计好交易规则、周转比例、用货数据，这是实现精准对接的前提。

4. 定制与加工的对接

销售终端提出定制。各类食堂、共享厨房、各种活动作为销售终端，根据销售预估、销售业绩、销售走势提出申购与定制要求，信息中心接受订单，在检索、分类、整合基础上，对加工工厂做工作任务分派。

加工工厂领货用货。加工工厂接受任务指标后，盘点在用与在库食材、餐料、味料，在此基础上向采购部门提出申购，向仓储部门领用货物。显然，销售终端订购信息决定了加工工厂用货需求与投料比例。

加工工厂出品设计。加工工厂经过初级加工、精细加工、烹饪工序、速凉包装、打码编号流程，生成净原料、半成品、产成品，味汁、酱汁、底汤出品。当然要导入常温、冷链、热链三种运输与保温方式。

5. 配送与用货的对接

配货理货作业设计。配送部门的配货、理货作业要与仓储部门合作才能实现。因为冻仓、湿仓、干仓都在仓储部门，配送区域、放货场地也在仓储部门，所以需要配送部门与仓储部门配合完成配货理货作业。

码放装车作业设计。配送部门在配货理货的基础上要按规范码放装车。无论码放还是装车都是专业，因为不同温度出品有不同码放要求，不同配送距离产品码放有一定要求，不同重量配送产品也有码放要求。

送货交易作业设计。配送部门在配货、理货，以及码放装车的基础上，按配送路线选择、配送时间约定完成送货作业，当然配送过程是在北斗七星定位下实现的。配送到销售终端要按交易规则完成经济责任转移。

6. 循环与闭环的对接

循环闭环第一层次。信息与整合的对接，即销售终端提出申购、信息中心检索分析是配销中心循环闭环的启动运行。申购与采购的对接，即销售终端补齐订货、信息中心任务分派使申购采购链接有实际内容。

循环闭环第二层次。周转与中央的对接，即销售终端周转仓储，按周转比率与配送中心、中央仓储实现有效对接。定制与加工的对接，即销售终端提出净原料、半成品、产成品需求，加工工场实现加工定制。

循环闭环第三层次。配送与用货的对接，即配送部门根据信息中心的任务分派完成配货、理货，装车码放作业。销售与配送对接，即销售终端按交易规则验货、签单、退货，完成物流、表单、商流责任转移。

十二　团餐经营赢在食安
——食品安全第一

团餐企业经营食品安全第一，食品安全发生问题是零容忍。《中华人民共和国食品安全法》出台，团餐同仁牢记：食品安全出问题会面临刑事与民事双重处罚，并先刑事、后民事执行。

（一）注重现场安全管理

注重现场安全管理，讲述5S管理的定义、五常法的运用、五常法的检查。

1. 5S管理模式的定义

整理。把有价值的人、事、物归结在一起，进行整体编辑规划。把工作现场不需要的因素进行统计，然后做处理并重新定位。

整顿。把有价值的因素合理运用是整顿的含义。先进行工作设备位置设计，再对工作人员做流程培训，以实现工作效率最大化。

清扫。工作场所执行严格清扫制度，清扫范畴包括工作设施、工作环境、工作室外、公共通道，以实现没有卫生死角预期。

清洁。清洁执行是针对设备设施的维护保养制度，旨在实现健康食堂财产寿命更久、员工工作心情舒畅并配合保养制度实施。

素养。旨在提升工作人员个人品质、人格魅力、职业风范。素养提升取决于食安制度导入、实施、评价、落地驱动设计。

实践证明，5S管理模式有降低生产企业成本、达成准时交货、实现安全生产、提高生产质量、工作环境清洁的效果。5S管理广泛应用于制造业，是改善生产企业工作环境、思维模式、员工行为的有效工作模式。

5S管理深化。有些企业增加了理念部分，即6S与12S模式。万变不离其宗，6S与12S模式无非是把5S模式进一步划分，持续精细。5S首先是提高员工素养，显然，理念实施要依附于素养这个前提，才能有效执行落地。

素养的提升要有严格的、正面的入职训练与企业文化导入才能实现。有了正确的价值观，才会有正确的思维模式与做人准则，才能在价值观念、指导思想、行为准则层面视整洁工作环境、严谨工作态度为工作准则。

2. 五常法的范畴运用

五常法是用来创造与维护良好工作环境的有效技术，包括常组织、常整顿、常清洁、常规范、常自律五项内容。五常法是中国香港餐饮同仁把日本企业 5S 管理运用到餐饮行业的有效方法，旨在为清洁安全提供保障。

五常法的要义是：工作常组织，天天常整理，环境常清洁，事物常规范，人人常自律。运用五常法管理能有效提升餐企管理水平，以减少浪费、降低成本，确保环境、设备、食品消除安全隐患。

五常法运用要导入。时间、范围、要求、责任、人员要素，才能实现食品安全管理告别模糊、走向精确的预期，使五常法看得见、摸得到、有抓手、可操作、能落地。配合其他管理模式，使食品安全落地。

五常法导入。要判断必需与非必需物品，将必需物品数量降到最低程度，将非必需物品清理掉，把空间腾出来，活用并防止误用。制定需要与不需要判别基准，清除不需要物品，决定物品日常用量并分层管理。

五常法运用。要用的东西依规定定位、定量，明确标识地摆放整齐，不用浪费时间寻找东西。需对可存放的场所与货架进行统筹（划线定位），将物品在规划好的地方摆放整齐，明确标识所有物品（目视管理）。

五常法实施。清除工作场所不同区域杂物、脏物，保持环境、物品、工具、设备处于清洁状态，防止污染发生，保证取出的物品能正常使用。建立清洁责任区，要求员工熟记清洁要领，履行个人清洁责任。

3. 五常法的自律检查

五常法规范。连续不断地做好整理、整顿、清扫 3S 工作，养成坚持习惯，并辅以一定的监督措施，运用制度维持成果。落实 3S 工作，分区落实责任人，视觉管理讲透明度；制定监督方法与检查标准，五常法要成为习惯。

五常法自律。要求人人依规定行事，养成规范工作的习惯。要持续推动整理、整顿、清扫、清洁 4S 工作常态化，共同遵守制度与规定，坚持每天应用五常法；加强五常法管理，每季定下一周为 5S 加强周。

五常法检查。组织，抛掉不要的东西；整顿，整理用过的文件、工具、设备、私人物品；清洁，清洁用过的工具、设备、台面、地面；规范，检查整体现场安全管理是否保持规范；自律，检查当班工作，服装、清洁、预备工作。

五常法运用。五常法不是高难动作，而是团餐企业厨房作业操作层面对卫生、清洁、安全的应知、应会、应作要求。五常法是基于现场管理的一套完整思路、方法、体系。在行业操作规范缺失背景下有实践意义。

五常法评价。中国香港的五常法概念虽然打上了日本5S管理烙印，但像5S管理一样，虽然追求精益管理，但是没有何时、何地、何人、作何的约定，还需要进一步深化到岗位、人员、作业的精准定义，才能放大价值。

五常法升级。在中国香港五常法作业基础上，中国内地餐饮业态推出的6T管理与4D管理都是五常法在维度与作业层面的升华。不足的是没有何时、何地、何人、作何约定，仍需在岗位、人员、作业层面深化设计。

（二）注重环节安全管理

注重环节安全管理，讲述HACCP的认知、HACCP的认证、HACCP的分析。

1.HACCP概念与认知

HACCP（Hazard Analysis and Critical Control Point）是指危害分析临界控制点，以确保食品消费、生产、加工、制造、准备、食用过程中的安全。HACCP是危害识别、评价、控制方面科学、合理、系统的方法。

HACCP由三部分组成：从原料采购，到产品加工，到消费环节，对可能出现的危害进行分析与评估；根据分析与评估设立某种食品从原料到消费全过程关键控制点（CCPS），还要建立有效的监测体系与关键控制点位程序。

HACCP认证原则包括：危害分析确定预防措施，关键控制点确定与把握，关键控制点限度的确定，监控关键控制每个点位，发生限度偏差采取纠正措施，制定记录保存数据体系，制定具体实施审核程序七大要点。

食物中的危害主要包括：生物危害、化学危害、物理危害。其中，生物危害占 80%~90%。生物危害包括有害细菌、病毒、寄生虫等。食品中的生物危害既有可能来自原料本身，也有可能来自食品加工过程。

化学危害有三类：一是天然化学物质，存在于植物、动物、微生物中；二是有意添加的化学药品，即食品添加剂（当化学物质用量超过规定时会对消费者造成潜在危害）。三是无意或偶然添加的化学合成物。

物理危害包括：在食品中发现的任何不正常有害外来物，如玻璃、金属、塑料等。物理危害是常见投诉问题。由于物理伤害立即发生或吃后不久发生，而且物理伤害来源容易确认，所以需要启动危机应对措施。

2.HACCP 体系与认证

HACCP 体系不是孤立体系，是建立在健康食堂食品卫生管理基础上的管理体系；HACCP 体系是预防性的食品安全控制体系，要对所有潜在生物的、物理的、化学的危害做分析，以确定预防措施，防止危害的发生。

HACCP 体系是根据不同食品加工过程确定的，要反映食品从原料采购到产品加工，从加工出场到包装打码，从加工出品到交易方式全过程。HACCP 体系强调关键点控制，找出关键控制点，集中精力来解决关键问题。

HACCP 是在科学分析基础上建立体系，需要强有力的技术支持，当然可以寻找外援，吸收利用他人科学研究成果。HACCP 体系导入是实践、认识、再实践、再认识过程，不是搞形式主义，摆摆架子，走走过场。

HACCP 质量管制法，是 1973 年在美国设计的，是一套确保食品安全的管理系统。优点是将安全保证重点由传统对最终产品检验转到对工艺过程原料质量管制，避免了因批量生产不合格而造成巨大损失。

HACCP 质量管理法，内容包括：对从原料采购到产品加工到消费环节可能出现的危害进行分析与评估，根据分析与评估设立某类食品从原料到销售全程关键控制点（CCPS），旨在建立有效监测关键控制点位具体应用程序。

HACCP 计划制订与实施包括 5 个实际步骤：一是组建 HACCP 项目专案小组，二是描述生产与销售全部过程，三是确定预期用途与消费受众，四是建立工作模式设计流程图，五是验证工作模式并设计流程图。

3.HACCP 优势与分析

HACCP 强调识别与预防食品污染风险，克服了食品安全控制方面传统方法的限制；由于产品留样符合《中华人民共和国食品安全法》的时间要求，并有保留档期，使政府部门调查的效率更高，结果更有效，有助于开展调研追溯。

HACCP 实施有完整的科学依据，使可能的、潜在的危害辨识有了依据，即使以前未经历过的问题也有了辨别的依据，这对新操作流程有特殊的用处。HACCP 管理体系与质量管理体系能够协调一致，互相补充、互相支持。

HACCP 管理体系刚性部分是要坚持的原则，柔性部分是符合当地情况的法律、法令、政策，在设备配置、加工程序、技术研发方面增加适应性，旨在提升食品企业市场竞争力，以及食品安全的信誉度。

HACCP 源于美国航天食品安全保证标准与规范，是对食品安全流程、环节、细则的精准设计。团餐企业导入 HACCP，要设计营运现场、营运过程食安流程、规范、制度，作为工作指南与团餐企业营运督导的依据。

团餐业态 HACCP 专题导入，旨在从采购、仓储、加工、制作、出品、销售环节危害分析与关键控制入手，从环节、机制、制度设计层面防控食安风险。HACCP 是对食品微生物、化学、物理危害的综合控制体系。

团餐食堂应制定并实施卫生标准操作程序，以说明如何实施卫生规范运营，如何防止产品与包装表面掺杂清洁剂、消毒剂、冷凝剂污染物，如何设计洗手间、洗涤间、垃圾间、公共设施卫生状况并保持清洁。

（三）注重体系安全管理

注重体系安全管理，讲述 ISO 系统内容逻辑、ISO 系统价值运用、ISO 系统八字方针。

1. ISO 系统内容逻辑

ISO9000 是一套国际质量认证体系，用于稳定产品质量、规范经营管理、提高工作效率。ISO9000 质量认证体系是企业发展与晋级的根本，ISO9000 不是一个标准，而是一类标准，对健康食堂标准运作有重要意义。

通过 ISO9000 认证使企业获得走向市场的通行证；通过 ISO9000 认证能提升质量水平，消除技术壁垒，对标先进企业，融入国际秩序；通过 ISO9000 论证能规范内部管理，促进全员参与，增强质量意识，提高运行效率与业绩。

ISO9000 的作用：提升质量管理水平，稳定产品质量；优化质量管理，减少质量损失；满足顾客需求，适应法律法规；提高市场份额，提高经济效益；促使持续改进，提高综合素质；保障质量体系，提升整体水平，等等。

ISO9000 质量保证体系是企业发展与成长的根本，无论是管理优化、生产过程、顾客要求，还是招标作业、评选作业、经营资质获得，提前做好 ISO9000 系列认证，对企业发展来讲是一步好棋。

ISO9000 质量认证体系同样是餐饮企业实施质量管理的重要方法与策略工具，ISO9000 质量认证体系要求产品质量、服务质量要沿着标准化的轨迹运行，赋予生产过程、产品质量、服务质量以工作标准文本呈现。

想到、写到、说到、做到，是标准化建设的思路，将工作质量（产品质量、服务质量）标准化，通过不懈的训练，将标准固化于员工工作行为中，使员工习惯日常操作标准与规范，这是 ISO9000 逻辑。

2. ISO 系统价值运用

ISO9000 以质量管理原则作为标准的基础，体现了质量管理普遍、通用的规律。ISO9000 标准适用性广泛，适用于各种类型与规模的企业；经过修订的 ISO9000 标准，在内容上更科学、更适用，操作性也更强。

ISO9000 质量管理体系的管理原则依次为顾客导向、领导作用、全员参与、流程控制、管理系统、方法运用、持续改进、基于事实、决策方法、供求关系 10 项内容。这也是 ISO9000 质量管理体系的精髓所在。

ISO9000 系列标准培训，包括：制定管理方针与目标，编制管理体系与文件；业务流程整合与优化，找出管理体系的问题，提出问题的解决方案；内部审核与管理评审；专业认证机构审核。对不合格项的纠正。

ISO9000标准体系，可运用于团餐食堂日常经营管理实践，从工作流程到作业标准，从工作细则到重点控制，从危险区域到重点部位，食品安全措施想到、写到、说到、做到，食堂食品安全管控规范也生成了。

ISO9000标准导入，可作为团餐企业经营食堂运营管理资质一个充分与必要条件，管理人员应掌握ISO9000系列具体条款内容，管理人员能运用ISO9000标准文件督导、管控团餐企业终端的质量运行。

甲方督导管理能运用ISO9000系列标准，指导监督与管理工作；能运用ISO9000系列，制定甲方预防食品安全问题危机应对措施与步骤；能依据ISO9000系列要求制订食品安全管理工作年度与月度计划。

甲方督导管理能依据ISO9000系列要求，对照工作计划定期检查食品安全工作的执行；能参与团餐食堂安全训练，做好食品安全管理并督导工作日志拟定；能以ISO9000系列标准为依据，知道做什么，怎么评价。

3. ISO系统八字方针

甲乙双方要学习食品安全法律、法规、法令，熟悉管理规定以把控作业细节；熟悉双方文件约定，特别是涉及食品安全工作的内容、要求、承诺；要以ISO9000标准体系为工作指导，为团餐食品安全工作保驾。

甲乙双方要熟悉团餐食堂工作流程、工作内容、工作重点，监控关键点位；要设计团餐食堂食品安全违规追究责任与出现食安事故的处理预案；要按照年度工作计划，演练销售终端出现食品安全的应急方案。

甲乙双方要划定团餐食堂重点区域，按工作流程对重要节点作业做督导；要做好食品安全巡检、管控、督导记录，有效保存食品安全记录；要与团餐食堂管理团队保持沟通，及时获取信息，共同应对食安风险。

甲方管理人员应熟悉ISO9000标准体系认证具体内容与标准；能运用ISO9000标准体系涉及的内容督导食堂运行；能运用说到、做到，即ISO9000标准体系方法设计，为销售终端的食品安全保驾护航。

甲方管理人员能利用ISO9000标准体系方法，制定甲方预防食品安全的措施；能与终端食堂管理团队一起对运行工作设置危险点标注危险信号；能运用重点管理方法，对涉及食品安全所有危险点做全程控制。

乙方管理人员能运用智能技术、探头手段，对食品安全危险点做全方位监控；能用网站、微信等传播媒介，向用餐人员介绍团餐食堂食安制度与措施；能做好团餐食堂食安危险点监控记录并有效保存，以备检查。

十三　团餐经营赢在落地
——垂直经营设计

团餐经营要把握深度分析、支持分析、下沉分析三者之间的逻辑。深度分析，要能赢在品类，赢在地域；支持分析，要定义工作餐饮刚需市场；下沉分析，要把握二线、三线的机遇。顶层设计要有底层逻辑。

（一）团餐事业深度分析

团餐事业深度分析，讲述同质规避、地域分析、精细设计三个关键词语。

1. 团餐事业同质规避

团餐事业品类分析。品类在这里指业态组合，包括公司业态、企业业态、学校业态、军队业态、医院业态，团餐企业要先在擅长业态获得成功，然后在相关业态扩延，旨在取得示范效应与扩延效应，以收获业绩。

团餐事业属地分析。属地指菜系，团餐企业品牌打造首先是地域品牌打造。粤菜、川菜、苏菜、鲁菜、湘菜、徽菜、浙菜、闽菜八大菜系为地域品牌打造提供前提，赣菜、陕菜、晋菜等地方菜也有发展机遇。

团餐事业引领分析。品类成功、属地引领、品牌打造、持续创新、事业下沉、持续进步，这是团餐事业能够引领经营的时间表格、路线图示、路径图谱关键设计。每个环节展开，都有工作细则与作业指导设计。

团餐事业跨区分析。跨区设计有逻辑性，先是品类的，再是属地的，后是品牌的，最后是跨区的，这是团餐企业连锁经营逻辑。客观地讲，品类经营与行业覆盖，区域经营与跨区经营，是不同的作业难度设计。

团餐事业个性分析。个性能让人记住你，品类个性、属地个性、品牌个性，人们会记住前三名，印象最深刻的是第一名，所以要进前三、争第一。中国团餐企业发展过程会经历品牌集中，显然进前三、做第一、有个性是关键。

团餐事业差异分析。品类不同、属地不同、品牌不同、口味不同、产品不同、组合不同，则盈利不则，团餐企业赢在差异。企业五大成功策略之首是差异化，接下来的排序是速度论、低成本、个性化等。

2. 团餐事业赢在地域

一方水土养一方人。常言道：“一方水土养一方人。”不但讲出了饮食消费的地域特点，而且也讲出了饮食消费的地域情结。地域、传承、习性是最好的记忆，地域属性为团餐业态地方品牌也提供了发展机遇。

饮食习俗传承分析。同一地域人群在饮食消费上有同俗、同习、同好的特点。国人的饮食消费早已打上了地域情结与饮食烙印。七岁定口味，虽然人们的口味在十七岁、二十七岁……七十七岁会有变化，但根不会改变。

八大菜系格局分析。川、粤、苏、鲁、湘、浙、闽、徽，八大菜系的本质也是地域概念，味型定格、工艺成型、技法成型。团餐企业产品组合要考虑菜系格局，即以某一菜系为主，附加其他菜系与时尚菜肴。

地方菜系布局分析。不是八大菜系的地域菜称为方菜，不是八大菜系地域的人们吃得也很好。方菜背后也是地域概念。赣菜、陕菜、吉菜、辽菜、京菜虽不属八大菜系但本身也有成型的味型、工艺、技法设计。

本帮菜系结局分析。八大菜系中的每个菜系都是由帮菜构成的，以淮扬菜为例，有锡帮菜、本帮菜、苏帮菜、盐帮菜的帮菜划分。显然，八大菜系的厚度有帮菜衬托，这是无法比拟的要素禀赋与美食天赋设计。

地域品牌差异分析。产品品牌、企业品牌、地域品牌逻辑排序。川派品牌团餐代表川菜味型，粤菜品牌团餐代表岭南味道，湘菜品牌团餐代表潇湘味道。地域品牌差异告诉我们，要用差异赢得优势，收获胜势。

3. 团餐事业需要精细

大食堂的本质分析。大食堂是对虽有明补暗补但用餐者普遍不满的场景分析。大食堂是行政后勤计划管理人浮于事的代名词。这也是后勤保障社会化的关键设计，即把握核心专长，实现后勤保障作业的社会化。

大锅菜的出品分析。用大锅炒菜是最大的败笔，也成就了大锅菜不好吃的概念定义。当然，用大锅烧菜、炖菜、烩菜是可以的。小炒、爆炒、煸炒、炝炒等炒制菜要做 20 份以内小锅菜，才有锅气、香气、人气。

凭经验的作业分析。没有标准化、定量化、规范化、制度化的运作，凭经验的盐少许、油少许、辣少许造成了出品不稳定。经验型、个性化、靠绝活无法实现复制经营。表现为人一走，菜就走的尴尬窘境。

不好吃的口碑分析。当“大食堂”“大锅菜”“大份量”是不好吃的代名词时，我们应该理解“出品不是精品，就是废品”的深刻含义。团餐业态同仁要思考，为什么日本人能做出深夜食堂、俺的食堂、健康食堂？

经营者的定式分析。环境变了，顾客变了，需求变了，当我们看不出时代变化，仍沿着原有思维前行时，思维定式误事了。团餐业态同仁要把握，规律不变、方法要变的逻辑，因为营商环境、顾客结构变了。

习惯性的懒惰分析。双休日、节假日，学校团餐有寒暑假期，团餐不能惰性延续。日本团餐同仁在休息日做什么？做研发、做核算、做盘点，要在下个工作时段做好自己。

（二）团餐事业支持分析

团餐事业支持分析，讲述定义刚需、事业下沉、需要创新三个关键词语。

1. 团餐事业定义刚需

刚需消费时段设计。以午餐为例，午餐加午休在 1 个小时内，显然两个批次、轮换消费是定义团餐时间、时段、时点的前提。客观地讲，团餐业态本质是工作餐饮，即自助、小吃、包房三大业种的组合设计。

刚需消费性价设计。虽然是刚需，但也要考虑价格与价值配比，也叫性价之比。顾客知道花多大代价享受多大价值的道理。当然团餐企业经营一般以委托经营、委托管理、合作经营模式进入，做好饭是硬道理。

刚需消费服务设计。快速的、准确的、微笑的，第一次就把事情做正确的服务设计，是出品速度、出品效率、出品秩序的前提。团餐作为工作餐饮，一个小时享用完毕，这就要求午餐出品快速准确，. 讲究效率。

刚需消费环境设计。简洁的、明快的、人性的环境设计，以及照度设计、温度设计、湿度设计是顾客感受环境设计的关键。环境设计既产生附加价值，又生成用餐体验，还满足生理心理预期，需要用心着力。

刚需消费出品设计。有热度、有味道、有份量、有品相，有态度、有顺序、有秩序、有选择，是顾客感受团餐出品关键设计。出品设计“八有”逻辑告诉人们，顾客通过视觉、嗅觉、味觉、触觉、感觉来评价出品。

刚需消费精细设计。尽管是刚需也要讲究精细设计，团餐要实现食堂转向餐厅、餐厅转向广场的转型升级，关键要做精做细。团餐企业更要做好从六好食堂向智能食堂，向健康食堂的持续晋级。

2. 团餐经营事业下沉

营运点位经理设计。任何团餐项目营运点位经理任命，都要考量“五有”能力，即有经验、有训练、有能力、有态度、有智力，反之项目长不了。“五有”能力既体现了经理人的专业、职业、敬业，又讲述了经理人胜任岗位应具备的五项前提。

营运点位区经设计。大客户、大订单、大项目要区域经理把握，区域经理要有资源整合能力、创新转化能力、有效沟通能力。团餐企业区域连锁要有区域经理职位设计，才能实现区域管控与远程控制双向合力。

营运点位事业下沉。团餐企业事业越大，团餐高层离顾客越远。在订制经济时代，团餐企业要能一眼看市场，一眼看现场，这就要求团餐企业领导能真正理解顶层设计、体系支持、底层逻辑核心要义设计。

营运点位竞争分析。营运现场一个项目若干企业，在有效空间、有效时间展开竞争，竞争生成同类企业营业水平占比分析。这是大企业、大项目现实场景。客观地讲，良性竞争能驱动企业完善自我。

营运点位淘汰分析。营业水平分析、顾客满意分析、市场占比分析，是团餐企业被考核的指标，团企不精进就会被淘汰出局。在一个项目若干企业竞争的背景下，营业水平、顾客满意、市场占比是团企硬实力。

营运点位创新分析。团企要实施个性化、差异化、低成本、速度论经营，要持续创新、迭代更新、引领经营，才能持续赢得优势。团餐企业要在竞争中赢得优势就要定期推出餐单设计，把握细节，持续精进，做好自己。

3. 团餐经营需要创新

产品创新内容设计。一年四季设计、餐单设计、每周介绍设计，规避视觉疲劳、味觉疲劳、感觉疲劳，还有味型、菜式、技法创新设计。团餐企业研发制胜，用研发驱动创新，收获顾客满意，实现创新经营持续晋级。

服务创新内容设计。服务创新要做减法。内容设计、流程设计、节点设计、单元设计、岗位设计、动线设计兼顾极简适度效率。六项服务减法设计告诉我们，服务既要做减法，又要收获顾客满意这个两难命题。

环境创新内容设计。环境创新要有主题、要有主义、要有区域，灯光设计、色彩设计、温度设计要有指标、要能体验、要有价值。须知：团餐企业提供包房服务、自助服务、小吃服务，是在特定环境下才能实现的。

业务关系内容设计。顾客要赢、企业要赢、伙伴要赢、员工要赢，多赢游戏才能继续下去。产销、配销、销售伙伴关系也要能赢。这道命题回答了开单、做单、保单三者之间逻辑关系，即开单容易保单很难。

体系升级内容设计。营运体系、管理体系、组织体系、制度体系、流程体系、表单工具、手册设计、细则设计等，都要升级。让我们重温团餐企业区域经营的“总部连锁、体系支持、食堂复制”12字经营方针。

制度升级内容设计。体制层面制度升级、机制层面制度升级、作业层面制度升级，团餐企业领导人要清楚：制度是凝固的决策，没有人有豁免权力。创新还包括组织创新、制度创新、模式创新、技术创新等。

（三）团餐事业下沉分析

团餐事业下沉分析，讲述评价依据、研发升级、性价之比三个关键词语。

1. 团餐经营评价依据

团企营业额度评价。营业额度指标是评价团企经营的第一指标，营业额度标志团企营业水平、市场份额、总量占比数据设计。独立经营是全部营业额度占比，共享经营是部分营业额度占比，占比数据非常关键。

团企成本水平评价。管理就是管成本，包括食材成本、餐料成本、辅料成本、小料成本，烹饪用油、烹饪用水、原料认证。清楚定义食材成本，在饭市、餐标、人数精准定义前提下，有非常重要的操作意义。

团企费用水平评价。管理也要管费用，包括研发费用、物流费用、推广费用、折旧提取、维保费用、能源消费、物品消耗、人工成本、管理成本、作业成本、清洁费用、训练费用、行政费用 13 项具体内容。

团企获利能力评价。管理要有获利能力，传统获利公式是：营业额－成本＝利润；新派获利公式是：营业额－浪费＝利润。这是团餐企业向管理要效益的关键设计。成于经营、败于管理是团企要面对的现实逻辑。

团企创新能力评价。创新要持续努力，包括组织创新、制度创新、模式创新、产品创新、服务创新、环境创新、文化创新七度创新。每一度创新都属于一个专题，都有思路、方法、工具，流程、细则、指导设计。

团企顾客满意评价。团企要顾客满意，从顾客角度设计事业模式，顾客认识、顾客认知、顾客认可是团企生存的依据。团餐企业工作设计、工作训练、工作实施，都是要为顾客创造价值原点与初心设计。

2. 团餐经营研发升级

季度餐单一年四季。我国有多种气候类型，中国人一年四季吃什么，有不同、有变化、有预期，要考虑一年四季的餐单设计。团企要有研发实力，通过研发转化生成四季餐单设计。季度、月度、每周要有差异。

月度餐单变化设计。每个季度都包括三个月度即季前、季中、季后，是月度餐单运用管理依据。团企要用好月度餐单设计。当然月度餐单推出是建立在每周餐单、每日餐单、饭市设计以及产品组合设计基础上的。

每旬餐单推出设计。每隔 10 天都推出新菜式，每个月度都有 3 期每旬餐单设计。每旬餐单能够让菜品常吃、常新、常变。以固定顾客为主的工作餐，容易产生视觉、味觉、感觉疲劳，每旬餐单推出能够有效规避工作餐的弊端。

顾客满意疲劳规避。季度餐单、月度餐单、每旬餐单，研发创新、定期转化、现场实施，顾客满意水平与黏性指标不断升级。显然顾客满意背后，拼的是有效沟通、研发转化、创新设计，如此才有顾客持续满意。

顾客认可营运业绩。做好顾客满意、顾客点击，销售业绩、销售占比，接受评价、约束自己，自身优化、创新设计，才能够赢在永续。需要指出，顾客认可既是团餐事业设计的出发点，又是团餐作业实施的落脚点。

团餐企业研发升级。好的餐单、好的食材、好的选型、好的创新、好的训练、好的转化、好的评价七好指标设计，是团企研发升级逻辑。当然能够做到五好已经非常不易，如果做到七好，顾客满意指标肯定会升级。

3. 团餐经营性价之比

包房消费营养均衡。包房消费以领导人的招待餐、经理人的商务餐为主，讲究营养、均衡、健康。以艺术为诉求的包房菜肴是大厨、星厨料理，团餐企业最好有宴会团队专门打理。

零点消费适量适口。零点消费以管理人的商务餐、工作人的改善餐为主，讲究菜量适中、味道适口、温度第一。以小炒为诉求的零点菜肴设计，是团餐企业为商务需求、交往需求设计的消费场景。

休闲消费点心咖啡。休闲消费以经理人、管理人、工作人咖啡时光为主，有点心设计、咖啡设计、饮品设计。以休闲为诉求的茶餐饮品餐品，是团餐企业为休闲消费、社交消费设计的休闲时光。

自助消费弹性选择。自助消费以经理人、管理人、工作人自助餐饮为主，有品类设计、品种设计、价格设计。以快餐、简餐为诉求菜肴设计，是团餐企业能连续出品、稳定出品的工作餐设计。

小吃消费好吃第一。小吃消费以经理人、管理人、工作人每日选择为主，要以味道、工艺、传承让顾客满意。小吃档口设计，注重适度多样，口味第一，旨在规避视觉、味觉、感觉疲劳。

节日节令餐单设计。双休日、节假日，团餐企业要做好节日、假日饭市设计；春夏秋冬，24 个节令，团餐企业要做好节令特色设计。节日、节令，一年共 100 多天，团餐企业要竭尽心智做好设计。

十四　团餐经营跨国设计
——生存智慧分析

走出国门，到更为广阔的市场上去博弈，这是团餐企业的追求。对于欲走出去的中国团餐企业来讲，对标团餐项目的不同需要，契合团餐顾客的不同需求，变革自身商业模式，才是跨国经营的生存法则。

（一）运用酒店餐饮优势

运用酒店餐饮优势，要把握差异连锁、多元服务、中西合璧三个关键词语。

1. 差异连锁优势

差异连锁分析。差异连锁是指不同业态、店态、业种的食堂，以连锁形式集合在一个企业中，彼此独立经营，共同对连锁总部负责，接受总部的管理与控制，接受总部物流、营销、研发的训练支持。差异连锁难度更高。

差异连锁形式。差异连锁与传统连锁的相同之处是：销售终端必须接受连锁总部统一管理，并对总部负责。不同之处是：传统连锁讲统一经营、统一价格、统一标识，差异连锁既注重品牌统一，又讲究业态不同。

差异连锁实现。团餐差异连锁既要融合宴席、自助、小吃、饮品等不同业态，又要兼顾自助餐、零点餐、休闲餐、工作餐不同的业种，通过连锁经营将差异业种、业态联系起来，形成极具竞争实力的经营形式。

差异连锁理解。差异连锁融合了不同业态、店态、业种，既能满足多层次顾客的不同需要，又能使连锁经营有庞大的顾客群体，使资源配置更为合理，增强抵御风险的能力。团餐企业要深刻理解差异连锁。

差异连锁设计。在差异连锁思想指导下，团餐企业应进行差异连锁设计，涉及团餐项目差异分析、差异化的组织体系、差异化的物流设计、差异化的人力资源、差异化的财务体系、差异化的管控体系等内容。

差异连锁启示。酒店餐饮集正餐、宴会、包房、自助餐饮为一体，既能满足不同客层、客群、客流餐饮要求，又能满足不同用餐形式的餐饮需求，还能将酒店餐饮嫁接到团餐经营，为团餐企业打开了一扇窗。

2. 多元服务优势

多元服务理解。多元服务是指团餐企业在需求多元、市场多元的背景下，不能只运用一种服务模式，而应采用多元化的服务形式来满足市场需求。多元服务是团餐市场开拓与差异连锁背景下与之相配套的服务。

多元服务深化。团餐经营采用差异连锁形式，融合了正餐、简餐、小吃等业态，因而不能采用某一种服务模式满足不同顾客的用餐需求，需要运用包房服务、零点服务、自助餐饮、小吃档口来应对顾客用餐不同需求。

多元服务本质。多元服务有针对招待用餐的包房服务，有针对工作餐饮的自助服务，有针对特色餐饮的小吃服务，有针对特殊人群的功能食品，有针对健康养生的饮品设计。满足不同需要是多元化服务的真谛。

多元服务能力。由于团餐服务是包房服务、自助餐饮、小吃档口、健康饮品的整合，因而要求团餐企业有提供多种服务、综合服务的能力，以匹配团餐企业综合服务资源，彰显团餐企业服务经济的综合优势。

多元服务设计。涉及团餐企业顾客调查与分析、多元化服务模式定位、多元化服务组织设计、多元化服务人员设计、多元化服务训练设计、多元化服务项目设计、多元化服务内容设计、多元化服务保障设计。

酒店餐饮启示。酒店餐饮集宴会、包房、零点、自助、酒吧、扒房等餐饮业态为一体，因而要提供宴会服务、包房服务、零点服务、自助服务、酒吧服务、扒房服务。针对不同需要，采取不同的服务模式。

3. 中西合璧优势

中西合璧描述。餐饮方面的中西合璧是指中餐与西餐结合，这种结合是菜式上的结合、技艺上的结合、味道上的结合，这种结合是就餐形式的结合、餐具器皿的结合、环境装饰的结合、饮食习惯上的结合等。

中西合璧导入。团餐企业承揽外资公司、合资公司的团餐项目，要针对团餐项目中的外籍人员。随着外籍人士来华工作的人数增加，西餐在团餐产品中的比例也越来越大，因而要导入中西合璧的餐单设计。

中西合璧餐品。中西合璧餐饮方式为团餐顾客提供了更多的餐品选择、就餐品种，使团餐企业能针对不同顾客提供不同服务以满足菜肴品种、餐品味道、就餐形式、餐具器具、环境装饰、饮食习惯的需要。

中西合璧专长。中西合璧是团餐企业走出国门，以及承揽合资企业、外资企业团餐项目应着力打造的运营模式。通过中西合璧的餐饮方式，团餐企业可以迎合不同顾客的就餐需要，增强团企自身的竞争能力。

中西合璧模式。中西合璧经营模式设计，涉及团餐项目顾客调查分析、经营模式定位、经营餐单设计、经营环境设计、就餐方式设计、餐具器具设计、服务内容设计、管理模式设计、服务模式设计等内容。

酒店餐饮启示。酒店餐饮是中式餐饮与西式餐饮结合的产物，酒店餐饮对西式餐饮的理解是团餐企业学习的榜样。团餐企业应借鉴酒店餐饮对西式餐饮菜式、技艺、味道、装饰、餐具的理解，把握中西合璧的内涵。

（二）跟随客户跨国经营

跟随客户跨国经营，要把握经济发展、企业发展、经营试水三个关键词语。

1. 中国经济发展

经济大国地位。改革开放以来，中国经济在产业结构调整、流通体制改革、金融市场治理、生产过程现代化、农业领域改革、国际经济关系方面取得了巨大进展，确立了经济大国、贸易大国、投资大国的地位。

中国经济作用。从“亚太世纪”到“金砖世纪”，从“上合组织”到“G20 峰会”，从“亚投银行”到“一带一路”彰显了中国经济的引领作用，中国经济持续稳定发展已成为世界经济复苏、发展、繁荣的主导。

中国经济发展。21 世纪中国经济发展对世界经济的重要性增强。“一带一路”使亚欧国家乘势而上，从中国的发展中受益。显然，21 世纪亚太地区的繁荣对世界经济、服务贸易、国际交往将产生深远的影响。

亚太经济引领。国际社会普遍认为，亚太经济发展的中心在中国。21 世纪中国经济的持续发展，将成为世界经济前行的驱动力。亚洲基础设施投资银行、高铁交通运输、物流商流体系使亚欧国家分享经济发展红利。

走出国门预期。随着中国经济持续发展，中国政府鼓励中国企业走出国门。许多中国企业实践着走出去的战略部署，诸多中国企业已跻身世界 500 强的行列。商务部公布的我国境外投资企业数据是最好的佐证。

商务部的数据。2019 年前 11 个月，我国境内投资者对全球 166 个国家和地区、5791 家境外企业做了非金融类直接投资，累计投资 6803.1 亿元；对外承包工程营业额 9295.5 亿元；新签合同额 14361 亿元。

2. 中国企业发展

国际市场博弈。世界知名咨询机构——埃森哲在 2010 年年底公布的一份报告的数据显示：2008 年 1 月至 2010 年 6 月这两年半的时间里，共计有 120 起中国企业海外并购案例，涉及资金总额已超过 6000 亿元人民币。

走出去的规划。中国企业走出去应制定近期、中期、长期战略规划，学习国际公司国际经营的成功经验，结合中国企业自身条件，稳步实施。政府鼓励要分散投资领域，以有效化解地区集中、行业集中的风险。

团餐企业思考。团餐企业要把握政府鼓励政策内容、自身资源条件梳理、跨国经营饮食习惯、跨国经营法律体系、后勤保障解决方案、劳务派遣模式设计、服务贸易理性布局等内容，团餐企业要深思熟虑。

借船出海策略。中国团餐企业要在短期内走出国门，应实施借船出海策略，即在国内接受团企服务的客户，因为实施走出去战略，要求为之服务的团餐企业也一同走出去。团餐企业要顺势而为，走向国际。

走出去的模式。团企走出去不能照搬国内原有的组织模式、运营模式、工作模式、物流模式、服务模式，必须根据项目所在地的市场状况，重新设计在国际市场经营的商业模式，特别是厨务模式与服务模式。

跨国经营趋势。中国团餐企业走出去在起步阶段是被动的。中国团餐企业要运用国际市场生存法则，进行跨国经营试水并与服务对象实行战略合作，争取扩大团餐项目在当地的顾客群体，以扩大团餐经营规模。

3. 跨国经营试水

直面现实问题。中国团餐企业运用借船出海策略进行跨国经营，应关注服务对象的实际运营，包括国际项目定位、经营范围界定、参与人员数量、人员籍别构成、餐费标准要求、法律法规条款、市场供应状况等内容。

运营模式设计。中国团餐企业走出国门，应重新设计自身运营模式，在组织架构、制度建设、运营模式、工作模式、物流体系、服务模式方面进行创新，旨在获得服务单位的资源支持，最大限度地实现双赢。

组织架构设计。应考虑项目制的组织结构，即考虑分公司制、区域连锁、配销设计运营模式，以实现督导管理；在制度建设方面，应在团餐企业总部制度设计的基础上，针对跨国经营实际状况设计补充性制度。

运营模式设计。参照团餐企业既有模式，针对当地实际条件，服务对象的工作条件，设计国外项目运营模式；工作模式设计要考虑团餐企业人员工作条件，既满足服务对象需求，又符合团餐工作模式的要求。

物流体系设计。要充分考虑当地市场状况、市场价格水平、食材供应状况、市场采购价格、道路运输状况、货物存储条件等相关因素，设计理性的物流模式，以保证跨国经营团餐项目有物流体系运作与支持。

服务模式设计。根据服务对象对零点要求、包房要求、自助餐饮要求、小吃组合要求，进行服务内容、服务流程、服务细节设计；用小、精、简原则，配置管理人员、服务人员、厨务人员，完成总体架构设计。

（三）打造理想商业模式

打造理想商业模式，要把握多元组合、项目运作、远程管理三个关键词语。

1. 多元组合模式

多元组合模式，是指不同餐饮元素组合，包括不同业态与不同业种组合、不同经营模式组合、不同服务模式组合、不同国籍厨师组合、不同厨艺技艺组合、不同餐单内容组合、不同餐具器皿组合等诸多内容。

不同业态组合，繁衍出极具竞争优势的团餐业态，已成为团餐企业打拼市场的利器；不同饮食习惯组合，衍生出契合不同顾客饮食习俗的餐饮模式，如中式餐饮、西式餐饮、清真餐饮、素食主义、“三高”食品等。

不同模式组合，不但演绎出驰骋业界的合作模式、多赢模式，而且已成为团餐企业普遍采用的博弈团餐市场的经营助推模式；不同服务模式组合，衍生出独具服务魅力的包房服务、零点服务、自助服务模式。

不同厨师组合，衍生出中西结合的厨师队伍，能为顾客带来丰富多彩、形态各异的中西美食，吸引着不同国家与地区的顾客；不同厨艺技艺组合，为中餐厨技、西餐厨技、其他厨技不断创新夯实了基础。

不同餐单组合，中餐精品、西餐精品、清真精品、素食精品构成产品组合餐单大全；不同餐具、不同饮具、不同盘式、不同饮品构成五彩斑斓的器皿世界，打造出时尚典雅的用餐环境，从而满足了顾客的用餐需要。

多元组合分析，分析自身的资源、实力、条件，针对具体团餐项目进行理性设计。组合企业优势元素，强调优势递增效应，避免优势递减效应，多元组合优势互补，逐渐推进不同项目，形成组合的整体效益。

2. 项目运作模式

项目运作模式，是指团餐企业针对团餐项目采用的经营模式与管理方法设计。团餐项目个性运作是指每个团餐项目既有共性元素组合，又有个性因素设计，旨在实现团餐项目经营、组织、管理差异连锁设计。

项目制的设计。针对团餐项目个性因素，团餐企业应导入项目运作项目制。项目制具有简明、容易管控的优势，能针对不同服务对象、经营模式、服务模式配置组织成员，最大限度地发挥人员的工作能力。

项目制的控制。团餐企业采用项目运作模式管控，在项目组织架构上采取小编制、满负荷、高工资的组织原则；在人员管理上运用定期轮换制，一定工作时期后项目人员相互轮换，以避免人员出现工作懈怠。

服务模式管控。项目制，在服务方面，设计服务边界、服务内容、服务标准、服务规范；在管理方面，设计管理边界、管理跨度、管理层级、管理标准；在规范方面，能导入规范管理、制度管理、绩效管理。

物流模式管控。项目制既能依托连锁总部的物流支持，又能自行开展区域团餐项目物流设计，还能针对项目所在区域市场状况、物流状况进行项目物流运作，以实现本地采购、跨国采购、中国采购物流排期。

项目运作模式。要针对团餐项目展开，因为每个团餐项目是不同的，所以每个团餐项目运作模式要有差异。差异体现在项目组织设计、人员选配、经营模式、服务模式、出品模式、物流模式、管理模式方面。

3. 远程管理模式

远程管理模式。远程指团餐项目与团餐总部不在同一区域，团餐总部对团餐项目难以形成直接管控，导入远程管理，通过通信系统、电脑系统、电子商务手段，能实现及时、即时、有效管控并提供远程指导。

远程管控实施。包括团餐总部对团餐项目产品研发指导以及大型活动策划、顾客资料管理、远程文件管理、管理会议视频、重要事项沟通、组织事物汇报、财务报表上报、特殊事件急报的支持、指导、管理。

远程管理运作。包括远程管理计划、远程管理方案、远程管理内容、远程管理措施、远程管理执行、远程管理考核设计等内容。在此基础上，团餐总部根据自身实力，导入设备、设施、技术，执行远程管控。

远程管理强调。远程管理强调管理的及时性，要为团餐总部与团餐项目之间及时沟通提供保障，使具体沟通能形成时间规范、方法规范、内容规范，使远程沟通成为常态管理行为，成为量化工作模式，成为必备工作行为。

远程管理界定。远程管理控制要对实施费用进行厘定、预算、监督，这是沟通管理需要、财务管理需要、绩效管理需要。远程管理模式要求设立专人保持与团餐总部的通信与在线联系，并有具体监督人员监控。

远程管理闭环、远程管理模式既是团餐总部与下属项目保持沟通的必要方式，又是国际成功企业常用的管理方法。团餐企业连锁经营要导入远程管理模式，必须设计远程管理方案，拟订实施远程管理计划。

十五　国际团餐企业启示
——样板横向参照

国际团餐企业利用资本经营优势、产业经营优势、连锁经营优势、单店经营优势，以战略设计为主导从东南沿海发达城市（上海、广州、深圳、昆山、苏州）向内地按区域推进，这是团餐企业要面对的现实。

（一）索迪斯的经营之道

索迪斯的经营之道，讲述背景分析、经营策略、经营启示三个关键词语。

1. 索迪斯的背景

索迪斯的背景。索迪斯是法国餐饮旅游服务业态的跨国企业，由皮埃尔贝龙凭借其家族 60 多年为航空和游船提供餐饮服务的经验，于 1966 年在马赛港创立，并于 1983 年在巴黎证券所上市的上市公司。

里程碑的分析。1995 年索迪斯已成为全球最大后勤服务企业。2002 年 4 月，索迪斯集团在纽约证交所上市，当年实现营业额 126 亿欧元。索迪斯集团全球拥有员工 30 多万人，在 76 个国家有 2 万多分支企业。

索迪斯的专长。索迪斯向企业、政府机关、学校、医院、养老院提供一体化餐饮服务，还向陆地或海洋大型工地、特色餐饮、文化设施提供餐饮管理服务，美国海军陆战队和海上石油钻井平台是服务对象。

进入中国策略。1995 年索迪斯作为首家国际餐饮综合服务公司登陆中国，在上海开设办事处，开始中国业务，为多家单位提供团体餐饮服务，次年与苏州一家公司签订清洁服务合同，标志着在华服务的开始。

区域经营设计。索迪斯在中国大陆设立了华北区、华东区、华南区三大区域，分别于北京、天津、沈阳、上海、青岛、苏州、无锡、广州、深圳等城市设分支机构，拥有员工近 9000 人，且还在不断成长。

后勤保障设计。索迪斯致力于以专业化的服务水准，为中国客户提供优质后勤服务，培养一流专业人才，提供最佳的客户体验，为中国经济发展做出贡献。索迪斯在中国 90% 的业务集中为各类机构提供餐饮服务。

2. 索迪斯的策略

全球化的模式。索迪斯尝试在中国市场实施全球化商业模式。合作方承担团餐基础设施投资，包括经营所需能源费用、员工工资总额与社会保险。索迪斯按餐饮标准设计为顾客提供用餐服务，并收取管理费。

索迪斯的服务。如果索迪斯提供基础设施或在员工身上花费更多投资，收回投资则是索迪斯最大的目的。如此，索迪斯提供给顾客餐食水平将无法得到保证。让顾客享受高品质餐饮与服务是专业团餐的目的所在。

商业模式转型。遗憾的是，经过几十年考验，被认为行之有效的商业模式在中国团餐市场却走不通。中国团体餐饮商业模式通行的是，团餐企业要承担人工费用、能源费用及相关费用，投资餐具用具需流动资金。

价格竞争策略。关于价格竞争，索迪斯表现出了灵活性。本地公司通常返给客户一定费用，而索迪斯则在客户支付的管理费中拿出一部分用于对客户的第三方保险，以保证突发事件发生客户利益能得到保证。

优质原料采购。索迪斯认为竞争力在于集中采购原料能得到最优化的成本。采购部门与供应厂商签订安全保证、食品质量、价格合同；索迪斯将原料分为大类，每类只用一个供应厂商，从而有了价格话语权。

索迪斯的拓展。索迪斯在中国仍处于起步阶段，很多优势本领还没有机会施展。索迪斯下一步将把发展触角延伸到中国医疗机构，为中国医疗机构提供包括餐饮、清洁、环境、后勤等方面的专业服务、专业管理。

3. 索迪斯的启示

索迪斯的策略。索迪斯具备过剩的服务产能，能够宽频定位、服务打包、占领市场。这既是国际服务公司的优势，又是他们拓展团餐市场的利器。在人们心目中，索迪斯既是团餐专业公司，又是服务全能公司。

索迪斯的营运。索迪斯作为专业服务公司，具有理性战略规划与区域经营策略。索迪斯的区域市场扩张是在战略规划的指导下，充分考虑市场环境、竞争环境、顾客结构，以及配送距离、配送时间、布局方案。

索迪斯的采购。索迪斯作为专业服务公司，在团餐运作方面集约设计餐单结构，旨在实现食材系列品种的规模化与批量化。在此基础上，增加与供应商对话权力与话语权掌控，以理想的采购价格获取理想成本。

索迪斯的客户。索迪斯作为专业服务公司，有成熟的商业运作模式与完善的交易规则，能有效应对不成熟团餐市场交易的人情关系、连带关系、暗箱操作。索迪斯培育了一批认可运作模式与交易规则的客户。

索迪斯的研发。索迪斯作为专业团餐公司，能针对团餐顾客容易出现的视觉疲劳、嗅觉疲劳、味觉疲劳，采用定期轮调厨师做法以增加顾客新鲜感。他们以区域为重点，以总厨为核心，研发新产品、新菜式。

索迪斯的神话。索迪斯是能驾驭服务外包模式的国际级服务企业。不但把握了中国经济转型时机，而且把握了中国企业、机关、学校、医院服务外包商机，才使索迪斯能在中国创造一个又一个经济神话。

（二）金巴斯的迂回策略

金巴斯的迂回策略，讲述背景分析、经营策略、经营启示三个关键词语。

1. 金巴斯的背景

金巴斯的背景。总部设在英国，是世界500强企业，是专业从事团体供餐的全球领先饮食集团。金巴斯年销售额超过120亿英镑。2005年金巴斯在英国被评为十佳最佳雇主；在美国获得经营战略最有效沟通奖。

金巴斯的资质。金巴斯是一家英国上市公司，业务遍及全球90个国家，集团员工人数超过40万人。金巴斯的团餐业务涉及商务楼宇、工厂团餐、学校团餐、医院团餐、机场团餐、铁路团餐、商场团餐领域。

金巴斯的地位。作为居于世界领导地位的团体供餐服务公司，金巴斯对服务质量与服务承诺指导原则的坚定贯彻，获得了在行业的领导地位；金巴斯能为客户提供高品质食物与服务方式，并量身制定服务方式。

怡乐食的成立。金巴斯于1997年在中国设立了自主餐饮品牌“怡乐食”，并开始在中国发展餐饮服务。短短几年，他们在全国几十个城市签订了数百个餐饮服务合同，现已成为在中国发展最为迅速的团餐公司之一。

怡乐食的业绩。怡乐食品牌注册以来，已在全国 30 多个城市开设分支机构，有上百个国际知名企业已成为服务合作伙伴，如沈阳华晨宝马公司、武汉神龙汽车、无锡和天津的 ALPS、全国各地的麦德龙超市等。

怡乐食的运作。品牌运作与品牌魅力独具特色，他们在工商企业与学校拥有并运用 Eurest 品牌，在医院拥有并运用 Medirest 品牌。怡乐食正以一种全新的经营、管理理念进入我们的生活。

2. 金巴斯的策略

怡乐食的轨迹。怡乐食进入中国团餐市场从昨天的一无所有，到今天的成绩斐然，体现了中外团餐在产品、管理、观念上的对决、蜕变、融合，每次博弈都印刻下中国团体供餐市场成长的轨迹、烙印。

怡乐食的发展。当中国企业正处在员工餐由企业福利供给向市场化外包经营的观念转变阶段时，市场变化与市场需求为怡乐食的发展提供了良好机会，怡乐食以自身优势把握住了机会，并利用机会一跃而起。

怡乐食的顾客。怡乐食结合品牌背景与外资商会资源，制定了以外资企业、合资企业为员工餐市场突破口策略，紧锣密鼓地抢占行业高端客户。怡乐食认为只要有工厂、有企业，就有需求，就会有怡乐食的机会。

怡乐食的能力。供餐服务需要经过周密设计与精细管理，才能实现及时有效供餐。怡乐食的优势是，能为顾客提供个性问题解决方案；怡乐食的观念是，与您一起为贵企业设计最佳供餐方案，满足您的用餐需要。

怡乐食的策略。金巴斯登陆中国团餐领域，采用颇似东方战略的迂回战略与间接战略，不但成功地完成了登陆，而且取得了不俗业绩。这既得益于金巴斯成熟的战略经营策略，又得益于具有的成功商业模式。

怡乐食的机会。中国改革开放政策促进了加工产业的繁荣，大批国际制造业企业正处于高速扩张阶段。怡乐食不但看好商机而且做出正确判断。当然还有双语全日制学校教育，怡乐食也把握住了商业机会。

3. 金巴斯的启示

金巴斯的启示。金巴斯采用迂回策略、间接策略取得了令人瞩目的成就，这是金巴斯把握市场机会赢得市场利益的例证。从金巴斯到怡乐食，国际团餐大亨演绎了蚕食团餐蛋糕神话，并给我们以下五点启示。

品牌经营之道。金巴斯集团通过加盟授权在中国设立餐饮品牌怡乐食，从此中国团餐市场又多了一个国际品牌。金巴斯运用加盟手段，既成功地将品牌资产导入中国团餐领域，又保持了股权收购的灵活性。

学校业务拓展。怡乐食擅长为从托儿所到大学不同年龄段的学前儿童、学生提供专业供餐服务。怡乐食这样定义自己的优势：我们的员工对市场需求有深刻理解，能够通过贴切方式向各个层面客户提供健康营养的食品。

高端客户策略。怡乐食以国际企业高端客户为目标市场，以中国团餐领域发展的安全与卫生管理短板为突破口，不但占领了高端客户，而且为持续占领市场夯实了基础，也为团餐市场提供了基本行业标准。

高端顾客认可。由于外资企业管理比较规范，员工福利较好，以卫生、安全作为卖点的工作餐理念也被高端顾客所接受，大批跨国企业员工餐合同落入怡乐食手中。借此怡乐食也在中国团餐市场站稳了脚跟。

怡乐食的服务。怡乐食每天为成千上万的人提供膳食服务，作为一家由外商独资经营的中国团餐企业，怡乐食得以分享在世界范围积累的专业技术、知识、经验，从而保证了外资企业进入中国能独享膳食服务。

（三）阿尔玛特进入模式

阿尔玛特进入模式，讲述王者策略、经营策略、营运启示三个关键词语。

1. 阿尔玛特称王

阿尔玛特背景。阿尔玛特是美国著名外包服务企业，在医疗领域、工商业界、教育机构享有盛誉。阿尔玛特擅长在团体膳食服务、医疗附属服务、体育场所服务、设施管理服务等外包型服务项目上为客户带来利益。

阿尔玛特业务。阿尔玛特业务遍及世界几十个国家，员工总数近 30 万人，每天为 1500 万人提供服务。阿尔玛特年销售额达 100 多亿美元，在世界管理服务领域处于领导地位。业务包括配餐服务、项目管理、职业服装服务。

阿尔玛特地位。2000 年被《财富》杂志评为最令人向往的 100 家公司之一，2002 年被评为美国头号多样性外包服务公司，2004 年在行业"财富 500 强"调查中名列前茅……。阿尔玛特连续多年被评为行业最受尊敬公司之一。

阿尔玛特经营。阿尔玛特是为保健机构、各类学校、运动场所、企业单位提供团餐服务、设施管理、职业服装的领军公司。阿尔玛特与国际知名企业联手建立合资公司开发市场，开发体育赛会市场，阿尔玛特独具魅力。

阿尔玛特会展。阿尔玛特为十几届夏季和冬季奥运会提供过食品服务；在美国各项体育赛事中，阿尔玛特更是为赛事提供食品服务的主角。在世界大型服务公司中，为体育服务并赢利。阿尔玛特在业内的地位首屈一指。

阿尔玛特赛会。阿尔玛特是奥运餐饮、体育餐饮鼻祖，它在奥运餐饮服务上的卓越贡献与成功经验，得到奥组委的认可、赞扬，并受到业界追捧，北京奥运会、广州亚运会都由阿尔玛特为体育赛事提供服务。

2. 阿尔玛特策略

阿尔玛特中国，始于 1998 年，其前身是光华服务产业（中国）有限公司。阿尔玛特 2004 年收购了光华服务产业（中国）有限公司。2006 年收购北京金白领餐饮服务有限公司，完成了项目服务与餐饮服务架构。

阿尔玛特中国，以专注精神致力于为中国医疗机构、工商业机构、教育机构提供全方位、专业化项目服务与餐饮服务。阿尔玛特中国的使命是为客户提供基于价值与成果的专业性、综合型项目服务解决方案。

阿尔玛特并购。为获得 2008 北京奥运会餐饮供应商资格，阿尔玛特再一次运用组合策略成功收购了中国团餐品牌企业金白领，不但在业界引起轰动而且成功进入了北京奥运会，在奥运会受到业界赞扬与好评。

阿尔玛特布局。在北京、天津、上海、广州、成都等几十个城市为近数百家医院、工厂、学校、政府、写字楼提供环境保洁、病人运送、保安服务、设备运行与维护、洗衣及用品发放、绿地维护、配餐服务。

阿尔玛特业务。从机关、银行、物业到企业、工厂，再到使馆、领馆、医院，阿尔玛特为顾客提供量身订制服务，满足顾客不同口味需求，为顾客创造营养、健康的食品品质，以及靓丽、典雅的就餐环境。

阿尔玛特业绩。在北京奥运会上，指挥来自全球7500人组成的跨国联合体，向全世界运动员与教练提供350多万份餐点，高峰时期一天要准备10万份；给中国团餐企业上了一堂课，稳定出品是服务业的方向。

3. 阿尔玛特启示

事业理念优势。阿尔玛特有成型的文化体系。阿尔玛特远景是，成为最优秀的人都愿意为之工作的公司，超越客户期望，成为伟大的公司。要成为伟大的公司，身后要有技术熟练，充满自信、充满活力，具有创新精神的人群。

兼并合作优势。阿尔玛特善于运用兼并与合作模式进入特定地区、特定国家、特定市场。阿尔玛特在日本、阿尔玛特在韩国、阿尔玛特在希腊、阿尔玛特在中国，都成功采取了兼并、合作、合资经营运作模式。

奥运商机把握。阿尔玛特有为奥运提供食品服务的经历、经验，已为13届夏季奥运会和冬季奥运会提供过食品服务。作为国际大型服务企业，能为体育提供服务并赢利。

医疗机构服务。阿尔玛特在中国已为上百家医院提供全方位的服务，包括洗衣服务、保洁服务、营养餐饮、团体膳食、后勤服务，以及与服务有关的问题解决方案。这就使普通团餐公司无法与之竞争与抗衡。

非核心的业务。是主业以外的业务。如医院核心业务是为病人提供医疗、保健服务，其他如保洁服务、保安服务、团餐服务均属非核心业务。阿尔玛特通过对非核心业务的打包从而实现了对团餐业务的渗透。

问题解决方案。阿尔玛特为顾客提供问题解决方案，这属于非核心问题即服务经济问题。当我们探寻服务贸易定义和服务贸易边界时会得出答案，阿尔玛特是国际级服务企业，在服务贸易领域优势明显。

十六　团餐产业大会发言
——12 届论坛总计

产业大会是行业盛会，发展报告（白皮书、蓝皮书）讲述年度产业大会主旨、趋势、走势、态势。12 届团餐产业发展报告既描述了团餐业态年度走势，又描述了团餐产业发展轨迹。请品鉴 12 届发展报告。

（一）团体膳食盈利模式

团膳是团体膳食的总称，在发达国家、发达地区已有成熟的业态、店态、业种模式。中国团体膳食作为中国快餐产业的组成部分，已成为最具规模、最大份额、最诱人的利润单元，并成为快餐产业发展新标的。

1. 团体膳食现状分析

（1）团体膳食兴起原因

作息时间的改变。1984 年 11 月，国务院做出了缩短午休时间的决定，即午休包括午餐时间为 1 小时，这不但意味着作息时间的改变，而且是团体膳食领域改革与改良的启动信号，团体膳食改革的春天真的来了。

行为方式的改变。随着时间观念、效率观念、作息观念的改变，中国实体经济实力的增长，上班族与上学族的用餐行为也逐渐从个人行为转变为企业、事业单位、团体行为，团体膳食领域模式因此发生变化。

供餐制度的改变。随着中国经济逐渐融入世界经济，发达国家、发达地区的专业团膳公司为我们展示了团体膳食运作的成熟模式，使中国企业、事业、团体用餐制度改革找到了可参照的样板。

都市化是加速器。工作地点与居住地点分离的都市化居住模式，为团体膳食的发展提供了必要的条件：一是“午餐 + 午休”1 个小时，二是工作地与居住地距离远。上班族与上学族的用餐问题必须得到妥善解决。

（2）团体膳食渐进过程

20 世纪 80 年代前的团膳，在我国有条件的事业单位、机关团体、各类企业均以大食堂形式由几十号人为职工提供午餐。厨房设备简单老化，就餐场所装修简陋，厨师未受过专业训练，菜品以大锅饭为主。

20 世纪 80 — 90 年代，除了延续社会大食堂模式以外，还有工作人员从家里带饭的形式，相当一部分人从家里带饭到单位，有些单位还专门配备了热饭的简单设备，并配专人为带饭的工作人员提供加热服务。

20 世纪 90 年代至 20 世纪末，企事业单位把员工用餐暗补、明补改为直接发钱，虽然缓解了用餐矛盾，但用餐问题没有解决。随着城市商务写字楼宇集群涌现，发达国家团餐理念的导入，专业团餐公司应运而生。

21 世纪的团体膳食，发展突破口是独资公司、合资公司团体膳食示范效应，以及中资公司团体膳食的社会化。随着企业、事业单位，机关、团体，尤其是高校、中学、小学团膳的市场化，团体膳食迎来了最好的发展时机。

（3）现状的表述

团膳业态分类最多。有写字楼团膳、事业团膳、企业团膳、公司团膳、军队团膳、高校团膳、学生营养餐、机场团膳、医院团膳、铁路团膳、送餐公司、外卖送餐。这与产业、行业、企业有直接关系。

团膳企业数量最多。与团膳业态服务的产业、行业、企业相适应，团体膳食企业数量最多。因为团膳企业大多是从服务一个行业起家的，样板食堂成功，取得示范效应，然后服务多个企业，再跨行业做发展。

团膳用餐人数最多。与服务行业最多、企业数量最多相适应，团膳用餐人数也最多，即上班族、学生族通过团膳解决用餐问题。没有提供团体膳食的企业、事业单位及团体、机构用送餐、社餐模式来解决用餐问题。

团膳消费数量最多。与业态、规模、消费人数最多相适应，团膳每天消费的份数也最多，遗憾的是我们忽略了对这块市场的把握与统计，仍然以明补、暗补形式为上班族提供福利，这也是团体膳食业态发达的要因。

2. 团体膳食业态分析

团体膳食业态分析的重要概念包括业态、业种和店态。业态是指餐饮企业的营业形态，业种是指餐饮企业卖什么商品，店态是指在什么环境下售卖。

（1）商务团膳

概念描述。商务团膳指企业、机场、铁路、医院等以赢利为目的的经济组织为工作人员及相关人员提供的商务工作餐。

业态特点。有店面经营，只对内部或相对固定的人群售卖。用餐模式设计一般以午市经营为主，早市经营、晚市经营为辅。

（2）公务团膳

概念描述。公务团膳是指机关、团体、机构、协会等一切以非营利为目的的非经济组织，为工作人员所提供的公务工作餐饮。

业态特点。有店面经营，只对内部人员售卖，一般以午市经营为主，早市经营、晚市经营为辅，晚市有方便福利食品外带售卖。

（3）学生团膳

概念描述。学生团膳是指学校，主要是中学、小学与专业送餐公司、专业团膳公司签约合作，为中、小学生所提供的学生营养餐。

业态特点。无店面经营，90% 以上的中、小学校是通过专业送餐公司、专业团膳公司解决午餐问题，即午餐供餐社会化。

（4）送餐公司

概念描述。送餐公司是指以散户或团体客户为目标，专门经营送餐业务的专业公司。送餐公司解决了个人与群体的用餐问题。

业态特点。无店面经营，即大多数送餐公司以批量送餐的企业、事业单位、团体、协会客户为主，解决各种活动用餐问题。

3. 团体膳食模式分析

（1）区域经营

连锁经营。连锁经营是快餐业的盈利模式，团膳业态采用连锁经营应注意：以区域连锁、委托经营、委托管理、合作经营为主，以垫资经营为辅。由于团体膳食是劳务派遣，所以轻资产是团膳企业的典型特征。团膳企业先在一个领域获得成功，再复制发展，成为区域团餐主导。

规模经济。规模经济是快餐业赢利的关键，团膳产业采用规模经济应充分考虑：团膳企业涉及的领域，团膳企业服务的客户，团膳售卖点的数量规模，团膳企业每日售卖份数，团膳企业原料采购规模，团膳企业饮料采购规模。规模经济要把规模先做大，再通过集约经营保障品质与安全。

集约运作。集约运作是微利行业盈利的基础，团膳产业采用集约运作应注意：采购集约、仓储集约、加工集约、配送集约、训练集约、管理集约、规则集约。团体膳食企业赢利有两个维度：一是要把规模做上去，二是要降低总成本。二者不可偏废，才能实现团膳企业经营的可持续发展。

（2）品牌打造

产品品牌是团膳企业稳定老顾客、吸纳新顾客的关键。产品品牌打造应注意：餐饮产业有一条赢利法则，即“服务是重要因素，环境是关键因素，产品是决定因素”。团膳企业产品品牌打造必须有核心产品的支持，因而餐单设计、餐单结构、出品品质、产品创新，就成为产品品牌打造的关键设计。

服务品牌是团膳企业实现差异化经营的关键。服务品牌打造应注意：虽然团膳服务是低接触服务，但由于人员数量大、交易时间短、周转效率高、午休时间短等客观因素，要求服务快速、准确、到位，即实现标准化、定量化、程序化的服务运作，这是团膳企业服务品牌打造工作设计的关键。

公司品牌打造是团膳企业可持续发展的关键。公司品牌打造应注意：在业态、店态、业种定位的基础上，在产品品牌、服务品牌打造的基础上，应注意公司品牌的打造。现实告诉我们，团膳业态的竞争已进入品牌竞争时代，如果对此没有高度认识，就会成为流星式、过客式的团膳企业。

（3）盈利分析

市场稳定。指规模稳定、份额稳定、客源稳定。不用培育市场，不用担心规模，不用担心客源，团体膳食稳定压倒一切。

回报稳定。虽然团膳是微利的行业，但在规模经济、集约经营、盈利模式营运的指导下，团膳业态的稳定回报是毋庸置疑的。

业态稳定。只要选对正确的经营方式，确立正确的生存方针，设计正确的生存法则，团膳企业通过劳务派遣，也能获得稳定的回报。

门槛较低。团膳业态诸多优点吸引了很多小资本入市，特别是部分团膳从业人员在获取经验后直接创业，使团膳企业规模越来越小。

合理减税。由于采用无店面经营，大多数团膳企业，特别是以内部供餐为主的团膳企业能够享受避税与减税的商业机会。

投入适度。甲方投资或送餐经营，使团膳企业省去了昂贵的租金与装修、设备费用，团膳企业属于轻资产经营。

4. 团体膳食前景分析

市场化，是指团膳业态经营企业化、专业化、股份化运作，通过对 20 世纪 80 年代前后，直至 20 世纪末中国团膳业态发展模式的分析，我们不难得出市场化是完成后勤行政工作社会化的前提与基础。

细分化，是指团膳经营定位细分，即有专门经营事业单位团膳、企业团膳，具体如商务楼宇团膳、医院团膳、航空公司团膳、铁路机构团膳、中小学生团膳的专业公司。市场细分是做专做精的前提基础。

企业化，是指按市场经济契约法则以赢利为目的的企业化运作。团膳企业必须为顾客提供体验服务才能实现可持续发展，特别是在“四高一低”的背景下，团膳企业只有通过研发、服务才能获得可持续发展。

民营化，是指团膳企业经营要摆脱无人负责的窘境，实现团膳经营的民营化。民营化是公司制、股份制、合伙制的运作模式。实践证明，民营化是团膳企业切实可行的制度模式，能使团膳企业的发展可持续。

5. 结语

无论有多少团膳企业在寻找出路，无论有多少出路可供团膳企业选择，最终的出路只有一条，那就是市场、顾客的认可。这是一场持续的竞赛，竞赛终点只有一个，金牌得主只有一个，那就是消费者认同。

（二）团体膳食研发制胜

团体膳食是以固定客源为主的工作餐设计，团体膳食即食堂餐饮，不是“大锅菜”“价格低”“不好吃”的代名词。产品时代说产品，产品创新有研发，产品研发要转化，这是团企规避视觉、味觉、感觉疲劳的关键设计。

1. 团体膳食产品研发

（1）研发作业指导

总裁指导研发，是产品研发第一代模式。总裁指导研发一般是企业处于“英雄期”管理阶段；总裁是万能的（总裁无所不能）；总裁认为厨师知道怎么做，自己知道怎么卖。我们不否认总裁的商业悟性、商业感觉、商业运作，但个人认识有局限性，个人的经验不能复制，个人偏好会左右研发思路。

企划指导研发，是产品研发第二代模式。企划指导研发是指团膳企业营运体系策划部门根据对市场的把握，指导研发团队的研发作业。由于企划人员有太多的想法，对产品选型、制售工艺、技术运用、原料供应、设备配置缺乏深刻的理解，所以，许多概念设计不是无法实现就是虎头蛇尾。

顾客指导研发，是产品研发第三代模式。顾客指导研发是指研发团队的研发人员与顾客零距离接触，即根据批量顾客调研、测试、分析得出重数与中位数，并以此作为产品研发的依据。第三代模式要求研发人员直接与市场接轨，直接了解顾客需求，直接进行市场化运作，这是一种升华。

（2）研发作业目标

口味趋势。关于口味研发关键是把握所在区域、所在地域的口味偏好及口味趋势。关于口味趋势除了传承以外还要把握流行，特别是在开放的市场环境下，口味研发应考虑融合特点。

交易模式。产品研发要考虑交易模式：一是餐线交易，即自助餐饮模式，先刷卡再自助，或先自助再刷卡；二是档口交易，即工作人员取餐后在档口刷卡交易；三是零点交易，即顾客点餐、用餐后付款支付。

顾客群体。产品研发应准确定位顾客群体，即对主流顾客群体年龄结构、性别结构、文化结构、职位类别、消费偏好、消费习性、价格感受等综合指标的把握。定位是强销的概念，定位目的是找到理想空间。

不同时段。团餐企业不同日期、不同饭市、不同时段营业结构有差异。关于饭市设计，一般早市、午市、晚市食量应参照30%、40%、30%的食量占比设计。研发要考虑冷菜、热菜、汤菜、面点、水果、饮品餐单设计。

（3）餐单设计战略

了解需求。餐单设计在了解顾客需求的基础上进行品种定位、味型定位、工艺定位。了解需求是指谁来消费，消费什么，在哪消费，何时消费，为何消费。了解需求采用问卷调研、口味测试、结构分析方法。

需求分析。在了解需求的基础上，要进行需求分析。需求分析是指对主流消费者群的消费时间、消费地点、消费金额、消费动机等内容的分析。在需求分析的基础上，得出规律性结论，以指导研发与餐单设计。

餐单设计。团餐企业一切工作从餐单开始，餐单设计是团企运营的灵魂，餐单设计决定产品结构，餐单设计决定价格结构，餐单设计决定设备配置，餐单设计决定人员编制，餐单设计决定生产效率。

企业实力。餐单设计应考虑委托单位（甲方）的经济实力，包括资金投入、设备水平、回报期限、人员数量、餐标等级、饭市设计、品种分类等系列指标。餐单设计既不能超越研发能力，又不能过于保守。

（4）产品研发模式

与院校合作。团企要与能提供产品研发的研究院所合作。通过有偿服务获取特定配方，将成为团企借助“外脑”实现产品研发的形式。与“外脑”合作可以实现产品研发的突破，节省企业研发时间与人力并少走弯路。

请进来模式。团企在没有达到一定规模前，不可能聘请大量专职人员搞产品研发，这是不现实的。较理想的方法是整合社会资源，即在打造资源平台前提下，吸纳、请进优秀专家、技师作为顾问来打造研发平台。

走出去模式。与请进来模式相反，为提高企业研发人员的能力、水平、见识，团企应让研发人员走出去，通过短期进修、观摩、参观形式，到外面学习与借鉴，并把新的设备、工艺、技能、产品带回企业。

自组织研发。团餐企业组织研发人员，充分运用内部员工的才智进行研发。请员工参与研发，既顺应了员工的心愿又为产品研发提供了坚实基础，不失为阶段策略。自组织研发需要设计激励与约束机制。

2. 研发流程设计分析

（1）产品研发阶段（上）

产品研发流程。产品研发是一项极其复杂的工作，并有涉及面广、科学性强、持续时间长的特点，因而要按照一定流程实施，才能使产品研发正常运行。产品研发流程是指从提出产品构思到正式投入生产全过程以及各环节之间的相互关系的流程设计。团企产品研发流程一般分为两个阶段：

调查研究阶段。主要是通过市场调研提出产品提案创意，提炼研发设想，拟订实施方案。调查研究阶段要掌握市场信息、顾客信息、行业信息。在此基础上，采取走出去请进来、集思广益的办法，确定新产品的构想。当然这一阶段有不同提案，要提点、提炼、提升，以实现方案整合设计。

方案评价阶段。经过对不同提案分析、比较、评价、筛选，选定研发产品、制订研发计划、拟订研发任务、实施研发上线。对研发方案所涉及的基础工作与新型食材、新型餐料、香辛小料要进行必要的研究与试验，以掌握稳定的参数。方案评价既要选择方案，又要备份方案，以防备失误。

（2）产品研发阶段（中）

设计试制阶段。进行产品设计、试制、鉴定，通过这一阶段将产品设想变成实际产品。产品设计应按新产品研发任务书的要求制订试制计划，提出具体方案，组织相关人员，进行食材设计、技术设计、工艺设计。试制过程要进行各种试验，以掌握产品设计与工艺流程结合的关键性技术。

生产准备阶段。对于试制成功的菜品可通过推荐品尝方式征求顾客意见，也可将试制成功的菜品制成即时性餐单进行销售。产品试销成功后应进行少量生产、技术以及酱汁、食材、餐料、小料准备。在生产准备阶段应完成全部工作流程设计，持续完善工艺文件设计，为研发上线打好基础。

研发制作阶段，又称产品研发上线制作，即按工艺文件设计、执行工艺流程，跟进操作步骤，把握操作时间，按照要求出品，得出基础数据，进行尝口测试评价。在此基础上，将研发结果与方案设计对比，得出分差管理。在第二次、第三次研发上线制作过程，修复差异、得出数据、收获预期。

（3）产品研发阶段（下）

研发内部推广。研发成果内部推广由行政总厨负责，包括以下步骤：第一步，研发部门锁定配方、锁定汁水、锁定料包、锁定投料；第二步，行政总厨技术训练、工作指导、阶段评估、阶段调整；第三步，厨务经理接受训练、工作推广、工作指导、品质控制。三个操作步骤完成研发成果内部推广。

研发外部推广。研发成果外部推广由营运部门负责，包括以下步骤：第一步，营销策划方案拟订、推广方案拟订、策略拟订；第二步，营销策划负责训练、推广实施、推广跟进；第三步，财务部门负责核算、入口成本、综合费用；第四步，营运部门工作配合、服务配合、行政配合。三个步骤完成推广。

正式销售阶段，在内部推广和外部推广基础上，研发成果正式生产并投入销售。销售阶段，既要做好生产计划、劳动组织、物流供应工作，又要做好促销策略、供应策略、服务策略事宜。产品销售过程要不断收集顾客信息，并及时反馈给研发部门，以便改进研发产品设计，提高产品质量。

3. 团体膳食餐单设计

（1）三大原则把握

第一，成本设计原则。

标准成本。由于团餐出品讲入口成本，因而要求团餐企业建立标准成本，即主料、辅料、调料的消耗成本与酱汁制作成本。

分差分析。在建立标准成本的基础上，以月为单位对团餐企业的成本水平进行分差分析，使入口成本符合标准成本水平设计。

第二，需求导向原则。

尊重餐标。是指根据不同销售终端餐标等级设计，拟订餐单饭市设计、品类组合、品种组合，以确保出品卫生、安全、营养。

尊重职业。是指因职业不同、身份不同、等级不同，对品质、份量、价格、温度、口味、餐具要求也不同，需要团餐企业高度注意。

第三，营养合理原则。

营养合理。是指根据不同职业特点，设计出适合职业特点的团餐产品营养含量。旨在确保营养水平的充分供给与饮食保健功能。

营养均衡。是指在确定适合职业要求的营养含量的基础上注意五大营养元素均衡，养成不偏食、不挑食、不过食的饮食习惯。

（2）三类原则把握

第一，四大心理原则。

视觉心理。视觉是鉴别食物的前提，是认识食物的基础，视觉影响人的食欲。

嗅觉心理。嗅觉先于味觉，使人的饮食行为具有敏感性、诱导性、选择性。

味觉心理。味觉是人们接触食物的过程中产生的酸、甜、苦、辣、咸的感觉。

听觉心理。听觉能够帮助人们间接认识食物，使人产生共鸣，影响人的食欲。

第二，食材选用原则。

地域性。食材选用应以团餐企业所在地为主，以减少食材外埠采购比例。

季节性。食材选用应考虑不同季节选用不同食材，餐单应随季节变化而变化。

适用性。食材选用应考虑营养丰富、原料新鲜、价位合理、品质稳定、没有污染等指标。

经济性。食材选用考虑批量采购经济性、食材出成标准、边角余料利用指标。

第三，温度味道原则。

冷菜温度味道。4℃ ~8℃是冷菜温度设计原则。在这个温度框架内，冷菜香味感受通过咀嚼过程完成，当然味汁制作是关键。

热菜温度味道。65℃ ~70℃是热菜温度设计原则。在这个温度框架内，热菜香味感受通过嗅觉完成，当然酱汁合成是关键。

（3）适度创新原则

餐单变化。是指餐单季度变化、月度变化、每日变化，以确保顾客有选择，有新鲜感。具体操作要点包括：以周为单位来排定每日不重复的餐单内容，重点把握味型变化、工艺变化、技法变化、味汁变化、酱汁变化。在此基础上，实现每周、每月、每季不重样的餐单变化设计，以规避顾客视觉、味觉疲劳。

模式变化。是指早餐交易模式、午餐交易模式、晚餐交易模式变化，周一至周末交易模式变化，节假日交易模式变化。具体包括以下内容：早餐设简约交易模式，午餐设标准交易模式，晚餐设灵活交易模式；周一至周四采用标准交易模式，周五采用“自助 + 零点”交易模式，节假日采用“自助 + 宴席”模式。

结构变化。是指餐单冷菜结构、热菜结构、主食结构、汤菜结构、小吃结构、宴席结构，以每周、每月、每季变化为主。具体包括以下内容：以周为单位设计 5 天产品组合，以月为单位设计 20 天产品组合，以季为单位设计 60 天产品组合。在操作层面先设计周餐单，再设计月餐单，后设计季餐单。

4. 结语

团体膳食产品研发、研发流程、研发转化讲述了研发制胜的道理。由于团体膳食以固定顾客为主，在每日三餐的高密度接触中，顾客易产生疲劳感，如果没有研发体系支持，团膳企业会因为缺少创新而被迫出局。

（三）团膳市场特点分析

团膳市场特点分析，讲述团膳消费特点分析、团膳企业类别分析、团膳发展经验分析三个大专题。每个大专题包括三个子专题，每个子专题包括三个段落分析，把握团膳市场特征与特点旨在使团膳事业可持续。

1. 团膳消费特点分析

（1）团体膳食经营特点

第一，团体膳食经营周期。

双休日开启后，每年 52 个双休日，共 104 天。算上节日、假日、黄金周，国人每年休息 110 多天；更有教育产业寒暑假 3 个月假期，团膳企业经营实现盈利真的不容易。这就决定了团膳每日以午市经营为主，每周以五天经营为主，每月都有节假日与双休日，团企要理解获利之道。

第二，团体膳食消费特点。

团体膳食消费特点是，每日都有用餐需求，价格水平普遍较低，需求时间相对集中，用餐时间要求短暂。团体膳食消费的上述特点告诉人们：在有限的时间约束下、有限的空间范围内经营团膳，并应对大量的集中消费需求，应以速度为核心，批量为基础，生产能力为条件，设定团膳事业模式。

第三，团体膳食市场特点。

团体膳食市场特点是，市场容量之大与每日一市的矛盾，市场需求之大与每周五天的矛盾，市场需求之稳与每月节假日的矛盾，市场需求均衡与公共假日的矛盾。团体膳食市场的上述特点告诉人们：这是一个充满机会与挑战的市场，需要专业经营、专业管理、专业运作才能应对团膳市场。

（2）团膳市场结构分析

第一，政策化的团体膳食。

各类中小学团体膳食构成学生营养餐市场。学校团体膳食是国家三令五申要做好的大事，学生营养餐市场是份额巨大、潜力无限的团膳市场。

各类大专院校团体膳食构成高校学生餐市场，高校团体膳食受到国家重视，高校学生餐市场是有影响与规模的团体膳食市场。

第二，福利化的团体膳食。

事业单位是指没有经营收入，由国家经费开支的单位。机关指办理事物的部门。事业单位与机关单位团膳，是团膳市场的组成部分。

部队团体膳食是团体膳食的重要内容。部队团体膳食与一般团膳不同，包括野外工程、军事训练、保密要求特殊膳食供应。

第三，市场化的团体膳食。

公司是经济组织，是商务团膳主体。公司团膳以商务楼宇团膳为主。企业是经济活动实体，企业团膳在团膳市场占有重要地位。

会议是指有议程的集会。会议用餐具有不确定性与批量大的特点。活动指有目的的行动，活动用餐称活动团膳，具有组织性与事前性的特点。

（3）团膳市场格局分析

第一，供不应求卖方市场。

20 世纪 70 — 80 年代，短缺经济、凭票供应形成了供不应求的市场格局，住房难、乘车难、吃饭难是那个时期经济状况与生活状况的真实写照。客观地讲，20 个世纪 70 — 80 年代的团膳市场是供不应求的卖方市场。短缺经济造成的团膳市场畸形发展是那时的现实。

第二，供求平衡均衡市场。

随着中国经济体制改革的推进与深化，激活了压抑已久的生产力，随着经济搞活与中国经济整体实力的不断增长，市场格局发生变化，开始走向供求平衡的均衡市场。市场均衡状况维持的时间是非常短暂的，人们甚至还没有弄明白“市场均衡”的概念时，我们就与市场均衡状况擦肩而过了。

第三，供大于求买方市场。

当人们一觉醒来时，突然发现现实已经生产过剩、产品积压、物品难卖，这时人们才意识到要面对一个产品过剩的市场。随之而来的是市场格局的转化，即向供大于求买方市场的转化。显然人们应认识到，除了拼产品、拼质量、拼价格外还应拼服务、拼附加值、拼感受。

2. 团膳企业类别分析

（1）团膳企业特点分析

第一，团膳企业规模分析。

小型企业多。团膳企业多是实力较弱的小型企业，特别是送餐领域更为明显。中型企业少。团膳企业部分初具实力的中型企业，除了做送餐外还兼营商务团膳、企业团膳、学校团膳。大型企业缺。团膳企业缺少够规模的大企业，能高举高打的团膳企业更是稀少，说明团膳还不被大资本看好。

第二，团膳企业体制分析。

国有企业，在餐饮业纯国有体制餐饮企业已退出舞台，在团膳领域国有餐饮企业还保留机关、事业单位自营部分。民营企业是团膳企业的主体，特别是东南沿海地区民营团膳企业已构成了团膳的主力军。外资企业主要包括欧洲资本、日资、美资餐饮企业，外资企业从数量上讲是少数。

第三，团体膳食品牌企业。

品牌企业。今天的发达地区，省份或城市已形成不同市场的品牌企业，如果细分每个领域都有品牌企业。中型企业。如果不注重品牌打造，什么能挣钱就做什么，没有明确的发展目标，虽然今天能生存，但明天会被淘汰。低端企业。机会主义色彩严重，不讲究持续发展，这类团膳企业是短命的企业。

（2）团膳经营模式分析

第一，自我经营模式。

自我经营模式是指各类企业、事业单位自行组建人员，为工作人员提供团体膳食。虽然采用服务外包模式可以让企业、事业单位专注主营业务，但实践证明，即使服务外包模式盛行，发达地区也有一定比例的各类公司采用这种经营模式。

第二，委托经营模式。

委托经营模式又称专业经营模式，是指各类企业、事业单位将团体膳食委托给专业团膳公司经营，即团膳经营的社会化、市场化、专业化、企业化运作模式。委托方与受托方采取契约形式实现委托经营模式，不难看出委托经营方式将成为团体膳食领域未来的主流经营模式。

第三，委托管理模式。

委托管理模式是指各类企业、事业单位将团体膳食委托给专业团膳公司管理，采取所有权与经营权分离方式，既保证对团膳的直接把控，又发挥了专业团膳公司的水平。委托管理模式是以契约方式实现的合作经营模式，旨在运用受托方核心专长（不同业种差异管理）。

（3）团膳市场环境分析

第一，没有行业规范。

中国团体膳食发展没有标准与规范，因而团膳企业发展缺少指导与依据，在这样的背景下，出现了无序扩充、无序经营、无序管理、无序运作，最终是让团膳企业付出了惨重的代价。实践证明，团体膳食企业发展与市场发育迫切需要行业规范指导。

第二，缺少政策法规。

投资中国团膳的最大风险是政策与法律环境不健全，这在某种程度上阻碍了发达国家、发达地区品牌企业的导入。没规范、没标准、少政策、少法律，导致团膳市场没有完善的游戏规则，没有游戏规则谁愿、谁能、谁敢参与游戏。显然，优化政策法规与法律环境同样是中国团膳发展的当务之急。

第三，没有行业认证。

中国团膳企业知道ISO9002质量认证、10040环保认证、HACCP安全认证，但上述这些认证是公式化的认证，不完全符合团体膳食的诸多特性；而协会又没能提供符合团膳特点的质量认证体系、环保认证体系、安全认证体系与相关认证机构，使认证这项非常严肃的工作，成为抬高自己身价的砝码。

第四，缺少行业约束。

中国团膳的发展缺少行业约束，表现在缺少黑名单制，缺少采购规范，缺少供应规范，缺少营养规范，缺少准入要求，缺少限制不正当竞争规范，缺少限制不规则竞争的规范。行业发展既要培育市场又要约束市场，只有这样才能形成良好的激励与约束机制，使成员自觉遵守规范、规则、规定，净化行业环境。

3. 团膳发展经验分析

（1）团膳发展经验分析

第一，团膳发展波浪性。

公司团膳改革、企业团膳改革、事业团膳改革、高校团膳改革、其他团膳改革……既有时间的连续性又有空间的继起性。这种连续性与继起性是以团膳走向社会化、市场化、企业化为目标的连续与继起，这种波浪式发展为中国团膳积累了宝贵经验。中国团膳未来发展，需要将积累的宝贵经验理性地升华。

第二，示范效应推广性。

无论是各类企业还是事业单位，无论是学校、高校还是其他团膳组织的改革，都表现出树立样板、取得经验、示范推广的逻辑顺序。显然，示范效应推广是中国团膳发展秉承的“摸着石头过河”的思路在团膳领域的运用。示范效应推广在市场竞争初级阶段有作用，在过度竞争阶段需要持续创新经营。

第三，经营模式多样性。

团膳经营模式有自我经营模式、委托经营模式、委托管理模式。无论采用哪种经营模式都是被实践证明的合理模式。经营模式的多样化使团膳的发展保持着健康的秩序。当然，创新经营需要保持组织创新、制度创新、模式创新，中国团膳同仁与企业仍需持续努力，因为团膳事业发展任重而道远。

（2）团膳发展教训分析

第一，团体膳食三化慢。

中国团体膳食发展的社会化、市场化、企业化速度还很慢，团膳经营还很落后，团膳管理还处在初级阶段，行政色彩痕迹较重。团膳市场现状又反过来影响着团膳的社会化、市场化、企业化进程。虽然人们知道社会发展是按分工协作原则前行的，但过分强调自我、过分强调行业特色就会延缓前行速度。

第二，团膳发展缺乏理论。

团膳发展没有理论支持，甚至连定义都没有界定，这说明了中国团膳实践超前、理论置后的严酷现实。当人们投身经商热潮时，基础理论研究被束之高阁，没有理论研究，没有理论指导。实践证明：没有理论的实践是盲目的实践，没有实践的理论是苍白的理论。

第三，团膳出路较模糊。

当我们界定团膳内涵、划定团膳界面、召开团膳论坛、研究基础理论的时候，一个不能回避的问题摆在我们面前，即团膳的出路在何方？显然，这是值得研究的理论与实践课题。不清楚团膳出路、方位、方向，无论中国团膳已走了多远的路，无论还有多远的路要走，最终还要退回起点。

（3）预估团体膳食趋势

第一，社会化、市场化、企业化趋势。

中国团体膳食是行政干预的最后一个堡垒。随着企事业单位的后勤体制改革的深化，人们逐渐认识到团体膳食走社会化、市场化、企业化“三化”的道路是必然。虽然改革还有阻力，还有时间差，还有得与失，但是改革目标、改革思路、改革策略已定，“三化”是团膳要实现的目标。

第二，竞争与联合的趋势。

团体膳食是微利行业，过度竞争、过度攫取、不培育市场的道路是走不通的。团体膳食的出路只有一条，即在竞争中联合，在联合中竞争，在共同培育团体膳食市场的基础上分享利润。中国团膳企业要产生业界领袖品牌，要做强、做大、做久团膳企业，就要理解与掌握竞争与联合之道、之略、之术。

第三，产业链打造的趋势。

产业链打造是指对种植业、养殖业、加工制造业、物流配送业链条的打造与培育。由于有专门做上游的种植养殖企业，做中游的加工制造企业，做下游的配送销售企业，决定了任何团膳企业要想获得持续成功必须有产业链条支持。因为如果没有产业利益共同体，团膳行业永远不会做大做强，做出规模。

（四）团餐经营深度实务

随着团餐市场需求的快速增长，团餐业态地位持续升级，团餐作为快餐业态的组成部分，是团餐事业发展的生力军。目前，团餐企业发展与团餐市场增长还不和谐，需要面对外资企业的进入。显然如何将团餐经营持续升级是业界要面对的现实问题。

1. 团餐业态服务经济

团餐业态重新认识。团餐属快餐业态，快餐业态特点导入团餐业态中，这是搞团餐经营应有的认知。团餐经营沿着快餐经营之路走才是正确方向，否则会偏离团餐根本，很难长久立足。快餐属性往往被很多团餐企业忽视，团餐经营要导入标准化、定量化、程序化、规范化设计。

团餐企业经营有以下几个特点：微利经营，订单经济，服务派遣，固定客群，用餐集中，收管理费，等等。其中，最重要的是团餐经营是服务派遣，收管理费，也生成了委托经营、委托管理、合作经营模式。三种经营模式都是轻资产运作典范，这也是团餐业态能够做强、做大、做久的根本原因。

服务外包经营分析。谈到无店铺经营，人们普遍认为，无店铺经营是没有店铺的经营，这种错误认知会导致团餐经营误区。无店铺经营是新型餐饮上门服务方式。具体表现：一是统一加工通过订餐送餐实现销售；二是一方提供场地，另一方进行加工生产的委托经营；三是服务外包只提供餐饮管理。

税收政策减免分析。团餐企业要把握服务派遣的两项利益：一是合理减税。由于团餐企业经营以内部供餐为主，能享受减税优惠，这一点是团餐企业得天独厚的优势；二是投入适度。委托经营委托管理团餐企业少有资产投入，合作经营团餐企业只有餐具用具、易耗用品、包装材料、流动资金投入。

团餐朝阳产业分析。随着中国改革开放的深化与中国城市化进程的提速，团餐产业也迎来了市场化、企业化、业态化垂直细分与发展的历史机遇。作息时间改变、行为方式改变、后勤的市场化、供餐制度改变、饮食方式改变等作为团餐市场发展的加速器，为团餐业态发展提供了历史契机。

团餐业态回顾分析。回顾中国团餐近 30 年的历程，不难发现团餐事业发展因缺少理论指导与行业规范产生了很多迷茫，走过了不少弯路，放慢了发展速度。由千喜鹤、宝钢等国内大型团餐公司牵头成立的团餐协会为中国团餐产业发展提供引领。

2. 市场机遇专业把握

团餐体系在欧美形成，在中国团餐市场快速成长中暴露了诸多问题。

发展战略不够专业。战略经营体现了团餐企业经营远见与经营智慧。发展战略是团企发展规划与经营路径选择。缺少战略预见是团企普遍存在的问题，策略不专业也会对团餐企业产生影响。眼前风光但长远发展乏力是团餐企业的生存命题。国际团餐经营的战略布局是市场竞争的利器。

经营内涵不够专业。搞团餐不懂经营是一大败笔。我国团餐企业不懂经营的不在少数。实践超前、理念滞后，团餐企业摸着石头过河，交了不少学费。随着外资企业进入，开始强调产品创新、出品速度、膳食营养、食品安全、战略布局的经营逻辑。

经营定位不够专业。经营定位是对服务目标群体的选择。尽管市场空间巨大，但如果不能找到属于自己的空间，就不能很好地抓住市场机会。很多团餐企业经营定位并不明确，随波逐流，盲目经营，没有特色。经营定位是战略设计课题，它的失误会导致团餐经营错位，甚至短视经营。

科技导入不够专业。科技导入既有设备方面的科技导入，又有产品方面的科技导入。团餐运作手工作业占有重要比例，目前我们与发达国家团餐企业作业相比有一定差距。科技导入对出品效率、出品稳定、生产能力、出品质量有直接影响。我们可以借鉴快餐业态适度机械化的经验，以少走弯路。

管理技术不够专业。我国团餐企业普遍存在管理水平不高的状况，一方面是团餐业态起点低，管理水平不高，另一方面是缺少成熟的团餐理论指导，缺少教育支持。管理不够专业直接影响顾客满意与获利能力。团餐经营是微利经营，是通过专业管理实现向管理要效益的预期。

人员培训不够专业。团餐业态劳动密集的特点决定了人员素质对企业发展的重要作用。有人认为，团餐行业不需要特殊技术，关键要有管理与训练。人员素质直接由团餐企业训练水平决定，人员训练不专业会导致人员作业不专业，导致企业在竞争中失利。我国团餐企业缺少职业训练体系。

3. 短兵相接优势突围

市场竞争客观分析。团餐市场是一块诱人的大蛋糕，势必会引发团餐企业之间的激烈竞争。市场竞争表现为：一是同一业态竞争。是指团餐企业为获得高端顾客展开的短兵相接的竞争。二是不充分的竞争。是指团餐业态还没有充分市场化，为冲破行政壁垒而展开的竞争。三是新进者的挑战。团餐业态门槛低，新进入者对原有秩序构成威胁。

中式快餐经验分享。在短兵相接的竞争中，我们不但要关注团餐企业的命运，更应关注团餐产业的命运，特别是要吸取中式快餐业态的发展经验。在快餐领域，中式快餐还没有上千家门店的企业，麦当劳、肯德基、德克士占据了快餐市场的绝对份额。

中式快餐经验借鉴。竞技场上，不够专业的中国团餐虽然不能与专业的国际团餐媲美，但中国特色、中国饮食传承为我国团餐突围提供了可能。中国团餐企业与国际团餐公司相比有三大契机：一是妥善运用政策保护，加快产业转型；二是挖掘地域优势，深化产业发展；三是先“与狼共舞”，再超越对手。

政策优势国情保护。团餐市场政策保护是隐性的，虽然政策保护并不像汽车、石油行业那样直接，但与我国国情息息相关。在隐性政策的保护下，高校团餐、军队团餐、政府团餐、法律团餐不允许外资企业进入；大型国企明补暗补，也将外资团餐拒之门外。

抓住机遇练好内功。政策保护为中国团餐发展赢得了市场优势，同时也赢得了时间优势。后者对中国团餐发展尤为重要，虽然政策保护只是一个时期，但是却为团餐企业的发展赢得了先机。中国团餐企业，特别是龙头团餐企业要充分运用这段时间，增强竞争实力，向专业化发展，成为领袖品牌，唯有如此才能在团餐市场与国际公司竞争。

地域优势产业发展。从专业水平上讲，中国团餐企业无法与发达国家团餐企业相比，但由于中国地域辽阔，饮食具有复杂性，使外资企业进入大多感到水土不服，这也为中国团餐事业发展提供了机会。我们要充分运用这种优势，深度挖掘中国团餐的内涵，以优势弥补不足，促进团餐业态发展。

（五）团餐业态趋势分析

团餐业态趋势分析，要把握团餐、业态、趋势三个定义：团餐是团体膳食用餐的统称，业态是商业模式的表现形态，趋势是事物发展的动向与必然。在此基础上运用方法论分析趋势、走势、态势，使团餐业态获得可持续发展。

1. 团餐业态趋势分析

（1）未来学的方法运用

美国未来学家纳斯比特预测的 2000 年以后的大趋势，可用三句话来概括：一是全球经济的一体化，二是贸易保护主义泛滥，三是快餐食品风靡世界。20 年后的今天证明了纳斯比特的预言是正确的。我们领教了快餐食品风靡世界的现实，感受了西式快餐跨国、跨区的发展。

21 世纪的中国，快餐产品迅猛发展，而且我们雪藏了 20 年的中国团餐业态也迎来了属于自己的最好发展时机。我们迎来了自己的“中国团体膳食高峰论坛”群英聚集的行业盛会。中国的改革开放，使商业模式成熟的国际团餐进入中国。

德国经济学家理斯特关于幼稚产业保护理论认为，当一个国家对外开放时应对幼稚民族产业进行保护。我们有过两次失误：第一次是 1978 年打开国门，第二是加入世界贸易组织。我们没有对“幼稚”产业进行保护，于是快餐业态被全面碾压，团餐业态也“与狼共舞”。这是业界要面对的现实与选择。

（2）复盘盘点方法运用

由于没有理论指导，产业放开后的阶段性结局是不难想象的。盘点中国团餐历程，以 10 年为阶段，我们可以看到完整的经济周期与社会周期的变化，能够清晰地看出团餐业态发展的趋势，即中国团餐业态发展要经历单店经营、连锁经营、产业经营、资本经营四个阶段，这个过程是循序渐进的。

纳斯比特在《大趋势》一书中讲道：“趋势是自下而上的，风尚是从上而下的。纳斯比特以 10 年为一个周期来分析趋势流行与风尚流行。我们把中国团餐业态发展历程以 10 年作为 1 个周期，分为 4 个阶段，来把握趋势、走势、态势，把团餐存在的问题变为发展的机遇。

趋势是事物发展动向与必然。动向是走势与态势，必然是对本质的把握，本质是规律的体现。我们运用以上概念、范畴、推理，旨在把握团餐业态发展的趋势与规律。环境在变、市场在变、顾客在变、竞争在变，但规律是稳定的。适者生存，这是团餐业态的方法论。

（3）趋势分析具体运用

直辖城市逐渐下沉。从团餐业态产生来看，不难发现工业化、后工业化、城市化是团餐业态产生、成长、成熟的驱动力量。现实的经济生活中，直辖城市的团餐业态发展最快。随着改革开放进程的提速，省会城市开发区合资企业与独资企业的进入，团体用餐模式应运而生。

东南沿海内地下沉。中国经济发展是不平衡的，具体表现为三个梯度，即从东南沿海向中部地区递延，从中部地区向西北内陆递延。中国团餐业态发展与中国经济发展三个梯度相适应，表现为东南沿海地区最为发达，中部地区适度发达，西北地区欠发达。这也描述了中国团餐业态发展的趋势。

建立样板扩延效应。中国团餐企业发展经历了四个阶段：一是入行阶段，二是建立样板成功阶段，三是沿着行业布局纵向发展阶段，四是跨行业发展差异连锁阶段。从四个发展阶段分析不难看出，进入行业——建立样板——纵向发展——横向发展四个阶段的扩延效应，推动了团餐企业跨地区发展、大区连锁发展。

2. 团餐业态走势分析

（1）品牌化的发展趋势

品牌化经营趋势。改革开放第 26 个年头，中国团餐才有了自己的品牌。品牌企业担负着团餐发展的使命，因为当你成为品牌企业时，人们在认可你的同时，也会对你提出严苛的要求。对此团餐品牌企业应有深刻的认知。

产品研发升级趋势。如何应对食材涨价、餐料涨价、人工上涨？对于团餐企业来说，产品研发升级是最为有效的策略。因为团餐企业要面对一周只有 5 天的市场、每月都有节假日的市场、每年休息日达 110 多天的市场。团餐企业要生存就要依靠产品研发与科技创新，规避顾客的消费疲劳，赢得优势。

人力资源短缺趋势。今天团餐企业要面对经理人、管理人、员工短缺的局面：一是团餐企业是劳动密集型企业，需要大量人力资源；二是人力资源短缺，找不到合适人选，是团餐企业要直面的现实。客观地讲，在人力资源市场团餐企业是弱势群体，即人力资源流向环境与待遇更好的企业。

（2）技术密集持续升级

团餐业态劳动密集。团餐业态由于生产资料、生产工具、生产方式处于初级阶段，导致人员众多、劳动密集、劳效低下。虽然有分工、协作以及制度导入，但生产方式、生产工具、生产资料、能源消耗和技术水平低，使团餐厨房营运处于手工作坊阶段，没有实现向人机配合的工场手工业晋级。

团餐业态技术密集。团餐企业要向顾客提供美味、营养、卫生的出品，唯一指向是增加出品的技术含量：一是增加设备科技含量，二是产品研发加大科技导入。只有加大产品研发科技导入，才能使出品保持美味、安全、稳定，这是团餐企业应有的认知。

团餐业态智力密集。团餐业态厨房营运导入机械化、自动化、半自动化运作，不但能提升厨房营运的劳效、人效、坪效，而且能适度减少厨房营运的用工数量，并适度缓解劳动密集的状况。在机械化与技术密集的基础上，还要运用电脑做数据控制，以代替部分人脑与部分手工操作，提升效率。

（3）卫生安全营养趋势

注重清洁卫生趋势。清洁卫生既是对团餐从业人员的道德要求，又是顾客能够感受到的指标。今天，人们对团餐要求除了吃饱与吃好外，还要求清洁与卫生，人们接受不了脏、乱、差的产品、服务、环境。清洁卫生包括就餐环境、餐具用具、个人清洁卫生，食品卫生、工具卫生、环境卫生等。

讲究口味营养趋势。传统食堂出品是“价廉”与“不好吃”的代名词。

为改变这种局面，团餐同仁应清醒：团餐要讲营养，讲卖相，讲氛围，讲好吃，因而讲究口味、营养、温度是团餐业态发展的趋势。团餐出品三大要点：一是好吃才能顶替家庭厨房，二是营养才能补充能量保持平衡，三是标准才能够推广复制。

注重食品安全趋势。团餐出品在清洁、卫生的基础上要讲安全。食品安全是团餐企业的生命线。味道可以稍差，温度可以欠佳，安全必须保证。食品安全出现问题会使团餐企业毁于一旦。这也是团餐企业导入HACCP体系、ISO9000认证体系的要因，当然在此基础上，还要转化为可操作的制度设计。

3. 团餐业态态势分析

（1）团餐业态机会分析

团餐边界难以界定。团餐边界难以界定，有三大要因：一是团餐覆盖领域广。团体膳食覆盖领域包括太多的部门、产业、行业、业态。二是涉及范围广。团体膳食涉及工农商学兵、党政军民。三是涉及各类组织。团体膳食涉及商务、公务、政务、文化各类组织，业态边界难做界定。

市场容量难以估量。由于团体膳食不对外经营，大多没有列入国民经济的统计行列，因而团餐行业是一个缺乏宏观控制、市场协调、行业管理的大市场。团餐市场各自为政、画地为牢，团餐行业现实状况亟须改变。

市场机会难以描述。团餐发展方向是社会化、市场化、企业化，团餐市场充满机会。特别是随着国家经济政策的调整，中国团餐市场面临难得的发展机遇。遗憾的是，团餐行业还没有交易规则、准入制度、竞标监理机制。

（2）团餐业态问题分析

市场需求逐年提升，团体膳食市场需求逐年提升，其原因：一是家务劳动社会化（人们不愿把闲暇时间花在做饭上），二是团餐经营市场化（各行业都在加速团餐市场化过程），三是社会分工专业化（有专门从事团餐经营的公司），四是城市发展空心化（办公地与居住地分离使回家用餐不可能）。

市场规则最不完善，当属餐料与原料市场，由于行业没有准入制度，没有黑名单制，没有自律规则，没有招标监理，没有保护价格，没有硬件、软件规定，造成了正规与不正规企业并存，高投入与低投入作坊并存，设备科技含量高与设备设施落后（经验操作型）的企业并存的局面。

经营管理粗放，是指大多数中小型团餐企业处于发展的初级阶段，处于粗放型经营管理阶段。国有转型企业经营思想保守，处于保本经营的初级阶段，即使实力强的团餐企业经营状况也不尽如人意。实践证明，中国团餐企业发展要经历单店经营、连锁经营、产业经营、资本经营四个阶段。

（3）团餐业态深度分析

计划经济痕迹严重。团餐具有产业多、行业广、范围大的特点，因而带有浓重的行政色彩。特别是高校团餐，由于高校实行封闭管理，社会团餐不易介入；中小学团餐由于关系到祖国的未来和希望，是受舆论监督的重要领域；重要企业、单位、社团由于责任重大，也轻易不会对社会开放。

区域发展极不平衡。这种不平衡表现为：一是东南沿海地区团餐发达，中西部地区相对落后；二是直辖市的团餐发达，省会城市相对落后；三是开放程度高的城市团餐发达，开放程度低的城市团餐落后；四是经济实力强的城市团餐发达，经济实力弱的城市团餐落后。区域发展差异导致团餐市场发育不同。

实践超前、理论滞后，给团餐发展造成了很大影响。改革开放的第 25 个年头（2003 年），业界才召开了首届团餐会议。团餐理论除个别报道提及外，至今还没有成型的著作。中国团餐同仁在付出巨大代价、交了昂贵学费后才走到一起，交流得与失，这与理论滞后、缺乏指导是分不开的。

（六）团餐企业共同准则

准则是指标准原则与行为准则，准则建立的目的是将价值观念与共同标准转化为推动发展的积极力量。团餐作为民生业种需要建立共同准则，团餐共同准则设计基于团餐发展历程与市场格局对团餐企业的要求。

团餐是快餐业态最具潜力的成长性业种。团餐业种市场规模约占快餐业态市场规模的50%。由于团餐市场特点以及成长空间的巨大，建立共同准则是当务之急。

1. 入市门槛准则

在我国团餐市场，高端市场与高额利润被外资品牌团餐企业垄断，中端市场与低端市场为国内强势品牌企业与中小团餐企业瓜分。客观地讲，高端市场仅占团餐市场总份额的5%左右，95%的团餐市场则被中资企业占有。当然，我国团餐市场仍处在混战阶段、洗牌阶段，处在产业细分的关键时刻。

全球经济危机，导致诸多产业、行业陷入低迷境地，但团餐行业方兴未艾，巨大的市场规模与持续的成长空间不但吸引了餐饮产业相关业态涉足，而且吸引了风投公司的导入。当然造成上述两种局面的要因是国内团餐市场没有准入门槛，有资金、没资质同样能够进入这个市场，家庭式与作坊式小企业也可以经营。

团餐缺乏准入门槛，无法保障民生工程，不利于提高国民营养健康水平，还会增加食品安全隐患，造成行业混乱。今天，市场准入准则是引导团餐从无序向有序转型的关键。市场准入准则是外资企业、合资企业、内资企业进入团餐行业与退出团餐行业壁垒设计的规则、规范、规定。

2. 行业标准准则

行业标准准则，是一个行业公认的技术参数与指标，涉及质量、环境、营养、卫生、安全等。客观地讲，我国团餐行业标准是缺失的。团餐行业标准缺失有着深刻的历史背景，虽然我国餐饮产业持续走高发展，但与此不相称的是餐饮产业行业标准缺失，因而制约了我国餐饮产业的发展。

行业约束分析。无论是强制性行业标准，还是非强制性行业标准，都能对团餐企业经营提供硬性约束并指导企业实现规范经营。虽然我国餐饮产业已有行业标准，但针对不同业态的标准还有待完善。众所周知，团餐业态还属于快餐业态范围，快餐业态没有行业标准，团餐业态行标必然滞后。

市场格局分析。我国团餐市场发展是不平衡的，在已形成的华北、东北、中南、华东、西南、西北六大区域市场格局中，广东省、浙江省、上海、北京是四个重要的团餐市场。发达地区团餐专业委员会的成立，对团餐经营问题、团餐标准建设、团餐市场培育将起到巨大的推动作用。

3. 市场培育准则

团餐市场范畴。企业、工厂、部队、学校、医院以及铁路、交通、展会都是团餐市场范畴，由于对社会开放程度不同，导致商业团餐市场能量并未完全释放出来，很多团餐还以福利形式存在，没有实现市场化运作。东部地区比西部地区、沿海城市比内陆城市团餐起步早，发展成型早。

团餐统计数据。团餐市场虽然至今仍缺乏直接统计数据，但保守估计，500 亿元的团餐市场份额已成为中外团餐企业眼中的蛋糕。由于团餐有集体福利性质，市场化程度有限，所以团餐市场运行在很大程度上仍受人脉的影响，团餐市场未完全市场化，导致团餐企业跨区经营受阻。

团餐市场发育要经历市场培育过程，即从没有到拥有、从无序到有序的过程。团餐市场有序发展不但要靠相关机构引导，而且要靠团餐企业按市场竞争法则进行维护，即通过实力与规则立足市场。团餐行业的特点是认“大”不认“小”，“大”指团餐企业规模大，团餐企业口碑好，团餐企业实力强。

4. 食品安全准则

食品安全话题。团餐面向的是特定客群，一旦发生食品安全问题，影响与后果将十分严重。长期以来，集体食物中毒事件屡见不鲜，团餐食品安全更是敏感与重大话题。正因为如此，政府主管部门也非常重视食品安全规范导入，团餐企业自身也将食品安全作为经营与管理的头等大事来抓。

服务许可管理。我国现阶段餐企主要运用国家卫生健康委员会发布的《餐饮服务许可管理办法》和《餐饮服务食品安全监督管理办法》两大规范，以此为尺度建立团餐企业食品安全基本准入门槛。但团餐经营毕竟与社会餐饮经营不同，因而要诉诸更有效的食品安全准入，即要有针对团餐制定食品安全规范。

食品安全保障。为提高团餐经营食品安全保障系统，团餐业态要大力倡导与引导团餐企业导入 ISO9000 系列、ISO14000 系列、HACCP 体系管理体系，通过对团餐产品潜在危害预测、预警、预防，实现产品安全目的。在国际团餐企业进入中国团餐市场后，导入国际通行管理体系有操作意义。

5. 诚信经营准则

诚信经营准则。小到做事情，大到做企业，都要诚实守信。遗憾的是，随着经济快速发展，诚信体系日显薄弱，街头小贩为蝇头小利缺斤短两，餐饮企业为降低成本以次充好，企业缺少诚信合作经营会有风险。这并不是危言耸听，而是业界的事实，每个行业都有诸多不诚信的事件报道。

诚信经营道理。团餐企业要诚信经营，这不是口号。在混乱与无序的团餐市场背景下，不讲诚信经营会使企业获得一时小利，却无法逃过顾客评价，最终使团餐经营如履薄冰。随着团餐市场逐步走向规范，笑到最后的是那些讲诚信的企业，这已被卓越的团餐企业所证实。

诚信经营体系。社会诚信体系的建立不能单靠团餐企业与团餐业态自身成就，还需要政府机构规范支持，主流媒体引导支持以及社会公众评价支持。诚信体系的建立还有很长的路要走，团餐企业要从自身做起，建立团餐企业诚信体系，并将价值观与共同标准转化为推动未来的积极力量。

6. 价值经营准则

价值经营分析团餐企业为何经营与为何存在的问题。价值经营是价值工程分析的关键内容。如果没有价值经营观念，而以短视经营概念支持团餐企业经营，可以断言，这类团餐企业很难做得更好，走得更远。目前，团餐企业缺少价值经营或价值错位经营是不争的事实。

缺少价值观念，要在经营中导入；价值观念错位，要在经营中归位。这是现阶段团餐企业对价值经营应有的举措。关于价值经营，每个团餐企业价值观念不同，我们无法做到统一价值经营，但是从正向价值出发，价值经营应有的内容是，事业经营、环保经营、低碳经营与顾客第一。

价值经营的内涵，更多是将目标锁定在非物质层面，这与做实体并不冲突。索迪斯中国区总裁讲过："我们最关注的，是索迪斯开展业务的每个城市、每个运营点都有正面的口碑传递。在客户眼中、消费者眼中，索迪斯应是有好口碑的服务提供商。业界排名第一是客观现实，不是营销炒作。"

7. 创新经营准则

创新经营引领。在激烈竞争的市场环境下，研发创新对于任何一个行业、任何一个企业来讲都是非常重要的，团餐研发创新既是团餐企业生存的需要，又是团餐企业发展的需要。持续创新能增加团餐企业获得顾客能力与获利能力，成为团餐企业活力之本。今天，创新经营已成为团餐企业的共识。

创新经营思考。团餐企业如何创新是需要探讨的问题。团餐创新难是不争的事实，不同团餐企业也有不同做法。虽然快餐协会与团餐专业委员会还不能就如何创新做出规定，但要加强创新经营引导。事实上，团餐专业委员会已经在行动，即将团餐企业创新经营引导问题纳入重要工作日程。

顾客疲劳规避，团餐经营以固定客群为主，对团餐企业来讲，创新能应对顾客视觉、味觉、感觉疲劳。创新经营还担负着应对食材涨价、行业竞争、业态缺陷诸多问题。团餐创新是通过持续研发、产品锁定、后商业化、训练指导实现的。研发创新驱动团餐企业可持续发展。

8. 连锁经营准则

连锁经营准则。团餐企业无论是主观因素推动，还是客观因素拉动，主要是靠连锁经营走上了规模发展之路。但是，团餐行业必须要正视的现实是，很多团餐企业虽然是连锁经营，但还停留在"连而不锁"的阶段，并未进入真正的连锁经营轨道，和规范连锁经营区域布局、跨区发展有很大的距离。

连锁经营规范。造成连锁经营规范缺失的要因是，除了团餐企业对连锁经营认知不足与盲目追求规模发展外，团餐行业缺少连锁经营规范指导也是不容忽略的事实。我国现有《餐饮企业连锁经营规范》是餐饮业的通用规范，客观地讲，餐饮产业不同业态连锁经营，需要有不同业态的连锁经营规范。

产业经营规范。连锁经营规范除了对连锁经营资质与条件有明确规定外，还应从产业链与价值链入手，对上游延展、中游发展、下游拓展都有指导，而不是像现有规范，过分强调下游销售通路建设。当然，随着快餐行业连锁经营规范取得突破性进展，团餐企业连锁经营规范出台指日可待。

9. 集约经营准则

集约经营建立。连锁经营能实现团餐企业规模发展，但有规模不等于有实力，连锁经营实力要靠集约经营建立。由粗放型向集约型转变既是团餐企业经营思想的转变，又是管理方法的转变，还是生产方式的转变。集约经营是团餐企业提高生产效率的选择。

国际经营借鉴。我国团餐行业培育时间不长，业态成型需要时间积累。国外团餐行业已经成型，借鉴国际团餐企业成功经验不失为加速集约发展的有效途径。同时，还要向餐饮产业其他业态学习，如学习西式快餐经营理念与物流配送等。

集约经营关键。团餐行业发展有自身特点，团餐企业应借鉴成型企业的经验，把握集约经营发展的关键环节。现阶段，团餐企业要打造适应市场需求的团餐模式，需要提升品牌建设，实施品牌战略，导入新技术，加强基地建设，强化物流体系，通过产业经营实现价值链条运作与企业价值最大化。

10. 服务外包准则

服务外包分析。服务外包是服务经济时代的概念范畴，是实现专业服务的需要。团餐经营不但要承接其他企业的服务外包，而且要有本企业的服务外包。无论哪一种服务外包，团餐企业都要以企业价值链管理为基础，通过外包运用，提高生产要素与资源配置效率，这也是服务外包导入的共同原则。

服务外包拓展。承接服务外包是团餐企业的业务拓展。随着团餐市场向社会开放，团餐企业市场空间更加广阔。当然，团餐企业的承接能力是企业的基本能力，如承接 500 强企业团餐的大多是国际知名团餐企业，国内团餐企业竞争成功机会不大。国内团餐企业能把握的多是本土企业服务外包。

服务外包认知。连锁经营讲集约经营，团餐企业要将非核心业务分包、发包、转包给其他专业企业，导入服务外包用核心专长赢得优势。由于国内团餐企业习惯做小做全的经营模式，对服务外包认知不足甚至盲目排斥。从发展角度看，运用服务外包可使团餐企业走得更远。

（七）团餐主流商业模式

团餐市场主流商业模式分析的目的：一是界定中国团体膳食业态版图，二是梳理团体膳食已有交易规则，三是分析不同团餐模式市场表现，四是把握主流团体膳食发展趋势，五是定义中国团体膳食主流模式。

1. 服务外包模式（劳务派遣模式）

服务外包模式，通过劳务派遣模式、区域连锁模式、服务解决方案具体实现。

高端市场定位。采用服务外包模式大多以外资公司、合资公司、大型企业的高端需求为市场定位。在运作层面，团餐企业在区域总部指导下，以项目制形式参与客户项目营建、设计项目营运、实施项目管控。

战略经营导入。国际团餐企业进入某个省份或某个城市，不是为了做几个项目，而是为了市场份额。国际团餐企业价值取向决定了国际团餐经营是战略经营，既要考虑城市现状，又要考虑城市发展潜力，还要考虑市场机会。

品牌溢价策略。国际团餐企业有品牌知名度、品牌影响力、品牌集客力，随着改革开放深化，世界各国企业进入中国，使国际团餐企业的客户数量与客户质量有了保障。国际团餐企业市场定位源于品牌溢价能力。

服务外包模式。发达国家与发达地区的国际企业、国际学校等懂得运用社会服务体系，普遍采用“聚焦核心专长、外包行政短板”的运营模式，行政外包要求有解决后勤全部问题的能力。

交易规则设计。运用契约经济设计交易规则，包括：一是团餐企业派管理团队与工作团队运作团餐项目，二是团餐企业的利润通过服务管理费用形式实现，三是团餐企业派去的人员的工资与保险由客户承担。

商业模式表现。劳务派遣模式导入有很高的要求，既有正餐设计，又有简餐设计，还有快餐设计，能够满足客户的不同需求。因而，服务外包商业模式的本质，是在有限时间与有限空间内提供多业态的差异连锁。

2. 学生餐饮模式（订单配送模式）

学生营养餐饮，采用订单配送模式，是团体膳食商业运作难度最高的领域。

教育市场定位。学生营养餐饮以中学团体膳食、小学团体膳食为目标市场定位，由于国外教育体制与中国教育体制的差异，国际学校团餐采用并收获了服务外包模式的优势。这是团餐商业运作最难的领域。

良心工程定性。学生营养餐饮是由学生自己埋单，没有校方与政府的补贴，使学生群体与团餐企业产生了利益分歧，导致团餐企业不愿意做学生营养餐饮，学生群体对团餐企业提供的服务不满的两难局面。

微利经营策略。团餐企业即使运用微利经营策略，在“三高一低”（人工工资高、能源价格高、原料价格高，产品售价低）的背景下，团餐企业微利经营很容易被持续上涨的价格兑冲，产品价值无法得到保障。

产品外包模式。中小学学生营养餐饮采用市场化运作产品外包模式，虽然能解决学校不建学生食堂、不设人员编制的问题，但在市场秩序、交易规则、利润机制不健全的背景下采用产品外包模式问题不少。

交易规则设计。产品外包交易规则有三个要点：一是校方与团餐公司经过发标、议标、定标程序确立契约关系，二是团餐公司按订单要求加工、配送、售卖餐品，三是托盘、餐盘、餐碗以重复性密胺餐具为主。

商业模式表现。对团餐公司的利好因素：学生营养餐饮虽然价格低，但数量大，通过走量能实现微利；对团餐公司的不利因素：原料、餐料、用品、能源、人工、研发成本上升，冲抵了微利，使利润成为负数。

3. 散户送餐模式（电话订购模式）

国际公司必胜客的宅急送，本土企业丽华快餐，都是散户送餐模式成功的范例。

散户市场定位。散户送餐是以家庭办公人员、宅男宅女、休假人员为目标市场定位。散户送餐虽然分散，但有数量巨大、需求无限的特点，送餐公司要设计好交易规则、配送半径、交通工具才能在散户市场有所作为。

聚沙成塔经营。散户送餐虽然客户分散、单份量小，但如果按区域、按区位定制设计，也会有巨大的市场机会。散户送餐虽然是聚沙成塔式经营，但在散户送餐过程中往往能收获一些小批量与中批量的订餐。

无店经营策略。散户送餐经营采用无店铺经营策略，能最大限度地节省店铺租金成本，在商业地产价格不断上扬的今天，能够节省近 20% 的租金费用也是不小的收获，更重要的是散户送餐不受时间与空间限制。

区域送餐模式。散户送餐通过两种模式实现：一是国际公司必胜客模式，即运用宅急送的店铺布局实现区域送餐设计；二是本土企业丽华快餐模式，即运用区域加工能力，通过电话订餐平台来实现区域送餐。

交易规则设计。散户送餐模式交易规则执行有四个特点：一是不设每个批次产品的最低数量限额，二是设计单份餐品最低售卖价格，三是设计单次送餐服务费用收取的标准，四是设计单次送餐服务最远距离。

商业模式表现。散户送餐是先进的市场理念，在商业模式实现层面能够收获：一是规避店铺租金对门店经营带来的压力；二是把握无限时间、无限空间、无限机会；三是市场巨大、潜力巨大，散户送餐是朝阳性领域。

4. 店铺送餐模式

店铺送餐旨在突破店铺堂食空间限制，以便开创餐饮企业的第二个利润中心。

中端市场定位。店铺送餐以公司“粉领”（公司行政人员）、小型拼购、商圈顾客为目标市场定位。店铺送餐要设计送餐体系并花费人力、物力、财力。店铺送餐既要考虑送餐成本又要考虑利润水平，市场定位需要精准理性。

二元经营导入。店铺送餐是在市场环境变化、经营成本上升、店铺堂食有限背景下生成的商业模式。在哪里有顾客、哪里就有市场的先进市场理念指导下，餐饮企业寻找顾客开创第二个利润中心是理性选择。

品牌溢价策略。关于店铺送餐，不同业态选择、品牌价值、影响能力，其溢价水平是不同的。尽管店铺送餐市场份额巨大，但由于店铺送餐业态选择、品牌价值、影响能力不同，导致差异化品牌溢价定位经营。

电话订餐模式。店铺送餐普遍采用以电话交换平台为主的订单经济模式，即电话交换平台收取信息，在分类、整理、加工的基础上，将送餐需求信息分派到连锁经营店铺覆盖区域，由店铺完成与顾客送餐交易。

交易规则设计。店铺送餐交易规则有五个要点：其一，是否设计最低起送份数；其二，是否设计最低起送客单；其三，是否收取最低服务费用；其四，是店铺员工还是专职人员送餐；其五，是店铺送餐收益的稳定特性。

商业模式表现。店铺送餐收入能占快餐企业营业水平的 50%，能占简餐企业营业水平的 40%，能占中餐企业营业水平的 20%。因而，店铺送餐弥补了店铺堂食营业能力的不足，开创了餐饮企业第二个利润中心。

5. 会展送餐模式

城市经济是会展经济。会展宣传、拓展、发布活动，能为团餐企业带来商机。

商务市场定位。会展送餐以体育盛会、文艺演出、各类展会为目标市场定位。由于会展送餐以商务市场为主，所以团餐数量与客单水平都比较理想。会展经济继起性也为团餐企业带来收入的稳定性。

大型活动供餐。会展送餐属大型活动供餐，具有突发性强、制售时间短、数量需求大的特点。会展送餐的特点考量着团餐企业接受订餐、生产加工、配送售卖的一体化能力，因而只有少数团餐企业能够胜任。

会展跟踪策略。会展送餐企业要设计专门的团队，由专门的人员、用专门的方法，持续追踪城市各类会展活动。由于会展送餐企业已有成功的送餐经验与品牌影响，所以为会展客户主动上门求购奠定了基础。

冷链送餐模式。除了奥运会与亚运会等体育盛会要求在现场制作售卖以外，一般大型活动会展送餐要求团餐企业采用冷链送餐模式，即冷链加工、冷链保存、冷链配送、现场加温一体化模式。

交易规则设计。大型活动会展送餐一般采用传真订餐、网络订餐、电话订餐模式并签订商业契约，特别是对持续时间长的大型活动会展送餐项目，更要签订严谨的商业契约，以保障团餐企业与主办单位的利益。

商业模式表现。会展送餐商业模式实现有三个前提：一是城市会展经济有稳定需求，二是团餐企业有稳定供给能力，三是团餐企业要具备供应大型会展的加工制售能力。缺少任何一个前提，会展送餐都无法实现。

6. 超市贴牌模式

便利店已成为人们生活中不可缺少的部分。便利店快餐店模糊了便利店与快餐店的差异。

低端市场定位。便利店快餐产品售卖以公司“粉领”、在校学生、社区邻里为目标市场定位。便利店快餐产品寿司组合与关东煮组合形成两大冷热系列。由于城市便利店数量巨大，所以快餐产品售卖份额也很大。

加工厂商定性。便利店快餐产品一般采用冷链配送方式，即由区域便利店总部向团餐企业下订单，团餐企业负责生产、加工、配送，便利店铺负责现场加温与销售。实现层面包括冷链配送与常温配送等形式。

微利经营策略。由于便利店铺与快餐店销售以散户为主，所以价格设计对散户群体相当敏感，这就决定了便利店铺要导入微利经营策略。便利店铺微利经营决定了团餐企业生产、加工、配送单份餐品微利经营的特性。

订单经济模式。便利店铺售卖快餐产品是典型的订单经济模式。便利店铺属于商业企业，通过进销差价实现利润是商业运作的核心。便利店的属性决定了自身不具备加工能力，只能通过订单实现快餐产品供给。

交易规则设计。超市贴牌模式交易规则有三个特点：一是便利店铺运用订单经济能实现组合经营与整合经营；二是进超市有账期设计，1 个月的账期对便利店铺极为有利；三是出现残品一般会转嫁给团餐企业。

商业模式表现。当 7–11 便利店（seven–eleven）高层对外界宣称“7–11 是快餐店”时，再一次诠释了 7–11 便利店是复合商业模式，既经营零售业，又经营快餐业。便利店经营快餐是智慧的，通过订单经济，运用点多面广实现了价值最大化。

7. 自主经营模式

中国国情决定了有些领域无法实现市场运作，只能停留在自主经营运作阶段。

低端市场定位。自主经营模式以大学团餐、军校团餐、军队团餐为目标市场定位。由于学生读书阶段没有收入，军人从军阶段属低收入，因而决定了自主经营模式采用低端价格定位无法完全实现市场运作。

适度配送导入。关于自主经营模式，以高校团餐为例：一所综合大学有几个学生食堂，在物流运行层面已实现统一运作，在产品设计方面主食产品统一配送，在店态设计方面学生食堂以美食广场模式为主。

补贴经营策略。在能源价格、人工价格、食材价格、餐料价格不断上涨的今天，自主经营模式面对成本上升的挑战。由于高校、军队以政治稳定为第一诉求，所以自主经营要采用价格补贴策略做保障。

现场售卖模式。高校团餐与军队团餐都以食堂模式运作。食堂模式运作以现场售卖模式为主，既要考虑顾客选择的多样性，又要考虑餐品的等级性，这就决定了对售卖现场的依赖，对人工的依赖，这种模式具有劳动密集的特点。

交易规则设计。自主经营模式交易规则有四个特点：一是产品类别多，顾客有多种选择；二是服务设计简单，以自我服务为主；三是环境设计简约，升级版食堂设计；四是交易模式设计，现金与磁卡交易。

商业模式表现。自主经营商业模式问题具体表现在三个方面：一是客源固定问题，固定客源每天吃食堂会产生疲倦感；二是生产方式还是初级模式，食堂各自为战，无法实现标准运作；三是人员劳动密集，消耗了大量人工成本。

8. 壁垒保护模式

中国团餐市场某些领域仍采用壁垒经营保护策略，这是由中国国情决定的。

高端市场定位。壁垒保护模式以航空航食、铁路餐食、医院餐食为目标市场定位。航空航食已由顾客埋单；铁路餐食价高，顾客被迫选择；医院餐食高价垄断经营。壁垒保护结果导致“高价位”与“不好吃”的负面口碑。

加工工厂配送。壁垒保护模式在物流运作方面也有差异，其中航空航食完全由加工工厂配送，铁路餐食采用订单经济模式，医院餐食采用自给自足模式。壁垒保护模式无法运用加工工厂配送的标准化来衡量。

垄断经营策略。无论航空航食，还是铁路餐食，或是医院餐食，尽管三者领域与业态不相同，但有一点是相同的，即垄断经营。由于缺乏竞争，垄断经营长期停留在初级阶段与低发展水平，无法实现质的飞跃。

售卖模式设计。航空航食售卖模式是配给模式，顾客没有任何选择余地；铁路餐食售卖模式是强制模式，不选择就没得吃；医院餐食售卖模式是自愿模式，不吃则只好挨饿。客观地讲，三种售卖模式都有问题。

交易规则设计。航空航食交易规则设计相对简单，因为在机票中顾客已给付航食费用；铁路餐食交易规则设计相对复杂，顾客可以自主选择；医院餐食交易规则最为复杂，顾客选择用餐要向院方预订。

商业模式表现。壁垒保护商业模式问题最多，包括三个方面：一是尽管航空航食水平最高，但仍缺少进步动力；二是铁路餐食水平适中，长期垄断经营使铁路以“老大”自居；三是医院餐食提升，包括品质与态度的提升。

9. 结语

团餐领域市场巨大，应导入行业分类统计分析。可以预测，未来团餐市场在快餐业态中将占有 50% 左右的市场份额。团餐经营在商业模式成型基础上，要探索战略经营、连锁经营、盈利模式、产业经营、资本经营深度实务设计。

（八）团餐发展路线图示

2003 年 11 月中国团餐产业论坛第一次会议召开，标志着团体膳食从此确立了自身的产业地位。从 2003 年到 2014 年，中国团餐发展走过了 11 年的心路历程。中国团餐的昨天、今天、明天构成了团餐的时间表与路线图。

1. 团餐企业发展坐标

团餐企业发展坐标，体现团餐企业同仁价值观念、思维方式、工作方法的提升情况。若只强调纵向对比而没有横向参照，那我们的团餐企业总是赢家。

（1）团餐发展纵向坐标

纵向比较是赢家。如果纵向坐标代表团餐企业自己，那么纵向比较总是赢家。如果纵向比较不是越来越好，则无法向受众交代。毕竟纵向比较产能是低度的，技术是粗放的，水平是低下的。纵向比较思维是落后的。

（2）团餐发展横向坐标

横向比较看到的是落差。如果横向坐标代表标杆企业，那么横向比较往往落差巨大。500 强企业、国际公司、地区公司代表不同的横向参照，会真实地反映品牌落差、体量落差、历程落差。落差能让我们看到不足，看到问题，看到机会。

（3）团餐发展方向坐标

后勤服务解决方案，方向比方法重要，选择比努力重要。方向选对才有时间表，路线选对才有路线图。我们要把握发展方向与坐标定位。中国团餐企业发展的方向是“后勤服务、委托经营、解决方案”12 字方针。

2. 团餐企业发展战略

团餐企业经营是战略经营，是区域连锁还是跨区连锁，是分析问题还是解决问题，是整合经营还是品类经营，有不同的格局。

（1）团餐发展道路选择

区域连锁、跨区连锁。团餐企业成长经历了从单店试水，到区域连锁，再到模式成型三个阶段。在区域连锁的基础上，实施跨区连锁是团餐企业从成功向成熟转化的标志。这不是一步之差，而是发展里程设计。

（2）团餐发展目标设计

事业目标、业绩目标。朝阳产业、民生产业、劳务派遣，中国团餐企业追求事业目标是正确的。在团餐企业追求事业目标的同时要实现业绩目标，因为业绩目标能让团餐企业走得更远。如果只追求业绩目标而忽略事业目标，团餐企业的发展则是本末倒置。

（3）团餐发展宗旨设计

使命、目的、价值传递。方向正确、战略成型、策略组合、资源配置、系统优化、流程固化，如果没有使命、目的、价值驱动，团餐企业则会由于缺少驱动因素，导致发展设计与转化实施之间脱节。

3. 团餐企业发展模式

团餐模式是获利模式，从获得订单交易模式，到团体膳食实现模式，再到团餐企业盈利模式，构成团餐企业核心业务与专长。

（1）团餐发展交易模式

接受订单交易模式。团餐企业如何获取订单？如何拿到订单？如何实施订单？这些是业界普遍关注的问题。团餐订单交易过程有暗流涌动，经营者要巧妙应对。随着团餐市场化的推进，问题会变成机会。

（2）团餐发展商业模式

产品服务环境模式，包括三个层次：一是小型美食广场自助餐饮模式，二是零点、包房、宴会餐饮模式，三是中餐、简餐、小吃组合模式。商务公司、大型企业、政府机构的团餐是三种模式的集合，不是快餐的组合。

（3）团餐发展盈利模式

订单模式劳务派遣。展业经济、会议经济、活动经济，适合一单结算现金交易模式；商务公司、大型企业、政府机构，适合长期合作团体膳食模式。长期合作团体膳食走劳务派遣、委托管理、解决方案模式。

4. 团餐企业发展体系

团餐企业商业模式对团餐发展尤为重要，人们看到的是商业模式，比拼的是背后的支持体系。是体系支持团餐经营，从而实现区域连锁跨区发展。

（1）团餐企业架构设计

团餐企业组织体系。团餐企业无论是区域连锁，还是跨区发展，都要有成型的组织架构。因为人们看到的是商业模式，比拼的是后面的业务体系、物流体系、行政体系。没有体系支持，无法实现区域连锁跨区发展。

（2）团餐企业细分定位

进入不同细分市场。团餐企业市场包括政府机构、公司团餐、企业团餐、学校团餐、医院团餐、军队团餐诸多细分市场。团餐企业优势是动态优势，因为团餐企业获得一张订单与失去一张订单同样容易。

（3）团餐企业利润中心

团餐企业利润中心指标包括团餐企业进入哪些领域、获得哪些订单、设计哪些品牌等内容。关于团餐企业利润中心打造，金巴斯通过进入领域设计、品牌打造设计、获利能力设计，为业界做了诠释。

5. 团餐企业整合经营

团餐企业经营包括三个层面：一是团餐服务，二是后勤服务，三是保障服务。团餐企业经营的是典型的劳务派遣业务。

（1）团餐企业餐饮服务

解决客户用餐需求。中国团餐企业事业诉求是解决客户用餐需求。这是中国团餐企业参与团餐业态竞争的第一层次作为。虽然我们取得了令人瞩目的业绩，但与后勤服务、行政保障、解决方案相比还有提升空间。

（2）团餐企业后勤服务

解决后勤服务需求。翻阅爱玛客介绍不难发现，爱玛客以专注精神为中国医疗机构、工商机构、教育机构提供全方位、专业化、一体化的项目服务、餐饮服务、综合服务。爱玛客为奥运会项目配餐，为业界树立了典范。

（3）团餐企业保障服务

解决行政保障需求。索迪斯事业定位，是从事餐饮服务、综合行政服务、后勤管理服务。索迪斯业务包括工商企业、娱乐服务、军队国防、劳教机构、健康卫生、老年领域、教育机构、野外基地 8 个细分市场。

6. 团餐企业品牌培育

团餐企业规模经济。中国团餐发展走过 11 年的历程，产生诸多年营业额 10 亿元以上的企业。遗憾的是，少有业界有影响力的品牌。

（1）团餐企业事业品牌

金巴斯的事业品牌。打开金巴斯官网，业绩令人瞩目。金巴斯集团是全球著名的饮食集团之一。业务遍及全球 90 个国家， 员工人数高达 37 万人。金巴斯集团是英国上市公司， 2012 年《财富》世界 500 强排行榜排第 432 位。

（2）团餐企业业态品牌

金巴斯的业态品牌。金巴斯集团 1995 年年初进军中国香港饮食市场，在获得海洋公园饮食服务承办权后，为做大饮食业务，划分了三个业态独立品牌，即到会服务——盈嘉，机构膳食——怡乐食，学校膳食——泽慧。

（3）团餐企业业务品牌

金巴斯的业务品牌，以专做会议餐的下属企业盈嘉为例，包括鸡尾酒会、生日派对、商务自助、旅游烧烤、会议茶餐、各类宴会的会议餐饮。盈嘉业务品牌生成，是因为有市场、有需求、有规模。

（九）团餐模式维度设计

1. 商业模式显性设计

餐饮业态是由不同餐饮业种、不同店铺形态、不同商业模式构成的，商业模式包括三大显性要素，即产品组合、服务设计、环境要素。店铺模式显性要素要能超越顾客期望，要能感受、能体验、能评价。

（1）营运点的产品组合

中餐产品组合分析。包房餐单、宴会餐单、零点餐单组合，通过厨务团队工作分工，实现适度定量、规范、流程、标准设计。

自助产品组合分析。商务自助、公务自助、节日自助组合，通过厨务团队工作设计，实现自助餐适度定制、定量、定位期许。

快餐产品组合分析。每周变化、每日变化、每餐变化组合，通过厨务团队工作设计，以实现标准运作、程序运作、定量运作。

（2）营运点的环境组合

内外环境组合分析。团餐企业营运点硬件模式要有环境主题设计，将外部环境与内部环境有机结合，体现经营定位与经营宗旨。

大小环境组合分析。团餐企业营运点大环境体现主题、格局，小环境体现局部、细节，大小环境结合生成环境附加值。

软硬环境组合分析。团餐企业营运点软环境注重落眼、感受，硬环境注重布局、动线，软硬环境结合提升顾客体验。

（3）营运点的服务组合

服务营运组合分析。团餐企业服务营运通过服务要素组合，为顾客提供可感受、可评价、可体验的服务，旨在超越顾客的期望。

服务环境组合分析。团餐企业服务环境诠释市场定位、经营诉求、服务理念。服务无形性与感受滞后性决定了团餐企业要重视服务环境。

服务价值提升分析。团餐企业服务价值创造是服务模式设计的根本。服务价值伴随产品实体出售，由团餐企业向顾客提供附加价值。

2. 商业模式共赢设计

业务关系作为商业模式隐性要素，既有商业秘密保密约束，又有合作伙伴多赢设计。业务关系是商业模式的重要内容，业务关系在实现层面包括三个方面的内容：稳定主流顾客群体，稳定业务关系实现，稳定利润获取途径。

（1）稳定主流顾客群体

主流顾客定位分析。团餐企业要定义主流顾客、设计商业模式、实现顾客掌控，这是团餐企业进入市场的关键，是赢得竞争优势的关键。

主流顾客属性分析。团餐企业要分析固定顾客消费的外在属性、顾客等级属性的内在属性、性价比与忠诚度消费属性等内容。

主流顾客操纵分析。团餐企业要保持对顾客需求的持续关注，用产品、服务、环境、品牌锁定主流顾客，使顾客产生品牌依赖。

（2）稳定业务关系实现

稳定员工关系分析。激发员工潜能，提供成长阶梯，建立稳定关系。在稳定员工的基础上，才能做大商业模式，才能持续获得收益。

稳定伙伴关系分析。团餐企业须知，在业务成功背后，贡献、互利、愿景是三个不可或缺的要素。伙伴关系能提升合作的获利性。

稳定渠道关系分析。要与合作伙伴保持良好的合作互利关系，通过渠道设计、渠道维护、渠道管理，实现多赢共同发展。

（3）稳定利润获取途径

利润获取途径分析。团餐企业利润获取的途径包括：产品途径，牢记产品为王；规模途径，牢记规模经济；服务途径，牢记附加价值创造。

利润积聚途径分析。利润积聚是在利润获取基础上的集合，团餐企业要把握赢利途径，懂得将微利积聚之道，将实力转化为势力。

利润保护途径分析。通过对成功团餐商业模式的研究不难发现，成功商业模式都有难以模仿的专有技术，包括酱汁、配方、工艺。

3. 商业模式复制设计

连锁经营商业模式要可复制，要生成区域连锁、跨区经营、规模经济，要形成模块化、系统化、流程化体系。商业模式复制包括硬件复制、功能复制与软件复制。我们要区别复制与拷贝的概念。

（1）商业模式硬件复制

装修要素复制分析。装修要素包括装修语言、装修符号、装修档案等软体要素与材质选择、工艺处理、装修设计等硬体要素两部分。

装饰要素复制分析。装饰要素包括烘托主题、统一命题、诠释文化等软体要素与视觉设计、单件复制、组合复制等硬体要素两部分。

设备设施复制分析。设备设施复制包括图纸设计、动线设计、施工设计等软体要素与品质指标、品质稳定、成型配套等硬体要素两部分。

（2）商业模式功能复制

服务功能复制分析。色彩、照明、温度、湿度构成环境指标，要让顾客满意；单元、岗位、人员、配置服务设计要让顾客满意。

厨务功能复制分析。路线、流程、节点构成了顾客动线设计；速度、顺序、品质构成了出品动线设计。两者之间是因果关系。

行政功能复制分析。办公、仓储、财务、工程、网管五大硬件与语言、秩序、时段、指导软件运行之间需要匹配设计。

（3）商业模式软件复制

适度的标准化分析。产品标准化是商业模式设计新思路。产品标准化既是绝对标准化又是相对标准化，这是商业模式要导入适度标准的道理。

操作的简单化分析。标准制定的目的是实现操作的简单化，包括标准执行简单、员工操作简单、管理监督简单、绩效评价简单几项内容。

执行的加密化分析。团企应设计保护措施，即行业保护壁垒、企业保护壁垒、技术标准壁垒、商业惯例壁垒、商业文化壁垒。

4. 商业模式壁垒设计

商业秘密保护是团餐企业商业模式设计不可或缺的内容，自我保护主要通过体制上、运作上、技术上的壁垒，阻隔竞争对手的偷盗、复制、拷贝。

（1）商业模式体制壁垒

体制上的壁垒分析。商业模式运营的核心是企业资源有效配置。通过体制设计统筹核心资源，通过体制约束、协调运转，形成壁垒。

制度上的壁垒分析。制度上的壁垒能确保商业模式不被复制，不被抄袭，从而赢得优势。团企对涉密人员要签订有法律效力的商业秘密保护协议。

机制上的壁垒分析。执行单项防范功能设计，从某个单项杜绝商业泄密；注重组合防范功能设计，从整体运营层面杜绝泄密。

（2）商业模式运作壁垒

经营上的壁垒分析。进行理性选择，开辟“蓝海”、占有“蓝海”、赢得“蓝海”，规避“红海”，通过理性选择使团企获得独特的市场空间。

运营上的壁垒分析。产品生命周期决定团企生命周期，延长团企生命周期需要创新、转化，研发是破除运营壁垒的有效策略。

运作上的壁垒分析。提升资本运营层面的获利水平，转型升级抬高团企运营门槛，建立资源配置的有效渠道，等等，旨在能形成运作壁垒。

（3）商业模式技术壁垒

技术壁垒定义分析。构筑技术壁垒除了专利手段外，还包括专业技术、专有技术、技术秘密等技术性保密措施与技术性加密手段。

技术壁垒措施分析。通过颁布企业条例、企业规定、技术标准、认证制度、卫生制度、检验程序，提升产品技术难度与水平。

技术壁垒执行分析。导入四级捆绑措施，即最高技术总部储存，主流配方研发控制，一般配方厨务经理保管，作业技术工作人员掌握。

5. 商业模式价值设计

价值创造既是商业模式设计的能力，又是评价商业模式设计是否成功的尺度。商业模式没有先进与落后之分，关键是要看商业模式能否使团餐企业获得稳定利润、高额利润，以及能否使团餐企业持续获得利润。

（1）商业模式获利能力

获利能力概念分析。获利能力本身有长短与强弱之分，并产生获利水平差异。商业模式要建立长期获利能力与强势获利能力。

获利能力解析分析。团餐企业获利能力要有与顾客、伙伴、市场的有效沟通方式。电子商务是助推获利能力实现的利器。

获利能力内涵分析。顾客满意指标诠释顾客价值最大，双赢策略实现诠释伙伴价值最大，损益表内容设计诠释企业价值最大。

（2）商业模式短期获利

整合力的修炼分析。是在战略设计指导下团餐企业运营管控，优化配置资源，聚焦核心专长，重点主义突破，实现领先经营能力。

高效率的修炼分析。一是设计团餐企业目标、愿景、使命，二是设计成型的运营与管理系统，三是设计科学的奖励与激励方案。

系统力的修炼分析。商业模式是由不同部门组成相互关联的系统，团餐企业缺失系统力的修炼会导致经营、管理、运作障碍。

（3）商业模式长期获利

韧力的修炼分析。团餐企业只有不断为顾客创造价值，持续为社会创造财富，才能生存与发展。为顾客持续创造价值要修炼韧力。

应变力的修炼分析。战略方向不清晰，持续创新机制缺失，组织架构能力缺失，业务流程缺乏效率，是团餐企业缺乏应变力的四大顽症。

资本力的修炼分析。资本力是团餐企业能快速实现资本集聚与资本集中的利器。商业模式本质是获利，这与资本力的本质是相通的。

6. 商业模式顶层设计

商业模式顶层设计是让中国企业少走弯路、少缴学费，从微利经营转向厚利经营，从后知后觉转向先知先觉，以实现质的飞跃的有效途径。顶层设计是系统思考的方法论，能有效解决错综复杂的市场问题与企业内部经营管理难题。

（1）顶层设计主旨设计

顶层设计范畴分析。用系统对企业资源进行统筹规划，从而统揽全局，实现目标。顶层设计是预判设计、战略设计、系统设计、方法设计、观念设计、文化设计。顶层设计缺失，导致方向不明、战略误区与转型困境。

顶层设计战略落地。从后往前看，根据目标配置资源，倒排时间表，形成工作计划设计，通过工作任务分派让不同单元、不同岗位、不同人员承担责任。在转化执行过程，通过计划设计、转化、执行、评价实现顶层设计战略落地。

（2）顶层设计实施策略

企业家的战略转型。企业家要把企业未来 5 年发展的路径想清楚，并写清楚，说清楚。企业家的战略眼光决定了企业能走多远。看得远并领先对手半步，是比较合理的做法。领先一步或两步会付出巨大代价，即市场教育与市场引导成本代价很高。

管理体系升级转型。公司战略转型完成后，还要进行不同职能部门转型，以便与公司战略衔接。按公司战略调整不同职能部门的工作重点，包括分解公司战略、设计部门计划、任务转化分解、设计工作责任、完成规定动作。

（3）顶层设计三大要素

前瞻性的预判设计。顶层设计要把未来 5 年企业外部环境与各种挑战描述清楚，以掌握主动权，领先对手半步。企业看不清未来则无法形成发展共识。

从后往前看的修炼。有了前瞻性的预判，接下来要从后往前看，把终极目标描述清楚，形成一幅令人向往的图画，也就是定目标，找差距，选路径。

数据化分析的修炼。顶层设计仅有方法论是不够的，企业要形成科学的决策机制与运营管控体系，就要学会用量化的方法，做数据化分析，通过语言进行沟通、分析、决策。

（十）世人瞩目中国团餐

《大趋势》一书的作者纳斯比特讲过：“10 年作为一个阶段，能充分说明时代走势与趋势变化。”2004—2015 年，是中国团餐的黄金 10 年。中国团餐以 2014 年中国烹饪协会团餐委员会成立为标志，确立了自己的行业地位。本书以黄金 10 年为背景阐述中国团餐十大变化与团餐业态未来走势。

1. 从自营向外包转化

2004 年以前，团餐业态以自营为主。公司、企业，机关、行政，机构、团体，部队、学校，基本上是食堂模式。人浮于事、效率低下、手工作坊是“大锅饭”的客观写照。经过 20 世纪 70 年代、80 年代、90 年代的市场培育，团餐业态改革走社会化、企业化、市场化运作道路已成为大趋势。

2004 年以后，团餐业态以外包为主。随着企业聚焦核心专长呼声渐高，会议、会展，公司、企业，机关、事业，机构、团体，部队、医院，金融、地产等团餐外包已是主流模式。服务外包使中国团餐成为我国产业中最吸引人的利润单元。培育成型的产业梯队呈现集群发展。

2. 从食堂向餐厅转化

大食堂的初级经营。20 世纪 80 — 90 年代，服务外包拉动了团餐事业发展，团餐企业为顾客提供食堂升级版大锅饭食堂模式。虽然是由专门的人、专门的设备、专门的流程制作，但大锅饭仍是“不好吃”的代名词。显然，团餐不允许停留在初级阶段水平，那是没有温度、没有锅气、没有香气、没有味道的经营模式。

小自助的美味经营。20 世纪 90 年代至 21 世纪初，讲小份菜、小锅炒、小自选，味道、温度、性价，于是团餐模式升级小自助生成了。当我们为团餐进步鼓掌时，批量问题、温度问题、时间问题还是没有解决。团餐同仁不得不反思事业模式，为何小自助诉求便利、诉求价值、诉求组合，顾客仍不满意？

3. 从餐厅向广场转化

美食广场复合经营。2000 — 2010 年，团企为顾客提供美食选择，包括两层含义：一是通过档口出品、自助出品、茶餐出品，美食广场成型了；二是通过零点设计、包房设计、宴会设计，中餐美食组合生成了。升级的美食广场复合经营是中餐、西餐、简餐、自助、小吃的集合，顾客有了更多的选择。

体验店的体验经营。2010 — 2015 年，团餐企业为顾客提供综合体验，通过水吧设计、茶餐设计、便利超市经营，生活体验生成了。从早餐到晚餐，从堂食到外带，从平时到假日，团餐成为人们的生活方式。团餐延伸经营从种子到筷子，从田间到餐桌，供应链导入使顾客体验感受生成了。

4. 从作坊向智能转化

团餐 1.0 手工作坊。团餐呈现手工操作、初级能源、火焰料理、劳动密集、产能低下、食堂模式的特点，这也是中国团餐入市的起点。

团餐 2.0 是电气化。团餐呈现电气设备、电力驱动、二次能源、电器配置、效率提升、自助模式的特点，这也是中国团餐的持续发展。

团餐 3.0 是机械化。团餐呈现技术密集、机械翻转、效率提升、人员减少、产能稳定、美食广场的特点，这也是中国团餐的持续跃迁。

团餐 4.0 是智能化。团餐呈现智能温控、智能灯光、智能收银、智能加工、智能保温、体验模式的特点，这也是中国团餐的智慧升级。

5. 从开单向保单转化

团餐开单商业逻辑。开单是团餐企业为争夺市场交易机会展开的竞争。团餐企业开单要思考：团餐企业竞标反思、团餐竞标关键时刻、团餐竞标标书升级、团餐竞标策略设计、团餐竞标标书思考、团餐竞标标书思路、团餐竞标制胜要素、团餐竞标赢在两手、团餐竞标复盘分析、团餐竞标规则解读等。

团餐保单行为分析。团餐企业保单需持续努力。团餐企业保单应遵守团餐保单赢在管理、团餐保单管理体系、团餐保单运营体系、团餐保单顾客维系、团餐保单通路设计、团餐保单活动设计、团餐保单创新设计、团餐保单细分设计、团餐保单赢在主义、团餐保单盘点设计 10 项规则。

6. 从竞标向口碑转化

团餐竞标过度竞争。我们以微文形式推出了团餐竞标关键时刻、团餐竞标标书升级、团餐竞标策略设计、团餐竞标标书思考、团餐竞标标书思路、团餐竞标制胜要素、团餐竞标赢在两手、团餐竞标复盘分析、团餐竞标规则解读九个专题，旨在提醒团企同仁在过度竞争的今天如何做好自己。

团餐口碑转化分析。口碑法则生存策略告诉我们：团餐企业生存要把握口碑策略，即精准定位、精耕细作、精益求精，生成满意、生成口碑，带来生意、赢在永续。品类品牌生存策略告诉我们：聚焦品类品牌，生成竞争优势，提升顾客黏性；借助走口模式，口碑口口相传，斩获团企业绩。

7. 从线下向线上转化

线上品牌热度分析。用话题营销、活动主题、活动设计，增加顾客体验黏性。

线上品牌势能传递。顾客忠诚能够生成品牌资产增值、热度增值、势能增值。

线上交流活动设计。通过分享能叠加思想、叠加能量、叠加客群、叠加粉丝。

线上线下体验设计。线上交流虚拟、线下体验实际，O2O 模式生成威力无比。

线下品牌注重体验。顾客用餐通过感受环境、体验服务、评价产品体验实现。

线下品牌注重满意。满意度指标也是回头率指标，顾客忠诚能创造企业价值。

线下品牌口碑传递。体验生成满意、满意生成口碑、口碑生成传递经济逻辑。

线下品牌四度指标。要提升品牌知名指标、指名指标、体验指标、美誉指标。

8. 从销售向产销转化

价值链条利润掘金。团餐企业经营已经从单店掘金转向配销掘金、产销掘金、链条掘金，产业经营重新梳理了团餐企业获利理念。

产业经营下游销售。此销售是销售终端营业收入，通过产品结构、产品组合、产品类别创造销售，从而实现目标预期、利润攫取、产业整合。

产业经营中游配销。销售终端为信息中心、采购部门、仓储部门、加工工厂、配送部门提供了持续、稳定、安全方面的支持。

产业经营上游产销，在产业上游产销、中游配销、下游销售环节，获取产业环节利润，使物流、商流、金流能快速周转。

9. 从区域向跨区转化

品类品牌区域品牌。团餐企业从品类入手，打造区域品牌是明智之举。做学校、做企业、做公司、做机构，选好品类，区域第一。

跨区品牌行业品牌。团餐企业品牌培育首先是品类的、区域的，然后是行业的、跨区的。跨区品牌行业品牌在品牌排序中占优势。

差异连锁区域经营。在过度竞争的区域市场，团餐企业主动或被动走上差异连锁道路，除主业外还有第二、第三业态差异连锁。

区域连锁跨区经营。连锁经营是区域连锁。要跨区发展，区域品牌与跨区品牌无论影响力还是领导力，或是市盈率都存在一定差距。

10. 从底层向顶层转化

顾客主义顾客满意。团餐企业为顾客提供价值，顾客为团餐企业实现价值，这是顾客主义生成的前提。团餐企业所做的一切都是为了顾客满意。

产品主义产品设计。产品印象 = 产品主义 + 极致主义 + 精细主义。产品主义是顾客主义落地，要有单品爆破、产品品牌，要做到品类极简。

体验主义生理心理。为顾客设计无缝连接体验。顾客体验赢在细则、赢在道具、赢在心理、赢在关键时刻、赢在精细设计等。

数据主义数据掘金。销售终端数据管理，物流层面数据说话，办公层面数据统计。这一切告诉我们，数字、数据、大数据掘金的道理。

11. 结语

总结中国团餐 10 年历程十大转化，我们推出了中国团餐十大预期：①团餐业态将成为创意产业，②团餐产业将成为健康产业，③团餐业态将进入品牌排序，④团餐经营将导入产业经营，⑤团餐业态将转型为资本经营，⑥团餐业态将秀出产业吨位，⑦团餐营运将进行智能智慧升级，⑧团餐经营将赢在主义设计，⑨团餐经营将赢在顶层设计，⑩团餐经营将赢在持续升级。

（十一）二〇一六年度复盘

回首2016，我们一起直面环境变化、市场竞争、“四高一低”，应对经济不景气与竞争礼遇；直面2017，“十三五”规划释义：2017—2020年，餐饮业营业额将从3.5万亿元增加到5万亿元。我们一起把握机遇！

1. 2017年度背景分析

2017背景分析包括利好与不利：利好是“十三五”规划带来市场机会，不利是市场低迷、竞争过度问题。谁能解决问题，谁就能把握机遇。

【关键词】经济严冬、开单保单、创新优势、过度竞争

思考1：经济严冬机会分析

题目① 经济严冬持续，团餐企业熬冬思路设计。

题目② “十三五”规划，2020年5万亿元量级解析。

题目③ 团餐企业原有市场存量如何持续保有？

题目④ “十三五”的市场机遇，团餐企业如何提升业绩？

思考2：开单保单对冲分析

题目① 开单是保单的开始，开单要凭品牌实力。

题目② 开单是双赢经济，不是谁赢的零和游戏。

题目③ 保单是创新设计，创新是迭代与升级。

题目④ 保单是韧性较量，难度是保舌尖经济。

思考3：创新优势代价分析

题目① 顾客需求在升级，能够吃得更丰富吗？

题目② 顾客体验在升级，环境能有新体验吗？

题目③ 顾客消费在降级，能少花钱就不多花钱。

题目④ 创新优势在消失，一片“山寨”、一片抄袭。

思考 4：过度竞争重资分析

题目① 竞标标书在吹嘘，做合同背书难落地。

题目② 团餐企业开单变劣势，投资压钱重资产升级。

题目③ 团餐企业少体系设计，现拼团队是运营初级。

题目④ 团餐企业要尊重规律，轻资产能持续获利。

2. 顶层设计战略设计

顶层设计是从全局角度对团餐企业发展方向、方位、方法的规划；战略设计是预期明天会怎么样，决定今天如何做，并进行步骤设计。

【关键词】战略规划、部门计划、门店计划、责任到位

思考 5：战略规划年度设计

题目① 战略规划是预期、选择、阶段总设计。

题目② 战略规划有竞争、财务、投资子战略。

题目③ 战略规划有人资、研发、品牌子战略。

题目④ 战略规划要聚焦目标，转化分解落地。

思考 6：部门计划季度设计

题目① 战略目标分解旨在生成部门计划设计。

题目② 季度指标转化旨在生成部门计划排序。

题目③ 月度数据转化旨在生成单元作业秩序。

题目④ 部门计划生成要完成专业与转化设计。

思考 7：门店计划月度设计

题目① 营运点位计划，月度计划设计要明晰。

题目② 服务体系指标，要捆绑月度计划设计。

题目③ 厨务体系指标，要捆绑餐单月度预期。

题目④ 物流体系指标，要捆绑月度支持设计。

思考 8：责任到位每周设计

题目① 工作单元责任，每周计划设计要明晰。

题目② 管理职位责任，值班管理设计求精益。

题目③ 工作岗位责任，作业管理设计要精细。

题目④ 责任制责任书，双制运作要贯彻到底。

3. 中层设计运营体系

中层设计是指总部、部门、门店 3 个层次的横向划分，业务、物流、行政 3 个体系的纵向设计，这也是连锁经营事业的中层设计。

【关键词】团餐总部、总部部门、连锁门店、中层设计

思考 9：团餐总部属性设计

题目① 团餐企业总部经济性质需要理性定义。

题目② 团餐企业运营、研发、营销总部属性分析。

题目③ 团餐企业品牌、督导、管理总部属性设计。

题目④ 团餐企业单一、复合、差异总部连锁设计。

思考 10：总部部门体系设计

题目① 业务包括营建、营运、研发、训练、企划。

题目② 物流包括信息、采购、仓储、加工、配送。

题目③ 行政包括人力、财务、公事、工程、综合。

题目④ 每个部门包括 3 个工作单元架构设计。

思考 11：连锁门店体系设计

题目① 服务组织、功能团队、作业指导设计。

题目② 厨务组织、功能团队、作业细则设计。

题目③ 行政组织、兼职团队、任务指导设计。

题目④ 服务、厨务、行政之间协作协同设计。

思考 12：中层结构体系设计

题目① 团餐企业业务、物流、行政体系设计。

题目② 业务体系五大功能部门架构细则设计。

题目③ 物流体系五大功能部门架构细则设计。

题目④ 行政体系五大功能部门架构细则设计。

4. 基层设计商业模式

基层设计是部门工作单元、工作岗位、人员配置设计，是门店体系设计、流程设计、作业设计。SOP 流程讲究精细作业管理。

【关键词】实现层面、要素分析、智能层面、创新分析

思考 13：商业模式实现层面

题目① 星级酒店食街模式商业模式硬件设计。

题目② 购物中心美食广场商业模式硬件设计。

题目③ 街边店铺小吃组合商业模式硬件设计。

题目④ 团餐企业美食广场商业模式硬件设计。

思考 14：商业模式要素分析

题目① 团餐企业区域连锁督导体系架构设计。

题目② 团餐企业商业模式服务体系架构设计。

题目③ 团餐企业商业模式厨务体系架构设计。

题目④ 团餐企业商业模式行政物流体系架构设计。

思考 15：商业模式智能层面

题目① 团餐企业门店运营 POS 系统收银软件设计。

题目② 团餐企业物流运营 ERP 系统管理软件设计。

题目③ 团餐企业连锁总部 OA 系统办公软件设计。

题目④ 团餐企业办公软件打透、链接、升级设计。

思考 16：商业模式创新分析

题目① 团餐企业产品模式混搭组合创新分析。

题目② 团餐企业服务模式极简组合创新分析。

题目③ 团餐企业环境模式跨界组合创新分析。

题目④ 团餐企业研发指导持续转化创新分析。

5. 区域连锁专注领域

团餐企业要专注领域，先做好领域事业，再考虑跨领域发展。实现层面，先确立团餐企业的核心领域，再考虑差异连锁发展。

【关键词】专注领域、区域连锁、督导体系、顾客满意

思考 17：专注领域组团发展

题目① 团餐企业专注学校教育领域组团设计。

题目② 团餐企业专注公司企业领域组团发展。

题目③ 团餐企业专注政府机构领域组团布局。

题目④ 团餐企业专注医院公益领域组团升级。

思考 18：区域连锁理性布局

题目① 团餐企业以地域为核心事业连锁布局。

题目② 团餐企业以品类为核心差异连锁布局。

题目③ 团餐企业以区域为核心品牌连锁布局。

题目④ 团餐企业以组团为核心区位连锁布局。

思考 19：督导体系管控设计

题目① 团餐企业区域连锁营运督导体系建立。

题目② 团餐企业探头监控远程控制体系建立。

题目③ 团餐企业秘密顾客功能控制体系建立。

题目④ 团餐企业顾客调研反馈控制体系建立。

思考 20：顾客满意口碑传递

题目① 团餐企业主流客群微信通路反馈分析。

题目② 团餐企业主流客群投诉比率反馈分析。

题目③ 团餐企业主流客群满意水平反馈分析。

题目④ 团餐企业主流客群用餐比例反馈分析。

6. 产业经营赛道设计

团餐企业产业经营，是发展过程绕不过去的阶段。团餐企业要实现在销售终端、配销环节、产销环节，即产业经营阶段的利润攫取。

【关键词】销售环节、配销环节、产销环节、链条掘金

思考 21：销售环节赛道管理

题目① 团餐企业要做活一单成就一类事业。

题目② 团餐企业要实现连锁经营、规模经济。

题目③ 团餐企业要靠点多面广实现销售预期。

题目④ 团餐企业要进行营业预估、月度排序设计。

思考 22：配销环节赛制管理

题目① 团餐企业建中央采购，解决战略与批量采购问题。

题目② 团餐企业建中央仓储，解决经济与安全周期问题。

题目③ 团餐企业建中央厨房，解决净料与半成制品问题。

题目④ 团餐企业建中央配送，解决用货与补货问题。

思考 23：产销环节赛程管理

题目① 团餐企业 12 大品类、伙伴选择、契约经济。

题目② 团餐企业战略采购、批量采购、信用体系。

题目③ 团餐企业合作伙伴、越库作业、协同设计。

题目④ 团餐企业账期设计、金融保驾、规则设计。

思考 24：供应链条掘金管理

题目① 团餐企业销售环节确保盈利掘金分析。

题目② 团餐企业配销环节规模经济掘金分析。

题目③ 团餐企业产销环节打开账本掘金分析。

题目④ 团餐企业供应链条全程有效掘金分析。

7. 资本运作上市管理

团餐企业上市经营是资本运作阶段。资本经营依托产业经营、连锁经营、单店经营，要注意后资本运营与管理。

【关键词】股份制度、制度经济、资本运作、上市管理

思考 25：团餐企业股份制度

题目① 团餐企业要有真正的股份制企业体制设计。

题目② 团餐企业有创始人与合伙人股权比例设计。

题目③ 团餐企业有“老三会”与“新三会”权力架构设计。

题目④ 团餐企业有总经理与决策制权力限定设计。

思考 26：团餐企业制度经济

题目① 团餐企业要有体制层面制度经济设计。

题目② 团餐企业要有机制层面制度经济设计。

题目③ 团餐企业要有制度层面制度经济设计。

题目④ 团餐企业要有现代企业制度经济设计。

思考 27：团餐企业资本运作

题目① 团餐企业有形资产结构资本运作设计。

题目② 团餐企业无形资产规模资本运作设计。

题目③ 团餐企业品牌资产评价资本运作设计。

题目④ 团餐企业获利能力分析资本运作设计。

思考 28：团餐企业上市管理

题目① 团餐企业发展阶段资本稀释运作管理。

题目② 团餐企业私募阶段基金导入运作管理。

题目③ 团餐企业上市阶段挂牌经营运作管理。

题目④ 团餐企业后资本运作时代的运营管理。

8. 资产管理品牌经营

资产管理是有形资产与无形资产两大体系，品牌经营是无形资产与价值经营链接经营。品牌排序是团餐企业发展阶段的洗礼。

【关键词】品牌排序、品类品牌、品牌培育、品牌经济

思考 29：团餐企业品牌排序

题目① 发达国家团餐行业品牌排序已到 75%。

题目② 亚洲国家，其中日本、韩国品牌排序在 55%。

题目③ 中国团餐以省域经济角逐前五大品牌。

题目④ 中国团餐以品类经济角逐前五大品牌。

思考 30：团餐企业品类品牌

题目① 准确定义团餐企业进入哪个品类市场。

题目② 通过品类经营，培育口碑，赢得市场。

题目③ 品类打造赢得空间，品种打造盈利支点。

题目④ 品牌培育导入走口、走手、走肾模式。

思考 31：团餐企业品牌培育

题目① 品类品牌生成竞争优势，成就团餐企业模式。

题目② 爆品是追求，惊艳是卖点，精进要持续。

题目③ 服务信仰、设计、传递、流程、标签标的。

题目④ 环境主题、主张、主义、价值、品牌设计。

思考 32：团餐企业品牌经济

题目① 以品牌为核心整合经济要素，带动运营。

题目② 单个营运点品牌化运营要素体系设计。

题目③ 区域化组团布局品牌化运营要素设计。

题目④ 品类化领域布局品牌化运营要素设计。

9. 结语

8 个主题，32 道思考题，128 个题目，这一系列数据背后是团餐企业事业布局应有的思考力。我们要牢记：发展中的问题通过发展来解决。须知：一个问题不等于一个麻烦，一个问题等于一个机会，谁能解决问题谁就能把握机遇。

（十二）团餐标书结构分析

团餐标书是需求端甲方企业（用户单位）与供给端乙方企业（团餐公司）间，就团餐项目外包（委托经营、组织、管理、作业）合作事宜，按交易规则达成的合作文本，是甲、乙双方进入合作赛道的前提。

1. 团餐标书背景分析

团餐标书背景分析是需求端（发包方）对项目概要、须知、流程发包文件的分析，以及项目发盘描述、标的描述、界面分析、规则讲述。

【关键词】投标规范、公告明示、内容明细

（1）项目投标规范须知

项目投标须知包括：①项目名称，②服务地点，③项目内容，④标段划分，⑤经营期限，⑥资质要求，⑦投标期限，⑧投标份数，⑨投标押金，⑩答疑时间，⑪截止时间，⑫正式开标，⑬履约金额，⑭中标费用，⑮注意事项，⑯招标费用，共16项内容。每项内容都要按投标规范做精准描述。

（2）项目招标公告明示

项目招标公告包括：①招标编号，②项目名称，③招标单位，④招标类别，⑤项目概况，⑥招标范围，⑦资格要求，⑧报名时间，⑨报名地点，⑩报名方式，⑪携带材料，⑫联系方式，⑬重要说明，⑭独立法人，⑮实体经济，⑯注册资本，共16项内容。每项内容都要按投标公告做精准描述。

（3）项目招标内容明细

项目招标内容明细包括：①资格要求，②商业信誉，③营养师，④服务经验，⑤认证资质，⑥限定要求，⑦携带材料，⑧申请表格，⑨授权委托，⑩身份证明，⑪营业执照，⑫税务登记，⑬组织代码，⑭开户许可，⑮服务承诺，⑯服务业绩，共16项内容。每项内容都要按招标深度做精准描述。

2. 团餐标书函件设计

团餐标书函件是团餐标书签订的组成部分，团餐标书函件与团餐标书签订是因果关系，使团餐标书建档、查询、追溯有了保障。

【关键词】投标函件、投标合同、投标规定

（1）投标书的函件分析

投标函是指投标人按招标文件的条件与要求，向招标人提交的有关报价、质量目标承诺与说明的函件，是投标书概括性说明与承诺性函件，包括投标函格式、授权委托书、经营计划书。投标函格式与内容要符合招标文件规定，投标函单独密封指投标函及附件按要求装入单独信封做好密封。

（2）投标书的合同条款

投标书合同条款包括中标通知书、项目投标函、投标函附录、资质声明函、业绩声明函、专用合同条款、通用合同条款、技术标准要求、项目图纸设计、标价工程清单、其他合同文本 11 项内容。投标书合同条款是团餐标书设计的关键内容，理性、严谨、审慎、规范是合同条款设计的法则。

（3）投标书的违约规定

投标保证金指投标人随投标文件递交给招标人的投标责任担保，以保障投标人递交投标文件后不撤销投标文件，中标后无正当理由要与招标人订立合同，合同签订时不再提出附加条件，投标人不得在中标后转给第三方，投标人要有投标无违纪记录，否则招标人有权不予返还投标保证金。

3. 团餐标书构成设计

团餐标书构成既包括总体设计，又包括逻辑布局、结构分析，以把握团餐标书总体、结构、比例、秩序。

【关键词】第一部分、第二部分、第三部分

（1）团餐标书第一部分

团餐标书第一部分，主要包括投标函的内容设计（投标函有固定格式）、法定代表人资格证（法人代表资格出具）、法定人授权委托书（法人代表授权依据）、项目开标一览须知（项目开标须知前提）、项目报价明细表格（总体报价明细报价）、评分细则一览表格（项目评分结构分析）六项内容。

（2）团餐标书第二部分

团餐标书第二部分，主要包括经营计划书的拟订（经营计划架构布局）、投标分享明细图表（投标分享图表依据）、服务要求偏离图表（服务要求纠偏设计）、中小企业声明函件（良心品质食品安全）、投标人资格声明函（投资方的资格背书）、无重大违纪声明函（项目运营阳光设计）六项内容。

（3）团餐标书第三部分

团餐标书第三部分，主要包括合同说明主要条款（合同书的核心条款）、投标人的基本情况（投标企业概述简述）、投标人的资质证明（投标企业资质背书）、同类项目业绩一览（投标企业经营业绩）、中央厨房租赁协议（中央厨房加分设计）、投标保证缴纳证明（投标保障缴纳出具）六项内容。

4. 团餐标书方案设计

团餐标书方案按模板设计布局，关键要有个性、有差异、有态度、有逻辑。经营方案是团餐标书的核心内容，花力气设计值得。

【关键词】：经营理念、服务承诺、管理构想

（1）经营理念导入设计

经营理念导入设计，包括公司经营基础理念（价值观念诉求）、针对本项目的承诺（项目承诺设计）、项目总体目标构思（项目经营构想）、工作人员职责表格（项目人员配置）、项目整体运营方案（项目运营方案）、餐饮服务标准流程（服务流程标准）六项内容。这是经营方案布局设计的前提。

（2）项目服务承诺设计

项目服务承诺设计，包括菜单配置基本情况（每周餐单设计）、食安体系卫生管理（食安保障体系）、员工招募培训方案（员工训练设计）、供应链条精细管理（供应链条管理）、食品加工处理方式（出品生产方式）、设备使用维护方案（设备维护保养）六项内容。这是经营方案布局设计的基础。

（3）项目管理构想设计

项目管理构想设计，包括成本控制明细方案（成本管理设计）、经营环境卫生状况（清洁卫生安全）、核心专长经营优势（产品服务环境）、应急保障措施分析（应急预案设计）、员工考核标准分析（绩效考核分析）、公司各类台账记录（基础账簿设计）六项内容。这是经营方案布局设计的保障。

5. 团餐标书布局设计

团餐标书布局要将品牌、视觉、布局、个性、差异、逻辑进行理性设计，使团餐标书符合阅读习惯，能吸引眼球，能够放大价值。

【关键词】标书布局 1、标书布局 2、标书布局 3

（1）团餐标书布局设计 1

团餐标书布局设计 1 内容及要求：封面设计典雅，标题设计突出；封二设计留白，语言言简意赅；扉页传递主义，阐述企业信仰；封底设计简洁，巧妙设计主张；标书架构设计，标书框架表述，标题吸引眼球；二标浓缩精华，解决方案呈现；单独模块成文，总体组合成章；一条主线贯穿，布局设计严谨。

（2）团餐标书布局设计 2

团餐标书布局设计 2 内容及要求：标书导读设计，标题吸引视觉；内容引爆视觉，行文穿透设计；侧封色块设计，数字巧妙设计；阅读效率提升，有效沟通实现；标书版式设计，页面版式设计，页眉页脚设计；图文比例设计，图表比例设计；数据比例设计，文字比例设计；正文行文设计，字体字号须知。

（3）团餐标书布局设计 3

团餐标书布局设计 3 内容及要求：封面落眼比例，封二落眼比例；扉页落眼比例，封三落眼比例；中页落眼比例，左上右上项限；左下右下项限，表头封底设计；标书重点主义，色彩运用强调，字体运用强调；字号运用强调，排版设计强调；落眼秩序强调，眼球操纵强调；阅读联想强调，颜值呈现强调。

6. 团餐标书复盘布局

团餐标书复盘谨记：15 分钟的时间要脱离团餐标书，讲核心专长、价值传递、换位思考内容，这是打动甲方与评委的关键环节。

【关键词】标书复盘 1、标书复盘 2、标书复盘 3

（1）团餐标书复盘须知 1

团餐标书复盘须知 1。复盘谨记：15 分钟的复盘策略，对要讲的内容要精心设计。视觉要有冲击力，图文表达到位，讲述言简意赅，要把信仰、信念、信心讲出来以打动顾客。竞标讲述内容设计，要讲出企业核心专长、自主研发能力、产品创新设计、供应链条能力、健康理念落地、解决问题能力等主要内容。

（2）团餐标书复盘须知 2

团餐标书复盘须知 2。竞标人员表达设计，包括语调运用设计、语速节奏设计、语言表达设计、问题解决设计、客观评价设计、有效沟通设计等内容。竞标团队组合设计有两种模式。模式一：餐饮总裁 + 营运经理 + 研发经理；模式二：营运经理 + 研发经理 + 网管经理。靠团队赢在现场是理想组合设计。

（3）团餐标书复盘须知 3

团餐标书复盘须知 3。顾客关注痛点设计，站在顾客立场讲述顾客需求、顾客满足、顾客主义，让顾客感动、顾客体验、顾客品鉴，团餐竞标赢在现场；解决方案浓缩设计，提炼竞标标书，浓缩解决方案，深度发酵设计，当团餐企业传递解决方案价值时委托方企业在场的任何人员都不会拒绝。

7. 结语

开单是保单的开始，保单是对开单的支持。在区域市场、业态市场、项目市场竞争过度的背景下，开单压力、开单代价、开单付出越来越大。掌握团餐标书文本设计，讲个性、差异、逻辑是团餐企业获胜的前提。

十七　中国团餐案例分析
——精选案例设计

中国团餐案例分析，选择34家团餐样板企业，旨在分析区域连锁、跨区布局、大区连锁团餐企业典型案例。这也是商学院教育运用案例分析教学的样板设计。案例教育是提出问题、分析问题、解决问题的样板设计。

（一）千喜鹤的案例分析

案例名称：千喜鹤集团股份有限公司（以下简称“千喜鹤”）。

发展阶段：从成熟阶段产业经营向稳定阶段资本经营跃迁。

创业始人：刘延云董事长。

业务领域：包括后勤保障、餐饮服务、商业连锁、畜牧养殖、物流配送、肉食品工业、农产品销售、信息技术、管理咨询。

价值主张：“员工与顾客满意是事业唯一，食品安全是生命线”为企业核心价值观，并有经营型、管理型、服务型价值观设计。

案例布局：沿着企业概述、商业模式、市场策略、竞争优势、价值主张、私人订制、未来描述七个维度经济逻辑展开。

1. 千喜鹤企业概述

千喜鹤由全国政协委员、全国工商联餐饮业委员会首任主席、中国烹饪协会团餐委员会主席刘延云先生于1993年创建，是一家集后勤社会化保障、餐饮服务、商业连锁、畜牧养殖、物流配送、肉食品工业、农产品销售、信息技术、管理咨询为一体的大型股份制企业。

千喜鹤旗下有50多个子公司，是中国团餐著名品牌企业、中国人民解放军饮食社会化保障龙头企业，已在上海、北京、天津、重庆、沈阳、西安、成都、武汉、南京、广州、乌鲁木齐、大连等70多个城市设立200个管理区。

千喜鹤先后通过了ISO9000质量管理体系、ISO14000环境管理体系、OHSAS18000职业健康安全管理体系、ISO22000食品安全管理体系，以及危害分析与关键控制点（HACCP）体系认证，千喜鹤已连续多年获得中国烹饪协会评选的“中国餐饮百强企业”“中国餐饮业十大品牌”“中国团餐十大品牌”。

千喜鹤承担了军事院校、地方院校、大型企业、政府机关、医院机构2700多家保障单位的团体供餐，为600多万人提供一日三餐服务供给，并先后被中国烹饪协会、商务部国际贸易经济合作研究院、解放军总后勤部、解放军总参谋部权威机构授予“中国团餐著名品牌企业”“中国优秀团餐企业”“中国餐饮服务名牌企业”“军队饮食保障社会化改革先进单位”诸多荣誉称号。

千喜鹤在2018年，餐饮产业链销售总体营业收入为329亿元，其中团餐收入137亿元，资产规模达168亿元。2019年8月，千喜鹤跻身中国民营企业500强行列，并列第253位；2019年10月，千喜鹤被全国工商联、国务院扶贫办授予“全国‘万企帮万村’精准扶贫行动先进民营企业”荣誉称号；2019年11月，千喜鹤获中国烹饪协会颁发的“2019年度餐饮十大品牌金奖”。

2. 千喜鹤的商业模式

千喜鹤运营商业模式以承包管理和委托管理为主，为军事院校、地方大学、地方中学、党政机关、企业单位、事业单位、医院、写字楼等提供餐饮服务。

承包管理模式。团餐需求方全权委托千喜鹤进行整体运营，并无偿向千喜鹤提供服务场所及必要的食品加工与餐饮服务所需的设备设施；千喜鹤负责为团膳需求方的就餐人员提供餐饮服务，并按饭菜销售价格收费；千喜鹤接受团餐需求方的顾客满意度测评和安全监管；千喜鹤承担各项费用的支出，自主运营、自负盈亏，千喜鹤提供的餐饮产品售价包含：承包方运营所需食品原料和调辅料、水电气暖等能源费用、低值易耗物品费用、设施设备维修维护费用、员工薪资和保险费用、向发包方缴纳的承包费用、营运利润、相关税费。

委托管理模式。团餐需求方委托千喜鹤进行饭菜加工和餐饮服务运营管理。团餐需求方掌握餐饮产品的定价权、经营管理的调整权、原料和物耗等物资采购权、财务账务管理权、原料物资管理权等；团餐需求方负责向千喜鹤提供双方约定的员工薪资和保险费用、企业的正常利润与管理费用、税费及其他一些双方约定的费用。千喜鹤按双方约定，配置包括厨务系统和服务系统在内的各岗位员工；按双方商定的餐饮产品标准和服务标准，按时、保质、保量完成餐饮服务提供；具有维护正常运营和人事日常管理权力，且不负责自负盈亏。

3. 千喜鹤市场策略

名牌战略是千喜鹤餐饮事业战略布局的核心。千喜鹤要实现未来五年乃至中长期的增长目标，只有靠名牌战略的拉动才能实现，靠品牌美誉度加倍提升来实现。名牌的打造是通过给顾客提供高附加值的产品和服务来实现的。随着千喜鹤开店数的增长以及信息传播速度的加快，我们要更加重视口碑美誉度的打造；品牌在我们每一个员工的心中，在我们每一个员工的手中。

千喜鹤懂得，每一款好的产品、每一个笑脸、每一个动听的问候，都是对品牌美誉度指标的积累。要重视对品牌的管理，要有打造区域品牌和确保品牌无瑕疵（卫生、产品、服务无瑕疵）的具体措施与保障方案，要有向技术要品牌的坚定信念。要继续加大对技术人才的培养力度，要完全与彻底地实现本地化，特别是技术骨干和管理人员的本地化。

千喜鹤着力打造市场力倍增的动力：一是把保住现有 100% 的市场看作是比拿新订单还重要的事情；二是要建立一支专业精干，全业态、全区域覆盖的市场开发团队；三是要认真总结国内外先进团餐企业的多业态成功经验；四是要以大工业的思路做好市场开发；五是用高效、专业的市场开发队伍拓展市场；六是用互联网思维做团餐企业；七是要严格落实市场开发原则。

市场开发十大原则：一是市场开发的成功之本是专业、专注、行动；二是奋斗实现梦想，行动成就未来，要持之以恒；三是目标统一、专业组合、能力互补一起前行；四是把握量变与质变、耕种与收获的关系与法则；五是向着既定目标努力前行，不抛弃，不放弃；六是压力与动力并行，担责力度决定业绩高度；七是透彻分析自己，克服自身短板以提升高度；八是经历、发展、成长，胜过单纯的物质需求满足；九是忠诚、苦干、领悟力、执行力；十是坚信我能行，成功的先决条件是建立自信。十大原则是千喜鹤事业成长的基石。

4. 千喜鹤竞争优势

千喜鹤自进入团餐领域以来，经过十几年的磨砺，已拥有独特的保障优势。

（1）先进的管理体制机制

千喜鹤实行集团总部、管理区域、餐饮中心三级管理体制，一级对一级负责；集团总部通过运营、行政、人力、财务、物流、质检、技术、审计、考核九大系统，履行监督管理与服务指导职能，达到并实现了集团统筹、高效、及时的管理效果；公司实施“以顾客满意为导向，突出产品的精品化，以多劳多得、奖优罚劣为手段”的内部分组经营模式，有效地发挥了员工在服务水平、菜品创新、厉行节约等方面的主动性和积极性。

（2）强大的培训教育体系

千喜鹤实施商学院、管理区、餐饮中心三级培训体系。千喜鹤商学院采用多媒体教学，实行半军事化管理，旨在为管理区培养、储备、输送各类中高级人才。千喜鹤干部上岗须到商学院进行为期 20 天的培训，培训企业文化，提升业务技能，夯实管理基础；管理区教育主要对餐饮中心经理、厨师长定期进行烹饪技能、服务领域、食品安全培训；餐饮中心教育培训，面向顾客需求，对产品质量、卫生安全、费用控制、顾客满意日清日结。

（3）可靠的食品安全保证

千喜鹤视食品安全为企业生命。从 2000 年就组建了专职的食品安全管理质检队伍；借鉴国内外企业经验，结合自身特点创建了千喜鹤餐饮业精益管理系统；引入 HACCP 管理，建立并推广 ISO22000 食品安全管理体系，形成了员工自检、工序互检、质检专检食品安全监督网络。千喜鹤连续多年实现了食品安全零事故目标，所辖餐饮中心多次获得各地食品药品监督局表彰。多次被《中国食品安全报》评选为食品安全示范单位。

（4）出众的菜品研发能力

技术是架起顾客满意与出品稳定的桥梁，向技术要品牌、要效益、要满意是企业成功之路。千喜鹤围绕“技术为根、创新为本”的方针，不断增强核心竞争力。千喜鹤总部设有技术部，管理区设有行政总厨，餐饮中心设有厨师长，形成技术部——行政总厨——厨师长三级菜品研发体制，利用公司网络信息平台组建了千喜鹤菜品库与完备的产品技术体系，使全国各地管理区的特色菜、精品菜、地方小吃的制作方法与工艺流程瞬间实现了共享。

（5）完善的考核监督系统

千喜鹤团餐事业部于2003年成立了考核委员会，并组建了一支具有专业知识与工作经验的考核队伍。考核委员会以“公平、公正、公开”为考核原则，每月对各管理区的所有餐饮中心，随机实施全方位的考核。考核结果于当月予以公布和追踪，并与管理人员月度奖金挂钩。通过考核激励，极大地提高了管理干部的执行力，使各餐饮中心能够持续改进管理水平，为顾客提供安全、美味、营养的菜品与周到、热情、贴心的服务。

5. 千喜鹤价值主张

千喜鹤以员工与顾客满意为事业唯一追求；食品安全是生命线为企业核心价值观。

员工与顾客满意为事业唯一追求有两层含义：对内，是员工整体利益的实现，使员工的素质能够提高，收入增加，理想得以实现。千喜鹤的企业宗旨是，让加入千喜鹤的每一位员工能够快乐、充实、幸福地生活。对外，是不断满足顾客日益增长的需求，持续满足顾客需求是企业发展的根本动力。

食品安全是团餐事业的生命线。食品安全出现事故，不但创造不了财富，而且会给个人、家庭、社会带来巨大危害。食品安全出现事故，不但品牌毁于一旦，而且解决就业、管理业绩都无从谈起。食品安全是千喜鹤事业的生命线，是压倒一切的工作，要永远放在第一位，只有确保食品安全，其他工作的开展才有意义。

千喜鹤团餐人的使命：一是顾客对美好产品、服务、环境、生活的向往，是千喜鹤团餐人的奋斗目标（有了目标不迷路）；二是让所有干部与员工的获得感、幸福感、崇高感、成就感指数能够持续倍增（有了数据不模糊）；三是通过持续精进、持续创新，引领中国团餐行业走向光明未来（有了使命有路径）。千喜鹤团餐人的使命是指导事业发展的时间表、路线图、里程碑。

6. 千喜鹤私人订制

千喜鹤践行“服务为源”的宗旨，为顾客提供丰富多样的餐饮服务。

在供餐模式方面，千喜鹤创建了适应各类需求的包伙分餐、刷卡就餐、自选就餐、营养套餐、零点包桌、餐饮超市供餐模式。

在菜肴口味方面，利用经营网点遍布全国的优势，吸收了各大菜系的精华，用营养均衡、品种丰富、味美色佳满足顾客需要。

在菜肴品种方面，根据不同时节口味需求不同、不同季节食材供应不同的特点，不断调整与更新，基本做到每天品种不能重样。

在保障能力方面，既能组织团体正餐、大型宴会，又能实施部队院校、地方院校、野外拉练、野外教学、作战演习伴随保障。

在个性服务方面，推行调料服务、便民服务、科普服务、温馨提示、安全警示、病号服务、清真服务、联谊服务、节庆服务等。

7. 千喜鹤未来描述

千喜鹤未来实现“餐饮 + 文化 + 互联网”创新发展驱动模式。

第一产业：未来 5 年积极参与河北省隆化县脱贫攻坚工作，计划在全县建立 15 个、年出栏 6000 头的育肥牛基地，帮助当地 3.5 万人口快速脱贫致富。牛肉是增加免疫力、健康膳食的首选，这条路选对了。

第二产业：通过 100 万家餐饮店搭建起物联网平台，建立起农副产品从种植、养殖、加工到销售的完整供应链体系。通过推出“物联网 + 门店 + 好食材”的餐饮新零售模式，打透上游、中游、下游一体化价值链。

第三产业：开设 100 万家餐饮店，培养 100 万个店长，成就 100 万个餐饮创业者，让从业人员接受千喜鹤餐饮学院文化、专业、技能培训，在提升人员技术与管理能力的同时，创造财富、分享财富，实现价值。

第四产业：开设 100 万家店，每个店每天 100 人次消费，将产生 1 亿人次消费大数据，依此数据实现从田间到餐桌全过程、定制化追溯，把农民生产的安全、放心、高附加值的农副产品搬上餐桌，帮助农民脱贫致富。

第五产业：中华传统文化是比数据更加宝贵的财富，帮助餐饮从业者挖掘心灵宝藏，做良心餐饮，提供真诚服务，把餐饮从业者的心与顾客链接在一起，把广大顾客对美好餐食与优质服务的向往与追求作为自己的奋斗目标。

（二）麦金地的案例分析

案例名称：上海麦金地集团股份有限公司（以下简称“麦金地”或“麦金地集团”）。

发展阶段：从成熟阶段产业经营向稳定阶段资本经营跃迁。

创 始 人：孔德顺、龚涛、赵勇翔、李磊等领导群体。

业务领域：团餐领域、产销领域、配销领域。

价值主张：以儒、墨、道传统文化为企业文化根基，为员工搭建实现人生价值的事业平台，为客户提供营养均衡的健康餐饮产品，为上海创建团餐行业的旗舰企业，为业界创建强势地位的国际品牌。

案例布局：沿着企业概述、商业模式、市场策略、核心专长、价值主张、物流体系、未来描述七个维度展开布局。

行业贡献：麦金地在组织机构、教育领域，供应链条、订单农业，政府项目、家庭餐饮诸多领域布局做出了贡献。

1. 麦金地企业概述

上海麦金地集团股份有限公司，是以团餐服务为运营平台，以组织机构日常餐饮与城市家庭日常餐饮为主要经营定位，专注于组织机构与城市家庭餐饮品质创新与提高的专业平台。麦金地与各级政府部门紧密合作，推动落实一二三产业融合，推动餐饮产业链与供应链的升级转型，助力脱贫攻坚工程和农村经济发展；深度开发健康大数据，促进其转化，以提升城乡消费者生活品质。

麦金地分别在上海、成都设立了运营总部与管理总部。上海运营总部为华为公司、通用电气、阿里巴巴、上海腾讯、微软公司、中国神华、霍尼韦尔、徐汇区政府机关、浦东新区政府机关、漕河泾开发区、中日友好医院、复旦大学等 500 多家企业、事业单位提供高端、高品质的团体餐饮服务。

成都管理总部定位于城市餐饮安全运营管理，为无锡、太原、成都等城市的各级政府提供但不仅限于城市早餐、中小学学生餐、养老餐饮以及菜市场改造、餐饮供应链建设、中央厨房建设、城市餐饮垃圾处理系统运营与管理业务。项目管理、业务管理、营运管理通过精益管理实现向管理要效益。

麦金地于 2014 年完成股份制改造，公司产权制度清晰，按照法人治理结构、现代企业制度、精益管理模式规范运作。高盛、中金等资本机构投资麦金地，为中国团餐行业与金融资本对接开辟了先河。客观地讲，在资本运作方面引入战略投资伙伴有利于麦金地项目运营改造与升级。

2. 麦金地商业模式

（1）麦金地的商业模式

丰富的产品品类，大流量的供餐，大型宴会经验，智能央厨管理，网络供餐提供，智能机柜导入，成熟管理系统，项目运营经验，形成了麦金地在中、高端团餐领域的特色与领先优势。

（2）麦金地的产业融合

麦金地通过与各级政府紧密合作，积极推动一二三产业融合，以构建团餐行业超级供应链，推动中小学营养餐模式升级；参与城市日常餐饮服务升级；通过订单农业助推各地的脱贫攻坚。

（3）麦金地的产品业态

麦金地以中国八大菜系与海外主要菜系为基础，通过研发孵化形成了 108 个美食风味品牌，基本涵盖了中、西餐饮及全国各地的地方风味，构成了麦金地美食广场模式与大型宴会支持模式。

（4）麦金地的项目运作

麦金地团餐生产与服务范围涵盖中央厨房、冷热链配送、美食广场、会展餐饮、会所婚宴、冷餐会领域；从服务 100 人个性化点餐到单餐上万人制作，能服务短时间高密度大型活动供餐。

（5）智能化的中央厨房

麦金地拟用 3 年时间，筹建近 300 家中央厨房以参与全国冷链骨干网建设。目前建成的 20 家中央厨房，是智能化的中央厨房。麦金地作为国家级协会团餐理事长单位，在向智能化中央厨房过渡。

（6）麦金地的信息系统

麦金地信息化研发团队，能为团餐智能化订制解决方案；麦金地自动取餐柜在展览中心、城市社区、商务区能用智能手机解决取餐问题；麦金地无人餐厅、无人超市率先在团餐领域运行。

（7）麦金地的管理能力

麦金地管理团队成员大多来自中国 985、211 院校，在中国团餐行业有学历引领优势；先后服务过近百家世界 500 强公司与中国 500 强公司，能深刻理解中资企业与外资客户的特定餐饮需求。

（8）麦金地超级供应链

麦金地与产销环节合作，能从源头把好食品安全关；与供应链网络链接，形成订单农业，以培育稳定的销售渠道；与中央厨房合作，能为销售终端提供净菜、半成品配送服务。

（9）麦金地的营养配餐

超级供应链以信息化、智能化的中央厨房为生产基地，形成以手机为载体的信息化点餐平台，能充分发挥麦金地产品品牌丰富与营养配餐设计优势，以为中小学健康营养餐饮提供基础保障。

（10）麦金地与城市生活

“城市让生活更美好”是上海世博会的主题。随着城市生活服务升级换代，净菜逐渐成为城市家庭的首选。以中央厨房为基地，以社区净菜超市为载体，能为城市家庭提供便利的日常生活服务。

3. 麦金地的核心专长

麦金地先建文化体系，后建管理体系，管理体系建立在文化体系之上。以儒、墨、道传统文化为根基，形成麦金地企业核心专长。麦金地的企业文化与业务创新来源于中国传统文化儒、墨、道的浸润与孵化。

儒家文化以社会理想家园为使命。麦金地以儒家文化为指引，创立厨艺促进会，通过拜师仪式、师徒传承，促进烹饪技艺的发展。组建精忠俱乐部，创建精英殿、忠义堂，弘扬仁、义、礼、智、信，打造经营管理团队。

墨家是中国先秦时期主要哲学派别之一，墨家学说不但对传统文化有深刻影响，而且开创了中国手工业者工匠精神修炼的先河。墨家工匠精神指导麦金地产品研发、餐单设计、工艺文件、营养标注、匠心修炼。

上善若水，以人为本，探究规律，无为而治，麦金地以博大精深的中国道家文化为指引，创立了流程管理与运营关键控制点运行体系、三级考核、六进制管理体系，成为网络管理高效运行的基础与保障体系。

麦金地培训学校、网络商学院，筹建中的团餐大学，通过人才培养与素质教育，推动麦金地团餐事业与中国团餐产业的发展。根植员工内心的企业文化体系，是麦金地可持续发展的核心竞争力。

4. 麦金地的市场策略

麦金地以丰富的产品品牌和先进的运营模式为基础，形成了在组织机构团餐市场的运营优势；以一二三产业融合为平台，以超级供应链为主打，麦金地在500强公司白领用餐及中小学餐饮领域持续发力，形成目标市场绝对竞争优势，打造出教育系统餐饮服务与城市生活餐饮服务先进系统。

5. 麦金地的价值主张

麦金地价值主张实现用4句话概括：为员工搭建实现人生价值的事业平台，为客户提供营养健康的餐饮产品，为上海创建一个团餐行业的旗舰企业，为业界创建一个有强势地位的国际驰名品牌企业。麦金地价值主张实现导入时间表、路线图、里程碑等定性、定量、状态综合指标。

6. 麦金地的物流体系

麦金地以链融超级供应链为平台，建设内生供应链与物流体系，首先服务于麦金地，同时服务于餐饮行业，进而服务于广大消费者。麦金地愿与优秀物流企业在干线物流上加强合作，在冷链末端以自己为运营主。生鲜物流虽然大多通过冷链物流实现，但冷链末端才是餐饮零售的保障。

7. 麦金地的未来描述

麦金地将以丰富产品业态、创新环境设计、完善体系管理，成为组织机构团餐优势品牌；以三级厨房和中餐工业化为依托，形成中小学教育营养餐服务模式；以一二三产业融合为平台，改善农产品种植与交易模式，形成城市生活服务系统，麦金地着力拓展会展餐饮、旅游餐饮、婚宴餐饮领域。

（三）亚惠美食案例分析

案例名称：亚惠美食有限公司（以下简称“亚惠美食”）。

发展阶段：从成长阶段区域连锁向成熟阶段产业经营跃迁。

创 始 人：程辉等领导群体。

业务领域：包括快餐、中简、西简、小吃、团餐、物流诸多业态。

价值主张：更新鲜，更健康，更便捷，大惊喜。

案例布局：沿着公司概述、产业贡献、企业文化、三次转型、团餐业务五个维度展开案例描述与分析。

行业贡献：亚惠美食在中国团餐从食堂到餐厅、从餐厅到广场转型，以及多种品牌运作、多元业态组合方面做出了巨大的贡献。

1. 亚惠美食公司概述

大连亚惠快餐有限公司创立于 1992 年，2014 年正式更名为亚惠美食有限公司，是以“更新鲜、更健康、更便捷、更惊喜”为经营宗旨，塑造“特色小吃大舞台”多元品牌形象，专业从事美食广场策划、设计、运营的餐饮管理公司。经营范围由美食广场、机构餐饮、小品牌店，到品牌策划、模式设计、运营管理、中央厨房、物流中心。直营门店约 400 家；覆盖天津、武汉、西安、南京、苏州、郑州、洛阳、成都、昆明、银川、青岛、烟台、威海、大连、沈阳、哈尔滨、长春、佛山、东莞等城市，是跨区域连锁经营企业集团。

2. 亚惠美食产业贡献

亚惠美食涉猎快餐、简餐、小吃、团餐、物流诸多业态。在快餐业态的积累为团餐业态餐线运营夯实了基础，在简餐业态的积累开出了咖啡、烘焙、饮品店诸多品牌模式，在小吃业态的积累开出了如今菓子、仙菓乐、秦乡凉皮凉面等小吃模式，在团餐业态用美食广场模式实现了从食堂到餐厅、从餐厅到广场的两级跳跃。有些美食广场项目还实现了内部食堂、商场员工、附近公司、社会公众四位一体的开放经营。亚惠美食谙熟地产运作，用市场化模式搏杀美食广场与团餐业态的商业模式，并把两种模式做了有效组合。

3. 亚惠美食企业文化

企业愿景：做国人厨房，为社会奉献优质食品，提供惠民价格，使人们生活便利，成为大众餐饮专业提供者。企业使命：为社会大众提供便利、健康、美味的食品。价值观念：永远把顾客放在首位。吸引和培养专业人才，打造创业与合伙人平台，共同分享事业成果。企业精神：开放、信任，诚实、守正，精业、担当，创新、共赢。经营理念：品质——为顾客提供更多优质、健康的食材，以专业的工艺呈现食材好口味；服务——以顾客视角与消费体验，思考并改进服务场景。

4. 亚惠美食三次转型

亚惠美食（大连亚惠）从 1992 年创建，到 2014 年更名，再到 2019 年年底，完成了从初创阶段向发展阶段、成熟阶段的跃迁。每次跃迁不但留下了时间表、路线图、里程碑，而且创造了持续创新升级案例。

（1）从快餐向广场转型

快餐模式简要。初创阶段的亚惠美食（大连亚惠），是以流线式、打餐式、柜台式的快餐交易模式入市的。这是一种适度多样的，包括饮品、冷菜、热菜、砂锅、铁板、面点、饭点、香粥八大系列的快餐模式。

快餐模式晋级。亚惠美食（大连亚惠）得益于适度多样、八大系列的商业模式，为顾客提供快速、便利、简约、性价的产品组合，是一种定量、规范、程序、制度化运作的商业模式，为企业转型夯实了基础。

美食广场打底。亚惠美食（大连亚惠）是中国大陆最早推出美食广场模式的餐饮企业。美食广场模式源于新加坡，经历了暗档、半明、明档三种模式晋级。亚惠美食（大连亚惠）的美食广场每年都在晋级。

（2）从单一向多元转型

美食广场分析。发展阶段的亚惠美食（大连亚惠），实现了从快餐模式向美食广场晋级。美食广场有三种称呼：在高星酒店叫食街，在街边店叫小吃城，在购物中心叫美食广场。亚惠美食将后两种模式做了集合。

从单一到多元。发展阶段的亚惠美食（大连亚惠），走出了从单一向多元模式转化的晋级。除了东方快车快餐模式以外，亚惠美食还推出了小吃、简餐、铁板、烧烤、串吧商业模式，为美食广场夯实了基础。

美食广场跨区。亚惠美食的美食广场模式有两个特点：一是环境模式、产品组合、菜式设计年度更新，让顾客充分体验；二是区域经营、跨区连锁、大区连锁，使亚惠美食运用美食广场商业模式收获了业绩。

（3）从广场向团餐转型

团餐业态进入。成熟阶段的亚惠美食（大连亚惠），实现了从美食广场向团餐模式的晋级。亚惠美食做团餐业态成为行业引领，因为有成熟的市场运作，有知名的品牌基础，有规范的运营管理，使团餐市场开拓顺利。

三重打透分析。亚惠美食进入团餐业态，有三重打透：一是打透了地产与物业的隔阂，赢得了地产红利；二是打透了团餐与社餐隔阂，赢得了市场机遇；三是导入了代金券制度，为商业与商务提供社餐美食服务。

整合经营分析。亚惠美食进入团餐业态，有三重整合：一是多元化、多品牌整合，使美食广场成为人气工坊；二是中式、日式、西式、饮品整合，使美食广场全时段经营；三是环境增值，实现了美食与休闲整合。

5. 亚惠美食团餐业务

亚惠美食团餐品牌有专业分工，其中百乐汇美食花园，专注写字间团餐与学校团餐。写字间团餐属公司类团餐，有以白领为主的消费需求定位；学校团餐，大学食堂比拼智慧餐饮，中学团餐比拼营养均衡餐饮。

亚惠美食团餐品牌讲专业运作，其中群惠餐饮专注外资工厂团餐。这是专注企业团餐，有领导餐、经理餐、员工餐，用餐客群以体力劳动者为主、脑力劳动者为辅，这也决定了餐单设计与餐食投量的难度。

亚惠社区饭堂品牌讲定位经营，垂直定位综合社区、产业园区，并提供早、午、晚一日三餐与外带餐品组合设计。亚惠社区饭堂品类丰富，用心做好每一餐是公司的追求；亚慧会员商店产品，有我自用、我推荐的诉求。

亚惠中央厨房运营体系，包括大连 CK6600 米 ^{2} 与上海 CK14655 米 ^{2}。大连 CK6600 米 ^{2}，生产饭团、盒饭、面包、甜麦圈、咖啡豆烘焙、中式熟食；上海 CK14655 米 ^{2}，生产盒饭、调理面、熟食，进行蔬菜加工；还有青岛 CK 与烟台 CK 中央厨房布局打造的供应链体系。

亚惠团餐企业服务领域广，目前已达 300 多家，加上美食广场、业态集合、店态集合、业种集合，以及社区饭堂、亚惠厨房、中央厨房运营与管理，是典型的跨界组合企业、“互联网 +”企业、与时俱进的企业。

（四）中快餐饮案例分析

案例名称：中快餐饮集团（以下简称“中快餐饮”）。

发展阶段：从稳定阶段产业经营向成熟阶段资本经营跃迁。

创 始 人：李平金等领导群体。

业务领域：团餐领域、产销领域、配销领域。

宗旨使命：实行五常与 6T 管理，在食品安全、卫生管理、菜品质量、优质服务等方面引领行业水平，成为行业领先企业。

案例布局：沿着企业概述、商业模式、市场策略、核心专长、价值主张、物流体系、未来描述七个维度内容展开分析。

行业贡献：在学校团餐、行业标准、供应链条等方面做出了贡献。

1. 中快餐饮企业概述

中快餐饮集团始创于 1994 年，是专业经营高校、中学、小学、医院、工厂、企事业单位食堂的大型餐饮连锁经营企业集团。中快餐饮总部位于深圳市，在全国各省市都注册成立了子公司。公司现有员工 4 万多人，每天为 500 多万人次提供用餐服务，2018 年全国餐饮百强企业排名第七位。

中快餐饮现已承包托管清华大学研究生院、北京师范大学、天津大学、复旦大学、浙江理工大学、国防科技大学、中国科学技术大学、香港中文大学、上海交通大学附中、北京大学附中等 500 多所学校，以及深圳南山医院、江西省第二人民医院、康佳、富士康、东风日产、西门子等单位食堂。

中快餐饮是中国烹饪协会常务理事、中国教育后勤协会常务理事，先后荣获“中国团膳著名品牌企业”“中国团餐满意品牌企业”“全国团餐质量、服务双十佳单位”“全国绿色餐饮企业”“中国高校伙专会先进单位”“百家诚信示范单位”“全国教育后勤行业组织工作特殊贡献单位奖”荣誉称号。

中快餐饮视政治思想工作，先后成立了党委、工会、团委。不断强化基层党支部、工会、团支部组织班子、制度建设、活动阵地，用思想工作为组织赋能，增强了员工创造力、凝聚力、战斗力，为维护员工合法权益、保持员工队伍稳定起到了积极作用。

2. 中快餐饮商业模式

中快餐饮是一家民营股份制企业，集团、子公司、孙公司实行层层控股。各子公司、孙公司是独立法人企业，独立承担经济责任、法律责任。公司股东按注册资金比例利益共享、风险共担。中快餐饮经营管理遵循“高效廉洁、团结协作、相互监督、务实肯干、精益管理”20 字方针。

中快餐饮直接掌控下属公司财力、物力。财务控制，中快餐饮总部财务部委派主办会计，并向集团财务部负责，按财务制度办事，人员职级升降与业务奖惩由财务部考核；物资采购，各省市公司均有采购配送部，负责人由集团采购部委派。各省市公司经理有下达任务权和监督权。

中快餐饮在承包经营高校食堂餐饮业务过程中，还探索出了与高校合资合作、共同经营管理食堂的新路，并形成了高校后勤与中快餐饮省市公司共同参股经营管理高校食堂的新型模式，从单一承包经营迈向了企业与学校合资经营的新征程。

3. 中快餐饮市场策略

中快餐饮将继续抓住企事业单位后勤改革社会化的机会，利用已连锁经营的 800 家食堂技术管理骨干以及加工配送中心的有利条件，在确保食品安全与稳定盈利的前提下，通过成片开发、连锁经营、集中采购，聘请长期专家顾问，强强战略合作，引进外资、引进人才，实现持续发展。

2021 年，计划实现连锁经营食堂 1000 家，把中快餐饮打造成中国公共食堂著名品牌。团餐业态竞争是人才竞争，为此市场部每年要对新员工进行综合面试。中快餐饮还聘请专家进行公共关系、业务技巧、标书制作方面的专业培训，以提高市场团队调研开发、投标工作、客户维系能力。

4. 中快餐饮核心专长

中快餐饮核心竞争力是规模优势，即通过规模经营获得规模效益。规模大不但能降低采购成本，而且能降低培训成本。2006 年中快餐饮创办了内部培训机构天厨商学院，专门为中快餐饮全国各公司提供专业技术与管理人才培训。天厨商学院设施设备齐全，做到了教、学、做一体化。

26 年来，中快餐饮经营的高校食堂产品不断推陈出新，经过师生检验，已形成自身特色。面对来自五湖四海的师生，中快餐饮筛选出适合大江南北高校食堂“中快品牌菜”30 种、“中快早点”20 种。食堂产品售卖也从单一窗口点菜模式发展到自选、外卖、美食城结合的模式。

5. 中快餐饮价值主张

食品安全是团餐企业的生命。中快餐饮时刻牢记“餐饮安全，责任重于泰山”的戒条，只用有品牌的真材料，做有品位的餐饮食品，坚持微利经营。中快餐饮是高校餐饮管理行业标准与地方团餐标准起草单位，将实践经验与行之有效的企业制度及标准推广到同行企业，为行业规范做出贡献。

中快餐饮对高校食堂实行“五常”与“6T”管理，在食品安全、卫生管理、菜品质量、优质服务等方面引领行业水平，展现品牌团餐企业的魅力。总部成立专职督导部门，每月对不同食堂的质量、卫生、安全、人事做全方位检查，并对督导检查重点问题进行落地跟踪，同时安排专人对接落地。

6. 中快餐饮物流体系

中快餐饮成立了全国统一采购配送中心，专门为中快餐饮各公司及外单位团餐食堂提供原材料采购、产品配送、售后服务。将中快餐饮配送中心打造成为专业化、信息化的供应链平台，为集团内部及全国同行提供优质的采购服务、配送服务等物流对接，保证提供的原材料是货真价实。

中快餐饮打造了易订货平台，通过易订货平台支持，所有统一采购物品实现了线上采购，并具有以下四点优势：一是信息流对称、透明、完整；二是盘点、预估、报货更简单；三是平台订单的处理效率更高；四是数据获取更加便捷、准确。用智慧赋能使申购、采购、加工、配送更简单。

7. 中快餐饮未来描述

（1）中快餐饮战略蓝图

战略目标：到 2023 年，承包经营高校、中学、小学、医院、养老院、企业、机关等食堂1200个。产品定位：实现大众餐饮、中式餐饮、特色小吃、宴会餐饮、休闲简餐整合经营。物流体系：形成“半成品+调味包”配送、管理、输出物流体系。就餐环境：实现智能食堂、健康食堂预期。

（2）中快餐饮目标措施

战略目标：专业承包经营高校、中小学、医院、机关等企事业单位食堂。战略措施：建立团餐管理控制系统，引进风险投资，引进管理；建立种植、养殖基地；建立员工培训基地；建立产品技术研发中心；建立突发事件应急机制；做好品牌经营，打造优秀品牌；吸收价值观相同的人士加入。

（五）中膳团餐案例分析

案例名称： 中膳团餐产业集团（以下简称“中膳团餐”）。

发展阶段： 从成长阶段区域连锁向成熟阶段产业经营跃迁。

创 始 人： 黄金盾、李力强、黄瑞种、黄智勇、张伟来、陈政帅领导群体。

业务领域： 团餐领域、平台建设、人才培养、海外市场。

宗旨使命： 中膳团餐全面推进实现 3 个百亿工程、1 个千亿生态工程，为建设国际团餐企业而不断努力、持续前行。

案例布局： 沿着企业概述、产业联盟、培养人才、全产业链、放眼未来、赋能生态、布局海外、未来预期八个维度内容展开。

行业贡献： 在赋能平台、合伙机制、团餐产业园、人才培养、供应链条方面做出了贡献。

1. 中膳团餐企业概述

中膳团餐是由 20 世纪 70 — 90 年代食堂发展而来的，目前处于高度分散状态：全国有超过 10 万家的团餐企业，营业额前 100 名的企业仅占市场份额的 6%。大行业与小企业是团餐业态面对的现实。

2015 年，6 位团餐人发起成立了中膳团餐产业集团。集团采用全员持股、合伙裂变平台模式，让人人都是老板、人人都是股东成为现实。中膳团餐合伙裂变模式旨在实现做大平台、品牌共建，改变团餐格局预期。

中膳团餐合伙裂变模式产生了越来越大的能量，现在不仅发起人有股份，食堂运营经理也可用“技术 + 资金”双重入股形式成为项目老板，合伙裂变模式让食堂经营走出了从上到下的监督模式，使工作更高效。

数据分析，中膳团餐有 200 多位食堂管理人员，这种合伙裂变模式让更多的人实现了个人价值，有越来越多的高学历人才愿意投入到食堂的营运管理，不但提升了团餐行业水平，而且从更深层次满足了顾客用餐体验。

2. 建产业联盟，变革先行

2016 年，中膳国际团餐产业集团发起并成立了中膳国际团餐产业联盟（以下简称“中膳联盟”），与诸多联盟不同的是，中膳国际团餐产业联盟是紧密合作的事业共同体、命运共同体、利益共同体、梦想共同体，用共同体画出同心圆。

2017 年，中膳联盟在广州白云国际会议中心举行了以“重捣团餐江湖”为主题的行业盛会。中国烹饪协会、行业十大品牌等 500 多家企业、协会出席会议。本次大会可以说是中膳团餐崛起的重要会议。

2020 年，中膳联盟共发展了 300 家会员单位，食堂达 3025 家，每日服务用餐人数达 600 万人次，成交总额达 73 亿元 / 年，每年以 35% 增速使营业额持续增长，中膳联盟以不可阻挡之势将版图扩展到全国。

中膳联盟资源包括基地资源、食材供应商、半成品厂商、设备供应商、科技供应商、美食供应商、资质办证机构、专业培训机构、行业协会等多种资源。链接上、中、下游资源，搭建行业平台，为联盟企业赋能。

3. 成立商学院，培养行业人才

团餐行业的快速发展，中膳团餐深知：人才既是行业发展的根本，又是推动行业创新的力量。然而，人才并不容易培养，更何况是有系统地培养。在这样的背景下，中膳团餐联合业内专家顾问，成立了团餐商学院。

团餐商学院成立后，已在广东、四川、新疆、上海、江苏、山东等省市开办培训课程，并把专业知识编成书籍、教材，为上百家团餐企业开展培训，培训学员上万名，旨在为团餐行业培养重要的新生力量。

4. 打造全产业链服务价值

针对成本高、食安隐患、管理混乱、消费者满意度低的服务痛点，中膳团餐提出五大解决方案，打造全产业链服务价值。

（1）产业园（集约化）

六大服务领域形成中膳团餐产业园，建立健康、安全的一站式团餐服务体系，打造一铺、两店、三个平台、四个中心、十项服务功能，从而达到产业聚集、产城融合、资源共享、产融互动效应，为客户提供多维度、全方位的服务，助力企业持续提升竞争力。

（2）团餐小二（平台化）

目前，团餐资讯共享、行业活动组织、课程培训落地、优质供应商链接、专家顾问匹配、管理体系建设、系统应用打造、项目孵化支持、资金融通投资等服务功能，将互联网资源与大数据深度应用于全行业，通过大数据指导企业经营，变革企业传统的运营思路。

（3）有饭有菜（智慧化）

中膳团餐集咨询、产品、运营于一体，通过餐饮 O2O、支付、外卖以及营销、会员管理、供应链管理等核心系统与运营服务，为团餐经营者提供定制化的智慧团餐全案解决方案。提高客户体验与消费好评的同时，为团餐经营者开辟了盈利新航道。

（4）供应链（降成本）

中膳 U 站供应链以强的资源优势，采用基地直配、一体仓配，打造出一个面向团餐行业的全品类、全链条、全业态的综合供应链服务平台。

（5）中膳集团（综合运营）

团餐业务，从环境（为消费者打造环境一流的舒适体验）、产品（15 年平均经验团队，3000 多道菜式菜谱）、服务（超过 500 条操作规范，打造五星级贴心服务）、管理（4D 后厨管理，保障食品安全）四大核心理念出发，为客户提供专业、一站式团餐运营团队，为大众提供健康、安全、新鲜的美味佳肴。

中膳中央厨房，实现标准化、规模化作业，根据客户需求定制生产。操作规范、安全，产品营养可口；为客户提供安全、健康、标准化团体用餐全新解决方案。目前，中膳中央厨房已布局山东、重庆、广东等重点省市。

5. 放眼看未来，打造新团餐

2018 年 1 月 1 日，中膳团餐在中膳国际团餐产业联盟第三届盛典上正式提出“新团餐”概念，即以顾客需求为核心，用现代化智能技术与互联网生态环境，以智能食堂、健康食堂为中心，打造舌尖上的美好体验。

自从提出“新团餐”概念以来，中膳团餐总裁、联盟理事长李力强在各种行业大会上，以“新团餐，我们的时代”为主题做了10多场演讲，行业受众超过1000人。新团餐的诉求已迅速成为行业热门话题。

6. 赋能新生态，拥抱未来

随着资本进入，人工智能、云端技术、5G科技导入，以及运营全面升级，顾客需求升级，团餐行业进入了以资本、技术、管理、物流、品牌为核心的阶段，竞争将会异常激烈，科技将主宰团餐企业未来格局。

站在时代前端，中膳联盟提出了“赋能新生态，拥抱未来”的2.0战略，从企业品牌、供应链条、管理体系、美食文化、科学技术、资源配置六大维度为团餐企业赋能，帮扶团餐企业快速提升整体竞争力。

站在新的起点，中膳团餐制定了南稳、北融、东固、西合、外强全方位布局的发展战略，作为中膳团餐的工作指导。实现层面，构建信息平台、共享仓储，建智慧食堂、健康食堂，深入老年餐饮、营养餐饮细分领域。

7. 深谋远虑，布局海外

“一带一路”倡议对中国经济与世界经济发展有重要的推动作用。“一带一路”沿线国家经济总量达20多万亿美元。显然，团餐市场的机会是巨大的。这是中国团餐产业未来发力的切入点。

随着团餐市场竞争加剧，成本增长是不争的事实。将国内团餐企业的成熟经验应用于“一带一路”沿线国家，能在当地市场迅速形成竞争优势。中膳团餐于2018年布局海外市场，斥资金、派人才、输管理、占市场。

通过两年多的布局与发展，中膳集团已在菲律宾、柬埔寨两个国家布局，从食堂运营扩展到供应链条、团餐、中央厨房、高端餐饮会所，多维度布局创造出利润持续增长、市场拓展持续增长的有利局面。

8. 中膳团餐未来可以预期

中膳团餐提出了“大平台、深服务”的发展方针。大平台：继续保持联盟扩张速度，吸引优质资源，建设行业平台，成为团餐行业值得信赖的服务平台、赋能平台、增值平台。深服务：深入各个分公司、子公司、项目点进行支持（产品支持、服务支持、行政支持），提升团餐企业竞争力与项目盈利能力。

中膳团餐针对未来发展，指出四点方向：一是继续加大发展力度，在国内二、三线城市布局团餐市场；二是整合资金、管理、人才核心资源，进军海外高端餐饮市场；三是利用优秀品牌，依托长期积累的管理经验，进军快时尚餐饮品牌市场；四是强强联合，运用现代农业种植技术，服务于东南亚餐企。

未来，中膳团餐为平台赋能，秉承服务精神、平台精神、共享精神，持续推进平台创新、模式创新、制度创新、服务创新，深耕服务团餐企业，全面推进 3 个百亿工程、1 个千亿生态工程，为建设国际团餐企业而努力奋斗。

（六）金丰餐饮案例分析

案例名称：金丰餐饮有限公司（以下简称“金丰餐饮”）。

发展阶段：从成长阶段区域连锁向成熟阶段产业经营跃迁。

创 始 人：宋子刚等领导群体。

业务领域：包括中餐、西餐、药膳、养生、保健、清真、团餐、航食、外烩、酒店、物流等诸多业态，是跨区经营企业集团。

价值主张：作为团餐服务商，“卓越与温馨服务”是金丰餐饮生存与发展的唯一理由。

案例布局：沿着企业文化、核心专长、获得殊荣、市场策略、跨区连锁、架构体系、物流体系七个维度展开案例描述与分析。

行业贡献：金丰餐饮在中餐西餐、商务团餐，航食餐饮、定制外烩、多种品牌运作，以及运营、组织、管理、组合方面做出了巨大贡献。金丰餐饮代表国家科技部制定了《中国团餐标准》。

1. 金丰餐饮企业文化

企业文化是金丰餐饮持续前行的内驱力。金丰餐饮企业文化包括视觉、行为、理念部分组合生成的文化手册，以及制度文化。

金丰使命：高举中国团餐大旗，为中国团餐贡献力量。

金丰愿景：成为有国际竞争力的中国团餐领域领先品牌。

企业宗旨：弘扬中西医饮食文化，我们更懂中国人的胃。

运营准则：安全运营、品质服务、标准化建设、工业化生产。

品牌影响：在全球团餐领域拥有品牌影响力。

经营理念：通过创新与创造，提供高尚与味美的工作餐。

金丰精神：讲政治、负责任，讲原则、打胜仗。

金丰特点：请先、领先、争先、率先，敢为人先。

价值观念：卓越温馨的服务是金丰餐饮生存的唯一理由。

金丰建设：为中国团餐标准化建设早日走向世界贡献力量。

2. 金丰餐饮核心专长

金丰餐饮在团餐产业智能化建设方面，曾荣获中国政府级质量最高荣誉“科技进步一等奖”，科技部“十一五”大城市营养配餐产业化科研带头单位，代表国家主持并制订了《中国团餐行业标准》（由中国商务出版社面向国内国际出版发行），等等，为中国团餐产业智能化建设做出了贡献。

3. 金丰餐饮获得殊荣

金丰餐饮成立于 2005 年 8 月 1 日，注册资金 1 亿元人民币。2005 —2019 年，金丰餐饮不忘使命、持续精进、砥砺前行，以卓越的服务及标准作业，以及医食同源、健康养生的经营理念，受到主管部门、行业协会、大型活动承办单位的好评，在团餐业态获得 15 项殊荣，成为团餐业态同仁的骄傲。

金丰餐饮曾荣获北京奥运荣誉服务商、北京冬奥会荣誉服务商、上海世博会荣誉服务商、北京 APEC 荣誉服务商，连续 12 年获得两会荣誉服务商，连续 3 次获得国庆阅兵荣誉服务商。赛会服务、会议服务、国庆阅兵服务、两会服务是团餐业态的服务品类，有严格的政审、服务资质、运营水平要求。

金丰餐饮在公益事业领域荣获“脱贫攻坚突出贡献单位荣誉”“扶贫工作先进单位”。在诚信经营方面荣获“中央电视台 3·15 诚信品牌”。在合规经营完税方面连续 8 年荣获“信用中国国家税务总局 AAA 级纳税先进单位”。在饮食文化传承方面荣获“全国饮食类非物质文化遗产保护与传承示范单位”“首批全国饮食类非物质文化遗产代表传承人”。在工会建设方面荣获全国总工会授予的“全国工人先锋号”荣誉称号。

4. 金丰餐饮市场策略

市场定位。金丰餐饮以高标准、高素质、高体验为主旨服务于团餐业态高端市场，成为政府部门、商务公司、金融机构、公益事业单位的指定服务商。

金丰餐饮是中央国家机关、政府主管部门、多家部委市委指定的荣誉服务商，同时还是电建集团、保利集团、国航集团、兵器集团、五矿集团、雄安管委会、中国银行、中信银行、中国建设银行、中国农业银行等 100 多家企业集团、金融机构的指定服务商。金丰餐饮用行动为“卓越与温馨服务”做了注释。

5. 金丰餐饮跨区连锁

金丰餐饮在全国实行跨地区品牌连锁经营（直营但不承包），包括北京、上海、天津、太原、重庆、广州、西安、武汉、长沙、昆明、沈阳、大连、青岛、成都、珠海、深圳、新疆等22个城市及自治区。

金丰餐饮在美国、德国、法国、俄罗斯、日本、阿联酋、澳大利亚、中国港澳台设有办事处，为中餐走向世界提供了机遇。金丰餐饮人为中国团餐的跨国经营时刻准备着。

6. 金丰餐饮架构体系

战略清晰、目标清晰，组织架构、组织活力，军事管理、雷厉风行，品类经营、区域经营，使金丰餐饮在区域团餐中高端市场经营赢得了优势。金丰餐饮下设集团党委、工会、先锋队，并实行准军事化管理。

金丰餐饮围绕后勤保障服务成立了若干全资子公司，是名副其实的多元化品牌经营的企业集团。北京金丰餐饮有限公司负责团餐业务，北京老字号大通饭庄负责美食广场，北京保睛航空科技发展有限公司负责航空食品，御德堂国际健康科技发展有限公司负责养生食品，北京伊德诚清真食品有限公司负责清真食品，北京海赋国际酒店管理有限公司负责酒店托管，金丰集团厨师服务学校负责人才培育，北京海龙物业管理有限公司负责后勤服务。

7. 金丰餐饮物流体系

金丰餐饮物流体系三个实现维度：一是大通物流，主营仓储物流配送业务；二是金丰大通有机农业有限公司，主营种植养殖；三是金丰种植养殖农村合作社，主营种植养殖。金丰餐饮物流体系通过以上三个维度实现上游产销、中游配销、下游销售三个环节打透，实现产业链、价值链、生态链之间协同与协作，在供应链条环节掘金。

金丰餐饮专注国际大型活动、团餐单位食材保障服务。金丰餐饮采用奥运会供应标准、国际运动员供应标准、阅兵保障供应标准，全程可追溯食品安全保障体系等高标准、高规格管控体系，已经形成团餐一站式、全产业链、闭合式服务体系，并有多次为国际高标准团餐提供保障的实战经验。

（七）快客利的案例分析

案例名称：快客利（北京）集团有限公司（以下简称“快客利”）。

发展阶段：从成熟阶段产业经营向稳定阶段资本经营跃迁。

创 始 人：董一成等领导群体。

业务领域：团餐领域、软件开发、原料基地、食材加工、食材配送。

宗旨使命：在团餐市场拓展、服务单位、服务人数、客户满意等方面引领团餐行业水平，成为团餐行业领先企业。

案例布局：沿着企业概述、商业模式、市场策略、核心专长、价值主张、物流体系、未来描述七个维度内容展开分析。

行业贡献：在食材供应、团餐服务、促进内需、普惠民生、繁荣市场、保障就业等方面为企业及社会提供公共保障服务，同时对社会与经济发展起到了不可忽视的推动作用。

1. 快客利企业概述

（1）成立时间

快客利集团有限公司于 1994 年 3 月成立，其前身是北京快客利食品工业有限公司，是以经营餐饮服务管理及周边行业为主的全国性综合服务企业。

（2）服务范围及规模

快客利现有员工 1.2 万人，年产值超过 20 亿元，日均供餐人数超过 100 万人次。快客利业务涉及团餐、商贸、酒楼、物业、咨询等领域，现服务于 500 多家企业、事业单位，经营网点遍及全国 30 多个省、直辖市、自治区，是目前国内最大的食品原材料使用单位之一。

（3）社会影响力

快客利现为中国烹饪协会常务理事单位、中国饭店协会团餐委员会副理事长单位、世界中餐业联合会理事单位；曾荣获行业协会或市总工会授予的“中国餐饮百强企业”“中国十大团餐品牌金奖企业”“中国十大团餐品牌企业”“中国团餐业领军企业”“中国团餐十佳品牌企业”“促进就业百强企业”“科技创新百强企业”“市总工会工人先锋号”“2019 年度最具影响力餐饮品牌”等荣誉称号。

（4）质量管理体系

快客利已经通过并严格实施 ISO22000 食品安全管理、ISO9001 质量管理、ISO14001 环境管理、OHSAS18001 职业健康安全管理、HACCP 危害分析与关键点控制等质量管理体系，旨在打造多元化、立体化的服务体系，同时为客户提供个性化、针对性的服务。

2. 快客利商业模式

模式一：以服务管理费作为利润来源

通过提供团餐管理服务（包括供餐服务、食材加工、卫生清理、环境管理等），向甲方收取定额服务管理费（劳务输出），其价值创造在于能提供满足甲方预期及合同约定的服务，以实现企业营业收入的稳定持续增长。

模式二：以增值服务作为利润来源

通过向客户提供团餐增值服务而获取的经营效益，包括提供除基础餐饮服务之外的商务接待、商品售卖、原料采购、厨房设计咨询等延伸服务而获得的增值收益。增值服务是在满足基础服务前提下的服务提升、服务增值与服务溢价。

3. 快客利市场策略

（1）“轻业务、重运营”

快客利是一家“轻业务、重运营”的民营企业。长期以来一直以口碑营销为市场主打策略，无论新、老项目都时刻把食品安全、服务质量、菜品品质放在首位，通过潜心打造单一项目的服务口碑，为公司的市场拓展注入服务标杆的实体标签，期望以此赢得更多客户的青睐。

（2）探求资源整合，创建快客利品牌

2019 年 8 月，快客利（北京）集团有限公司成立，第一次从集团管控战略高度对北京快客利餐饮管理有限公司、天津快客利食品科技咨询有限公司、天津快客利物业管理服务有限公司等多家企业与分支机构进行资源整合，以期打造“快客利”卓越品牌并扩大行业影响力，实现“快客利”品牌市场拓展与美誉营销。

4. 快客利核心专长

（1）务实求真的管理优势

快客利长期沉淀下的务实求真的企业管理风格及“感恩、快乐、责任、创新”的价值观奠定了公司长远发展的基础。务实求真的管理风格要求公司一直保持服务的专注度、客户的配合度、菜品的创新性，在追求服务品质稳定提升的基础上，践行工匠精神技术理念，满足客户不断变化的饮食需求。

（2）服务行业分布优势

快客利服务的客户分布于社会各个行业，其卓越的服务能力覆盖所有类型的客户。快客利可以根据客户所在行业特点提供适应时代的餐饮服务。

快客利正在为 20 多家世界 500 强企业、300 多家单位提供团餐服务，涵盖金融、地产、IT、能源、汽车、化工、制造、医疗、养老与教育机构、国家机关、事业单位，已具备为各类单位提供团餐服务的经验与能力，并在服务对象、服务过程、服务内容三个方面具备全程管控力。

（3）全案全程服务设计

快客利有能力提供从项目立项、餐厅设计、设备调试到食材采购、项目运营、后期维护等与餐饮行业相关的产业链服务。提供从餐饮项目立项、设计、规划，到落地实施的全程咨询、设计、运营、管理指导；提供团体自助、会议餐饮、商务接待、西式团餐、冷餐宴会、大型酒会、会议茶歇、户外餐饮、家庭宴会等餐饮服务；提供食材采购与配送、净菜加工与配送、线上订购与配送等服务设计。

（4）服务团队人才优势

服务团队的打造。快客利在成长过程中造就了一支优秀与忠诚兼具的高效管理团队，辅以深耕餐饮多年的高端技术人员，共同组成了稳定的、专业化的服务团队，这也正是快客利最大的竞争优势。

人才激励政策。公司提出并实施股权激励、年终绩效、长期服务奖等人才激励政策，为人才的稳定性提供了进一步的保障。

（5）不断成长的品牌优势

通过26年的努力，以品牌建设为契机，快客利在团餐领域逐渐树立了独有的品牌优势，公司的行业及社会影响力不断提升。在业内，快客利已具有市场影响力与品牌知名度；在中高端客户群中，快客利亦享有品牌美誉度与忠诚度；在市场拓展方面，快客利也赢得了新客户的选择与认可。

5. 快客利价值主张

快客利的服务理念："诚实做人、认真做事、礼貌待人"。

快客利核心的价值观："感恩、快乐、责任、创新"。

快客利长期秉持的价值主张：诚信与认真是我们的基因、感恩与敬畏是我们的理念，善良与正义是我们的名片。

快客利的人才观念。对内部人才结构进行优化，倡导一专多能、一人多用、减员增效制度；在分红、福利、调薪、激励等方面向员工进行政策性倾斜，增强员工对企业的认同度、归属感；逐步将集团人力资源工作从管控员工过渡到关注员工上来，创建让员工依赖与热爱的大家庭发展愿景。

6. 快客利物流体系

（1）布局物流集配中心，打通产销产业链

快客利在北京、天津投资建设了2家6000多平方米的物流集配中心，采购与配送业务遍及全国30多个地市，月采购额8000多万元。在规模化的大宗采购方面，已经初步形成了采购、加工、配送、服务的产业链，用打造配销中心、链接产销环节、打透销售环节确保食品安全，享受价格红利。

（2）强强联手，打造供应链保障体系

快客利相继与中粮、中盐、益海嘉里、海天、中红三融、中瑞、北京周家巷农业基地、天津二商迎宾、天津兴宁种植专业合作社等基地或厂商签署战略合作协议，强强联手，通过合作提升品质，保障食品安全，提升品牌价值，增强议价能力，打造优质、安全，可追溯、低价格的供应链保障体系。

7. 快客利未来描述

快客利始终遵循通行的商业规则，恪守公司朴实的经营理念，在坚守企业固有价值观念的同时，积极拓展团餐上游、下游业务，不断加强企业内部人力资源管理与集团管控，旨在实现企业业绩、利润等硬实力的再次爆发。

快客利将继续秉承中华饮食文化，修炼匠心精神，不忘初心、砥砺前行。

（八）健坤餐饮案例分析

案例名称：北京健坤餐饮集团（以下简称“健坤餐饮”）。

发展阶段：从成长阶段区域连锁向成熟阶段产业经营跃迁。

创 始 人：王文涛、温哲霆。

业务领域：在商超综合体运营、中央厨房配送体系、营养餐大数据分析、食品生产与流通、营养师配餐师培训领域拓展布局。

价值主张：“因为健坤，所以放心”，是健坤餐饮的价值主张。

案例布局：沿着企业概述、商业模式、市场策略、核心专长、价值主张、物流体系、未来描述七个维度展开。

行业贡献：健坤餐饮在区域督导253比例、医养餐大健康领域、餐饮数字化分析领域，为行业做出了贡献。

1. 健坤餐饮企业概述

北京健坤餐饮集团创立于2003年，是融中西餐产业链、宾馆酒店经营、职业技术教育、商超经营、农业生态园、医养餐大健康、餐饮数字信息化、全产业链管控为一体的多元化综合企业。公司下辖7个子公司，20多个分公司，300多家餐饮连锁机构，80多家商超连锁店，员工1万多人，经营区域遍及北京、天津、重庆、河北、河南、山东、内蒙古、安徽、福建等10多个省区市。目前日均保障60万人次用餐，是国内医疗、院校营养餐领域领军企业，是军队、机关、企业餐饮社会化保障标杆企业，是推崇全产业链管控的主导企业。

健坤餐饮先后在团餐业态获得“中国十大团餐品牌”“中国餐饮百强企业”“中国营养餐优秀企业”“中国服务优秀品牌企业”等荣誉称号；中国营业餐研发基地；2015年，“9·3”大阅兵唯一指定服务商；2016年，成功中标中南海，成为唯一入驻中南海的民营餐饮企业；2017年，获选成为阿斯塔纳世博会中国美食与文化馆的美食版块运营保障单位；2018 年，中标中国人民解放军国防大学；2019 年，成为中国北京世界园艺博览会美食广场的独家服务商。

2. 健坤餐饮商业模式

健坤餐饮主要商业模式是为医院、学校、企业、机关客户提供整体团膳服务解决方案。同时，在商超综合体运营、中央厨房配送体系、营养餐大数据分析、食品生产流通、营养师培训领域做了积极拓展。

健坤餐饮作为团餐领军企业，具有高度的社会责任感和行业升级使命感，通过打造“一体两翼”来实现区域协作、订单农业、产品溯源、食品安全。“一体”指健坤餐饮，以团餐为主营业务进行战略规划与市场布局。“两翼”是指全产业链和中央厨房。通过全产业链，实现流程升级、订单农业、源头采购、精准扶贫等；通过中央厨房，实现产业升级，食材集团化采购、标准化操作、集约化生产，以减少厨余垃圾，减少损耗、减少成本、减少生产加工环节。

健坤餐饮全产业链运营是以消费者为导向，覆盖从田间到餐桌的所有环节。通过全产业链食材供应端、综合配送端、餐饮销售端实现全过程、各环节无缝衔接，使食品安全可追溯；通过订单农业实行“四统一管”运营模式，即组织农户规划农产品生产，公司进行标准化管理，建立全产业链管控监督体系，产业链管控源头采购同菜农、养殖户及新农合建立合作渠道，形成订单式种植。健坤餐饮中央厨房定位于集约化、科技化、工业化。通过集中采购、集约化生产、工厂化配送、专业化运营、科学化管理，在产品品质管控、资源综合利用、食品安全保障、成本优化、环境保护等方面提升公司保障能力与管理水平。

3. 健坤餐饮市场策略

健坤餐饮根据内部条件和外部竞争状况明确了公司定位，京津冀区域按业态划分，增加每个渠道的覆盖广度和深度，以体现健坤餐饮在不同业态的专业性，促进多业态、多品牌发展。其他区域按区域划分，增加所在区域运营点，其覆盖广度超过 10 家，以体现健坤餐饮在该区域的领导者地位，打造当地强势品牌。公司根据定位，制定了253市场策略，目的在于充分发挥企业优势，增强竞争能力，更好地适应营销环境变化，为客户提供差异化餐饮保障和服务体验。

253市场策略，具体指：20%的形象店，通过用餐场景、前厅后厨的体系化打造，助力品牌提升；50%的利润店，通过践行公司微利经营策略与长足发展的经营理念，让50%的保障项目保持微利，以确保公司良好运转以及整体战略规划布局能够得以实施；30%发展店，通过商业模式创新思维及创新运营，确保发展店能快速步入微利经营的项目范围，以提升企业整体效率和利润空间。

4. 健坤餐饮核心专长

健坤餐饮自成立以来，一直专注于核心专长，以此获取行业口碑与客户认可，提供比竞争对手更具价值的产品和服务。公司始终秉承一道菜和一款产品之间隔着一个系统规划和设计价值的理念，确保专业化出品，从而使健坤餐饮在专业细分医院营养餐领域有了领先的、可持续的核心竞争力。健坤餐饮在医院营养餐领域深耕细作，在国内率先实现医院营养餐标准化定制，同时拥有了专业的营养师、医师队伍及研发团队，将营养膳食的科学依据与实际操作有效结合起来，通过大数据及专业营养师的数据分析，与入院治疗关键环节有效对接，结合人体基本营养需要而“私人定制”膳食。公司目前根据医院营养餐群体的不同需求，可专业制作基本膳食和治疗膳食。基本膳食包括普食、软食、半流食、流食，治疗膳食包括高能量高蛋白质膳食、低能量膳食、低蛋白质膳食、低脂肪膳食、低膳食纤维膳食（少渣膳食）、低盐膳食、无盐膳食、低钠膳食、低铜膳食、低嘌呤膳食、糖尿病膳食、管饲膳食、血液餐等，合理安排患者膳食可帮助患者增强免疫能力，提高对疾病的耐受能力。

5. 健坤餐饮价值主张

健坤餐饮以及拥有一个团结拼搏、锐意进取的领导班子以及一支求真务实、乐于奉献，团结、高效、进取的创业团队；拥有一套先进的管理理念，科学的管理制度和优良的运行机制。“因为健坤，所以放心”是健坤餐饮的价值主张。这种价值主张不仅是通过专业出品、贴心服务，让外部的客户、用餐顾客对产品、服务放心，还通过内部组织升级、平台资源整合等途径让员工在健坤餐饮平台不断成长、不断受益，让每一名为公司出力的员工放心。

6. 健坤餐饮物流体系

健坤餐饮拥有自己的中央配送中心和物流配送体系，高效快捷的食材物流配送系统为其赢得了团餐业态、区域市场的竞争优势。每天高效的食材配送确保了食材的新鲜与安全，为公司平稳运营提供了支持与保证。健坤餐饮的物流系统不但包括配送中心，还有更为复杂的“批次波次 + 扫码系统”与“采购系统 + 补货系统”设计，旨在能够真正实现先进先出及食品溯源。

健坤餐饮拥有自己的运输车队，车队采用电脑系统进行车辆调速，并通过卫星定位系统对车辆进行定位跟踪，既保证了配送的灵活性，为销售终端提供时时与时点服务，又能实现新鲜食材的每天供货，确保了食品安全与食品品质。

7. 健坤餐饮未来描述

未来，随着政策化、福利化的团餐运营逐渐对外开放，市场化团餐将迎来新一轮爆发性增长。健坤餐饮凭借良好的业界口碑与品牌影响力，必定要面对业绩的快速增长。作为一家大型综合性的餐饮企业，健坤餐饮要不忘初心，继续前进，在餐饮产业链、团餐信息化、零售新模式、食品安全、科学营养、供应链创新、订单农业、物流仓配等方面全面提升综合效能，为中国团餐事业发展贡献力量。我们正面临千载难逢的时代机遇，我们正在正确的轨道与平台上努力前行，唯有不负时光，不负自己，才能够再攀高峰。

（九）振达餐饮案例分析

案例名称：北京振达餐饮管理有限公司（以下简称“振达餐饮”）。

发展阶段：从成长阶段区域连锁向成熟阶段产业经营跃迁。

创 始 人：张学锋、李应华等领导群体。

业务领域：团餐领域、产销领域、配销领域。

宗旨使命：安全、美味、营养、健康。

价值主张：客户第一、团队合作、拥抱变化、诚信经营、激情创业、敬业乐业。

案例布局：沿着企业概述、商业模式、市场策略、核心专长、价值主张、物流体系、未来描述七个维度展开布局与分析。

行业贡献：振达餐饮在品质养老、全产业链、社餐经营领域做出了贡献。

1. 振达餐饮企业概述

振达餐饮（前身系“北京全易达餐饮公司”），于1997年步入团餐行业，2001年更名为“北京振达餐饮管理有限公司”。振达餐饮致力于打造首都第一品牌，为实现大中国连锁而孜孜以求。振达餐饮注册资金5000万元，是集农业种植、食品加工、物流配送、餐饮服务为一体的餐饮连锁管理集团。

振达餐饮集团是以首都为中心逐步向全国发展为战略布局，在北京、天津、青岛、济南、武汉、成都、珠海、深圳等地拥有子公司170多个，员工4700多人，是区域连锁、跨区发展、大区连锁的企业集团。

振达餐饮事业发展秉承“坚持诚信、恪守商德、以人为本、稳步发展”的经营方针，以“用新鲜的食材，为顾客提供健康饮食”为企业使命，以“为顾客打造幸福一小时餐饮时光”为企业经营理念，以“安全、美味、营养、健康”为企业宗旨，努力满足团餐客户不同层次与类别需求。

振达餐饮在经营过程中，不断自我完善、创新、升级，提升核心竞争能力。振达餐饮连续获得“中国团餐十强企业”“中国团餐 50 强企业”“中国团餐十大品牌”“北京市消费者信得过企业”殊荣，并通过国际 ISO9001 体系认证。2016 年，增设北京锋华商贸有限公司，聚集首都优质货源，旨在实现从农田到餐桌、全产业链运作一体化的餐饮管理集团的预期。

2. 振达餐饮商业模式

振达餐饮的商业模式为全托经营管理、委托经营管理、薪酬打包管理模式，并聚焦国家机关、商务公司、写字楼宇、工业企业、高等院校、金融机构、部队后勤、医疗机构、养老院、美食广场 10 个服务领域，涵盖员工餐、学生餐、高职餐、宴会餐、养生餐饮等业态领域。

3. 振达餐饮市场策略

团餐行业发展存在管理趋同的弊端，为此振达餐饮致力于打造差异化竞争策略，培育核心能力。差异化竞争策略既是市场策略导入的前提，又是核心专长培育的基础。

（1）专注人才培养，铸就服务保障

餐饮企业运营，一方面劳动密集，效率低下；另一方面，流失率高，成本高位。为稳定员工队伍，保障优质服务，振达餐饮为员工制定了清晰的晋升流程与明确的考核标准，不断更新职位规划及发展愿景，不断提高员工薪资以减少人员流失，铸就服务壁垒。

（2）运营流程体系化，管理标准精细化

餐饮行业食材成本不断上涨、人力成本大幅增加、管理人员严重匮乏、成本管控难度增大等问题对振达餐饮是严峻挑战，振达餐饮由传统式、粗放式、经验式管理模式逐渐向精细化、流程化、体系化方向转型升级。

（3）做好领域联动品牌，打造示范效应

国民经济餐饮产业团餐领域市场规模巨大，如何对团餐市场进行深度挖掘，做实做透，是对团餐公司的考验与拷问，振达餐饮在不同产业领域打造自己的旗舰项目，旨在通过示范效应为振达餐饮带来更多的市场机遇。

4. 振达餐饮核心专长

振达餐饮通过23年的发展，在餐品研发设计、品质养老方面有自己的独到见解。

餐品研发设计。团餐与社餐对比，有客户稳定与重复购买的特点，只有让相对固定的客户持续满意，项目经营才能长久。为此，振达餐饮在餐品研发设计上，一直倡导变化与创新，借鉴网红餐饮、行业交流培训经验的同时，加大自身研发力度，配合器皿衬托、海报宣传转化，实现持续创新。但所有餐品创新的初心，是将美味餐品带给不同的项目客户，满足客户的生理与心理需求。

品质养老工程。2008年开始，振达餐饮就涉足团餐养老领域，成立了养老事业部，专注养老事业十余载，先后承接北京四季青敬老院（四星级）、天津国寿嘉园·乐境、万科幸福汇10多家养老机构，聘请行业内知名营养师、药膳专家作为养老顾问，委派事业部优秀管理人员赴日本学习先进养老经验。我国现将60岁以上人群定义为老人。当然，不同年龄段老人的身体状况、饮食喜好各不相同。振达餐饮仿照日本适老餐做法，连米饭都要分非常软烂、软烂、稍软三个标准。针对鱼类特殊食材，会将原材料打碎，加工成半成品，制作成鱼的形状，从味道到外观，都赏心悦目。振达餐饮不仅提供“老有所依，老有所养”的适老餐，更是秉承“老有所享，老有所尊”的品质养老理念，振达餐饮养老餐事业一直在努力。

5. 振达餐饮价值主张

振达餐饮24字价值主张：客户第一、团队合作、拥抱变化、诚信经营、激情创业、敬业乐业。

客户第一。要站在客户的立场来思考问题，关注客户的需求点，食堂运营管理过程要积极、主动、高效地为客户解决各类问题。

团队合作。管理组在接手、新建、改建团队时要谙熟个体、团队、组织打造逻辑，加强团队合作，追求卓越，提振士气。

拥抱变化。面对变化，理性对待，充分沟通，诚意配合。对变化的困惑与挫折要自我调整，影响与带动同事拥抱变化，突破自我。

诚信经营。食材务求质优、服务务求真诚、环境务求人性，以契约精神建立标准、执行规范，兑现承诺、诚实经营，做到表里如一。

激情创业。喜欢本职工作，认同企业文化，以积极乐观的心态面对日常工作，遇到困难不放弃，以乐观精神影响同事面对挫折。

敬业乐业。按轻、重、缓、急顺序，正确安排工作优先等级，做正确的事，把事情做正确，持续学习，自我完善，精益管理。

6. 振达餐饮物流体系

团餐市场的持续转型，客户消费理念的不断升级，使团餐业态由解决温饱需求延伸到用服务保障安全、营养、健康、美味需求。团餐行业普遍利润率较低，如何保障原材料物流供应的安全性，如何保障菜单设计中原材料供货标准，如何压缩物流供应链环节的成本，对振达餐饮来讲是极大的考验。为此，2016 年振达餐饮增设北京锋华商贸有限公司，自建供应链仓储物流集中采购。通过定制化物流供应体系满足运营项目对供应链的需求。

振达餐饮始终将食品安全作为第一管理指标，没有食品安全一切免谈，项目做多久都是徒劳。对待食品安全，振达餐饮从源头开始控制，与首农、麦德龙、永辉、中粮、鹏程品牌合作，最大限度地保证原材料能够溯源。

7. 振达餐饮未来描述

优化物流供应链体系。原材料产业链涉及种植、采收、运输、仓储、配送等不同环节，振达餐饮自有的物流供应链体系采用集中采买方式，在某种程度上解决了对原材料标准化的要求，但随着前端运营需求的不断变化，对原材料标准化要求也越来越高，加上市场价格波动与管理环节复杂的特点，为自有物流供应链运营带来了难题，振达餐饮将在探索中前行，优化物流体系并打透产业链。

深化餐品创新与品类拓展。国人对美食追求是永恒的，招牌菜、口味菜、滋味菜对原料品类也提出了新的要求，振达餐饮将对餐品的持续创新转化为对原料品类的拓展。当然，有供应链体系才有安全、营养、健康的衔接。

延伸各项服务升级。在消费升级的大背景下，团餐业态已经告别解决温饱问题的大锅菜模式了，团餐承载着人们对美食的向往，正如一网络平台所言“唯有美食与爱不可辜负”，振达餐饮团餐业态服务升级势在必行。

布局社餐街边店。社餐与团餐共同发展。在团餐业态竞争越来越激烈，团餐企业受制于委托方而无法突破，以及 117 天没有营业额的困局下，振达餐饮专注于主营业务的同时，主动参与市场竞争。2019 年，振达餐饮相继推出鹤岗小串、四姐家水饺连锁品牌，在社餐街面店铺经营领域迈出了重要一步。

（十）新又好的案例分析

案例名称：广东新又好企业管理服务有限公司（以下简称“新又好”）。

发展阶段：从成长阶段区域连锁向成熟阶段产业经营跃迁。

创 始 人：杨启柱。

业务领域：团餐领域、平台建设、人才培养、海外市场。

宗旨使命：新又好秉承“安全健康、客户价值、品质至上、合作共赢、务实创新”的核心价值观，不断努力，砥砺前行。

案例布局：沿着企业概述、商业模式、物流体系、核心专长、发展历程、价值主张、未来描述七个维度内容展开。

行业贡献：在精益管理、智能团餐、供应链条、社会责任等方面做出了贡献。

1. 新又好企业概述

新又好是专业从事团餐供应、管理、服务的团餐企业，能为客户提供全方位、专业化、个性化的后勤餐饮解决方案。服务领域包括食堂承包管理、营养餐的配送、农产品的加配送、生态农业基地四大领域。

新又好业务覆盖政府机关、企业实体、部队军校、各类媒体，通信、金融、医疗、教育以及国际物流诸多领域，用核心专长为客户提供委托经营、委托管理、合作经营服务。

新又好成立于 2003 年，注册资金 1 亿元人民币，现有 2 家种植基地、3 家中央厨房、18 家分公司、30 多个子品牌、300 多个服务客户、6000 多名员工，日均服务人数 50 万人以上，是产业经营阶段的团餐企业。

新又好专注团餐十余年，始终以精益求精的工匠精神、务实创新的经营理念、科学严谨的管理方法、安全第一的生产要求、品质至上的服务理念，树立优秀品牌形象，并获得客户一致赞扬与业界一致好评。

新又好为中国团餐事业发展做出了重要贡献，并先后获得“京东优秀供应商”“员工最喜爱餐厅”“中国百家好食堂”“中国餐饮百强企业”“中国团餐十大领军企业”“中国团餐十大品牌”“广东餐饮二十强”等殊荣。

2. 新又好商业模式

新又好根据不同客户的不同需求，目前主要提供以下三种服务方式。

（1）全承包式经营服务

由需求方提供食堂运营场所、设施、设备，新又好根据客户需求，为客户量身打造一套适合需求组合的团餐服务流程，制定菜品组合，提供团餐服务。新又好自主供应食材，提供能源消耗，自负盈亏经营。

（2）委托服务管理模式

由需求方提供食堂运营场所、设施、设备、能源及其他所有费用；新又好配备食堂运营所需的管理人员及服务人员，对食堂进行专业化管理，并按照人员岗位及数量收取合理的服务费用与管理费用。

（3）委托管理食材采购

在对食堂进行委托服务管理的同时，新又好充分利用自身稳定可靠的食材供应渠道，以及统一采购、战略采购、规模采购的价格优势，按照客户要求，在合理费用控制范围内，为客户代购、代买各类食材餐料。

3. 新又好物流体系

新又好已在北京、上海、中国香港、深圳、重庆以及安徽、江苏、福建、江西、广东、陕西、四川、云南、湖南、广西等成立了18家分公司，并在北京、广州、深圳、苏州、西安等地成立了30多家分支机构。

新又好立足广州布局全国，在广东云浮、韶关两地拥有自营大型农业种植基地，以及康有唯配送中心、润粮农场、海慧农场，还有物流车队、中央厨房、信息中心，构建了集产销、配销、销售为一体的运营体系。

4. 新又好核心专长

新又好的核心能力，表现在四大业务模块：一是团餐服务，包括食堂全面承包经营、食堂委托服务管理、委托服务食材采购；二是食材配送，包括农产品配送、副食品配送、净菜配送；三是营养餐饮，新又好能提供央厨共享、营养配餐、活动供餐；四是生态农业基地，包括海慧生态农场、润粮农场基地等。

新又好在业内率先通过并严格执行 ISO9001 质量管理体系、ISO22000 食品安全管理体系、ISO14001 环境管理体系、OHSA18001 职业健康安全管理体系，领先引用 ERP 智能管理模式，运行 CRM 客户关系管理系统，全面导入 4D 现场管理系统，推动管理向标准化、模式化、流程化、信息化迈进。

5. 新又好发展历程

新又好服务的国家机关，包括但不仅限于中国银行保险监督管理委员会、北京东城消防局、中国移动、中国邮政、中国中铁、中国电建、中国太平、中国能建等。

新又好服务的政府机构，包括但不限于广东省人大、广东省政府、广东省政协、广东省总工会、广东省共青团、广东质量监管局、深圳沙井街道、深圳新桥街道等，并为《南方日报》、广汽集团等提供团餐服务项目。

新又好服务的赛会活动，包括但不限于广州亚运会、广州交易会、广州国际龙舟赛等，并为大型赛会领域与会展活动领域提供团餐服务项目。

新又好服务的商业楼宇，包括但不限于广州全球通大厦、发展中心大厦、广发证券中心、北京鹏润大厦、佛山广发金融中心、深圳华润大厦、泰然大厦、移动信息大厦、太平金融大厦等，并为商业楼宇项目提供团餐服务。

新又好服务的教育机构，包括但不限于国防科技大学、景德镇陶瓷大学、广东机械技师学院、广州体育学院、深圳职业技术学院、广东轻工职业技术学院、广州旅游商务职业学校、清华大学附中、广州市第十中学、广州新联小学、佛山乐从小学等，并为大学、中学、小学提供团餐服务项目。

新又好服务的医疗机构，包括但不限于江苏省肿瘤医院、湖南妇女儿童医院、茂名人民医院、福建石狮医院、解放军某部队医院，其团餐服务在进行中。

新又好服务的金融机构，包括但不限于广发银行、华夏银行、中信银行、工商银行、招商证券、九江银行、农业银行等，其团餐服务在持续拓展中。

新又好服务的网络企业，包括但不限于京东、唯品会、美的、国美电器、新浪、网易等，并为网络企业、IT 企业提供团餐服务项目。

新又好服务的实体企业，包括但不限于无限极、陈李济、OPPO、格力、广州地铁、广药集团、南方电网等，并为实体企业提供团餐服务。

新又好因业绩而获得多项荣誉：2003 年公司成立后，因专业化而受到好评；2009 年成立餐餐乐中央厨房，获得“知名品牌餐饮企业”称号；第二十三届国际美食节获特金奖；2010 年作为亚运会开闭幕式餐饮供应商，获得“最受欢迎餐饮企业”称号；2014 年成立康有唯配送中心，获得中国团餐领军行业奖；2016 年获“中国餐饮行业百强企业”荣誉；2017 年、2018 年连续两年获得“中国餐饮业十大团餐品牌”称号；2020 年新又好成立 17 周年，迈向国际化发展道路，立志成为全球团餐行业的第一阵营。

6. 新又好价值主张

新又好把“安全健康、客户价值、品质至上、合作共赢、务实创新”20 个字视为企业核心价值观，即为客户创造价值是核心价值观。正如德鲁克所说，“企业创建的初始目标与终极目标是为顾客创造价值”。

在产业领域竞争激烈的今天，新又好从单纯为客户提供团餐服务转变为为客户提供问题解决方案，在业务领域转型的同时，在核心价值观指导下，用自身的核心专长（后勤保障）为客户创造更大价值。

7. 新又好未来描述

新又好自成立始就树立了“成为全球团餐行业领导者”的远大理想，致力于打造一流餐饮管理品牌。从专注品类经营到区域连锁转变，从专注提供团餐服务到物流服务转变，从专注团餐服务到后勤方案转变。

每个人都渴望家庭幸福与事业成功。家庭幸福是事业成功的基石，事业成功是家庭幸福的营养。只有家庭基石坚稳，事业之树才会长青；只有事业营养充足，家庭幸福之花才会美丽。新又好，是我们共同的家园。

（十一）利群膳食案例分析

案例名称：广东利群膳食管理服务有限公司（以下简称“利群膳食”）。

发展阶段：从成长阶段区域连锁向成熟阶段产业经营跃迁。

创 始 人：谭万斌等领导群体。

业务领域：团餐领域、食材配送、人才培养。

宗旨使命：利群膳食以“民以食为天，食以安为先”为服务宗旨，以“利国利民、服务大众、群策群力、追求卓越”为经营理念。

案例布局：沿着企业概述、商业模式、市场策略、核心专长、价值主张、物流体系、未来描述七个维度内容展开。

行业贡献：在企业大学、食堂托管、人才培养、供应链条方面做出了贡献。

1. 利群膳食企业概述

利群膳食成立于 2006 年，注册资金 2000 万元人民币，是专门承接团餐业态、城市快餐、线上线下 O2O 订餐配送服务，承接集团食堂经营、食堂托管业务的膳食管理服务公司。利群膳食因客户满意度高而收获业绩。

利群膳食现有员工 4000 多人，其中，精英管理团队 300 多人，高级专业技师 600 多人。利群膳食与职业技术院校合作办学，形成了产、学、研一体化的运营体系，确保了专业人才的持续输送与有效使用。

利群膳食管理体系通过了国际通行的 ISO9001：2008 质量管理体系认证、ISO22000：2005HACCP 食品安全管理体系认证、ISO14001：2004 环境管理体系认证，以及 OHSAS18000 职业健康管理体系认证。

利群膳食将专业、专心、专注做到极致，通过不懈努力、创新、探索，以诚信经营为本，赢得了众多客户的一致好评与餐饮业界的高度认可，得到了社会、政府、业界的多次褒奖，获得殊荣无数，获得中国饭店协会“全国团餐副理事长单位”，“中国团餐五十强企业”“广东省食品安全放心单位”“广东省食品卫生A级单位”“广东省金牌餐饮企业”等荣誉，并成为湖南、重庆、海南等地“高校后勤协会会员”。

利群膳食品牌创始人谭万斌先生在经营公司、打拼市场的过程中，以诚待人、诚信经营，赢得了社会的一致好评，获得重庆石柱县工商联副主席、重庆石柱慈善会名誉会长、重庆石柱第九届政协委员等荣誉。

利群膳食品牌创始人谭万斌先生情系社会，回馈家乡，多次以个人名义向家乡（重庆石柱）捐款捐物，累积金额达数百万元，这种家国情怀的爱心捐赠，体现了敢于担当、无私奉献、回馈社会的情怀与精神。

2. 利群膳食商业模式

利群膳食已与广东省及其他省市的200多家知名企业、高校、政府机关结成业务合作伙伴，为日逾45万人提供优质的供餐服务。利群膳食已成为企业、事业、机关等单位后勤保障的坚强后盾与可信伙伴。

利群膳食知名客户包括但不限于海南大学、湖南农大、广东外贸大学、西藏农牧学院、湖北民族大学、兰州理工大学、中国建银、中国联通、南方电网、长安军工、富士康、雀巢、东莞法院、一汽大众。

利群膳食商业模式有以下几种描述：

020模式。做线上线下订餐，生鲜果蔬、粮油主食、干货调料、饮品膳食配送。

食材配送。为政府、企事业单位、超市、厂矿等提供所需食材配送服务。

食堂承包。承包大中学校、医院、工厂、写字楼、工业园等食堂。

服务托管。为采用食堂托管模式客户提供食堂工作团队组建、管理与劳务派遣。

厨具定制。专业的厨具定制团队，为客户食堂的厨具量身打造个性化定制并负责安装。

厨房设计。专业设计食堂厨房，满足功能需要，合理利用空间，提高生产效率。

膳食顾问。专业团队为客户提供健康膳食、成本控制、食堂运行管理工作建议。

企业大学。利群商学院培养、输出餐饮管理人才，定期举办餐饮经营管理论坛。

3. 利群膳食市场策略

利群膳食总部设在广东，运用连锁经营跨区连锁，已经在重庆、广西、云南、湖南、四川、贵州、陕西、甘肃、河南、江西、海南、西藏等省、直辖市、自治区建立了多家分公司、子公司，跨区域经营发展良好。

利群膳食运用传统营销与现代营销相结合的策略营销，如电话营销、网络营销、微信营销、会员营销，以及项目招标投标、客户推荐客户、朋友举荐项目、地毯式的访问策略与方法，持续开发市场，不断深挖客户。

4. 利群膳食核心专长

（1）合理公平的用人机制

重视人才，引进人才，培养人才，专才专用，导入绩效管理、合伙人模式，使员工获得公平对待，让员工拥有归属感。企业就是员工的家，通过模式创新、管理优化、文化塑造增强员工向心力与企业凝聚力。

（2）全方位培训提升能力

针对岗位工作性质的不同，利群膳食举办各种培训活动，统一组织外派学习交流，并邀请各类专业公司、行业专家进行现场培训。通过培训，提升员工的综合能力，使得员工能够胜任工作，熟练、高效作业。

（3）倡导精神文明建设

利群膳食将“民以食为天，食以安为先”作为企业服务宗旨，一路披荆斩棘，成功地将膳食文化与企业文化融为一体，培养出利群人“实干谋发展”的精神，这是利群膳食积极倡导精神文明建设的结果。

（4）培育丰富的企业文化

利群膳食着力打造企业文化，经过多年耕耘，形成了一套完整的企业文化与管理体系，指引利群膳食发展。丰富的企业文化是事业发展的利器，是利群膳食打拼市场的核心专长，是基业长青的保证。

5. 利群膳食价值主张

利群膳食成立以来始终以“民以食为天，食以安为先”为企业服务宗旨，专注为客户提供绿色、安全、健康、营养的饮食产品与满意的服务。

利群膳食始终坚持“以食品安全为核心，以诚信务实为根本”的生存发展观念，本着“互惠互利、共同分享”的经营原则，经过多年的不懈努力，赢得了客户的信赖与支持，并成为深受客户喜爱的团餐品牌。

利群膳食始终秉承“利国利民、服务大众、群策群力、追求卓越”的经营理念，力争把利群膳食打造成健康、绿色、生态的产业链集团，并成为餐饮服务行业的高端品牌、著名品牌。

6. 利群膳食物流体系

利群膳食经过十多年的不懈努力和持续积累，现已建有 300 平方米的冷库、近 5000 平方米的仓储物流中心，以及独立舒适的办公与生活环境，拥有 50 多台专业物流配送车辆，为所有经营网点提供专属物流服务。

利群膳食物流体系与各地绿色种植、养殖基地密切合作，投资开发建设大型绿色农产品种植、养殖基地，打造从田间到餐桌一条龙的配套服务，从源头为客户把好食材安全关、品质关。

利群膳食旗下设有农产品基地、食材配送公司、中华美食及国际餐饮产品研发中心、餐饮人才孵化商学院，并将科学规范的管理渗透到公司的每一个工作环节之中，积累了丰富的大型餐饮项目运作管理经验。

7. 利群膳食未来描述

利群膳食拟兴建 2 个 3000 多平方米的中央厨房；利用 5G 网络实现万物互联，抓住红利，扩大业绩；固本培元，优化管理，提升品牌价值；构建智能食堂，建立大数据库，打造智慧化、数据化的团餐企业。

利群膳食在稳固国内业务的基础上，着手拓展海外业务，同时加大投入自主果蔬种植、养殖基地规模，打造生态、健康、养生观光旅游基地；力争成为广东省团餐前五强、中国团餐前十强；启动上市准备。

打造健康、美味、营养均衡的饮食服务是利群膳食的理念，创造高品质的餐饮服务是利群膳食的经营目标。在实现理想的路上，利群人不忘初心，牢记使命，砥砺前行，立志成为团餐行业的高端品牌，为社会创造更大价值，做出更大贡献。

（十二）九橙餐饮案例分析

案例名称：九橙（上海）餐饮服务有限公司（以下简称“九橙餐饮”）。

发展阶段：从成熟阶段产业经营向稳定阶段资本经营跃迁。

创 始 人：佳沃集团的领导群体。

业务领域：团餐领域、生鲜产品加工领域、餐饮配送领域。

宗旨使命：以为顾客提供安全、健康、卫生、营养、快捷、标准、美味的食品与“优质服务、科学供餐”为经营宗旨。

案例布局：沿着企业概述、商业模式、市场策略、核心专长、价值主张五个维度内容展开，分析团餐企业经营管理。

行业贡献：九橙餐饮在食品安全、生鲜半成品及食品加工、配送、网络配餐等方面为行业做出了贡献。

1. 九橙餐饮企业概述

联想佳沃集团控股的九橙（上海）餐饮服务有限公司总部坐落在上海市嘉定区六里中心路，九橙餐饮旗下拥有南京、成都两家分公司，九橙餐饮是一家为企业组织、科研机构、写字楼宇、医疗机构、交通部门、高等院校等提供餐饮后勤保障的综合供应服务商。

九橙餐饮也是为网络配餐商户提供标准生鲜半成品、预包装冷藏食品的综合服务供应商。2013 年获“全国团餐 20 强企业”荣誉；2014 — 2019 年，连续 6 年获得“中国餐饮百强企业”荣誉。九橙餐饮立足长江三角洲，覆盖全中国，是为企事业单位、政府机构提供中高端餐饮服务的知名品牌。

九橙餐饮拥有先进的中央工厂设备设施，丰富的快餐食品研发加工经验，成熟的餐饮管理实践经验，是国际某知名家居连锁企业员工餐饮、客户餐厅食材及生鲜半成品唯一供应商，国内知名火锅连锁企业食材供应商。此外，在京东商城等线上平台，也有九橙餐饮的预包装冷藏食品系列产品。

九橙餐饮拥有完善的食品安全生产与品质保障管理体系，已通过HACCP、ISO9001、ISO22000、CERTIFICATE（ISO9001：2008）、FSSC22000等质量体系认证。2017年联想佳沃集团战略控股九橙餐饮，2019年联想佳沃集团完成对九橙餐饮的全资并购。今天的九橙餐饮，正在为实现联想佳沃集团提出的将九橙餐饮打造成中国团餐卓越企业的战略目标奋力前行。

九橙餐饮由团膳和生鲜半成品两大业务组成。在华东有团膳类客户60多家，其中包含多家世界500强企业总部、大型国企总部、政府部门及各类事业单位、金融及地产龙头企业等各类客户。

以九橙餐饮中央厨房为核心，生产和加工"味爱"品牌预包装冷藏膳食系列产品。九橙餐饮在向网络配餐商户提供生鲜食材及半成品的同时，也向客户提供包括冷链便当盒饭、米饭汉堡、组合式冷面、卷饼、小包装冷链菜肴，这些全面提升了网络商户的配餐服务水平、速度及效率。

2. 九橙餐饮商业模式

打造团餐独角兽，要把握七大趋势：食品安全受到空前关注，催生行业新标准；消费人群变化触发品牌新趋势；大数据与智能化为餐饮注入变革基因；"互联网+"新餐饮迅速侵蚀餐饮流量；消费需求升级触发品牌多维竞争；"新媒体+网红"造就无厘头爆款；团餐多场景下全时段运营成新流量入口。

随着经济发展、消费升级、技术变革，我国餐饮行业呈现全新发展态势。我们与世界团餐巨头差距很大，后服务平台的使命是要通过持续输出标准化、一体化的服务及解决方案，让天下没有难做的团餐生意。通过持续赋能助推中国团餐行业发展并与世界接轨，团餐行业会诞生独角兽企业。

3. 九橙餐饮市场策略

今天，团餐档口在产品、环境、服务、营销方面均存在诸多问题，缺乏爆品，标准化程度低，严重制约了团餐品牌化发展之路。如何把握新餐饮环境下团餐品牌档口转型、市场扩张机会？这是九橙餐饮必需要解决的问题。

关于营销模式创新，当餐饮行业进入全面快速互联、智慧物联网化、新媒体化时代，团餐企业需要顺势而为。面对团餐顾客的年轻化，符合其群体特性的营销模式才能吸引年轻人关注。团餐行业正淘汰传统营销。

新的营销模式逐渐转向全渠道与全网络传播。团餐企业通过微信订阅号、服务号、微博渠道输出企业价值观、产品信息，加快对顾客需求反馈速度，增加线上服务、完善线下服务，保住老客户、增加新客户。

团餐档口转型与升级，档口要具备复制性，并实现产品、装修、运营标准化。首先，作为小吃品牌转型团餐的典型代表，阿甘锅盔、豆浆记忆、德裕村等餐饮品牌在标准化方面呈现出各自的优势。fans 粉、可鱼可饭、如食家、十月丰已成为团餐领域的知名档口品牌，并在全国不断扩张。其次，提升产品与服务的标准化，优化就餐体验，打造品牌档口，才能高效获客、长效留客，快速扩张，持续经营。着眼团餐品牌升级，提升运营标准水平，进而打造爆款产品，才能提高复购率，长期锁定顾客。最后，品牌档口发展显露出发展速度慢、管理能力低等问题，主要因为私营老板和夫妻档口只有技术力量，没有管理能力，当然市场对品牌化档口需求很大。品牌化、专业化、规模化、标准化是九橙餐饮经营理念。

4. 九橙餐饮核心专长

九橙餐饮不断完善研发、生产、加工、物流、销售一体化的发展模式，并形成了食品原料源头生产基地——生鲜食品加工中心——生鲜食品快速温控——餐饮服务终端服务系统网络，为供应链物联一体化夯实了基础。

原料采购有从原料生产基地到专业加工基地的绿色源头，通过直通系统使顾客获得更高性价比食品；菜单创新以中西合璧为理念，以安全、营养、绿色、快捷为原则，用食材、性价、品质、口味满足顾客需求。

烹调工艺技法创新。在中式烹调基础上，采用定量化、工业化的模式进行规范生产，每份产品均有统一标准。引进先进的设备设施，根据中餐特点在中央厨房加以组装，旨在适应中餐烹调制作标准与味道要求。

产品品控服务创新。以质量监控系统对网点进行管理与飞行检查，对流程管理进行严密监控，以确保产品质量万无一失；邀请第三方对顾客进行阶段性跟踪调查，为标准与服务的不断改进提供信息分析依据。

服务方式创新。根据不同区域和不同客户群体制定相应的服务方式，做到尽一切力量满足客户的需求，从细微之处体现人文关怀的终极目标，充分提高服务工作效率，包括智能餐厅与多种增值服务的具体实现。

反馈并及时改进措施。长期聘请第三方对客户满意度进行调查，针对不同客户群体成立相应服务小组并制定行之有效的反馈措施，专门收集顾客的反馈意见，指导九橙餐饮不断改进服务方法，提升服务水平。

九橙餐饮以为顾客提供安全、卫生、营养、快捷、标准、美味的食品，以及优质服务、科学供餐为经营宗旨，体现出“国际标准，本土价格”的高性价比经营理念。

5. 九橙餐饮价值主张

九橙餐饮品牌专注于团餐领域专业服务。九橙餐饮作为现代团餐企业，作为 CBD 写字楼与高等院校餐饮服务行业的领先者，已经开拓出一个全新的适合现代团餐发展的经营模式。

九橙餐饮强调团餐服务与现代科学技术相结合，将具有高科技含量的现代化快速结算系统引入团餐经营管理过程，大大提高了交易结算的准确率与速度，同时大大减少了顾客就餐等待时间，提高了出品速度。

（十三）顺心餐饮案例分析

案例名称：四川顺心餐饮投资管理有限公司（以下简称“顺心餐饮”）。

发展阶段：从成长阶段区域连锁向成熟阶段产业经营跃迁。

创 始 人：李昂、王力纬等领导群体。

业务领域：团餐领域、产销领域、配销领域。

核心能力：十二道传承菜、二十四道经典菜、六个招牌档口、特色面点小吃、应节应季时令菜，组成顺心餐饮特有的66道心味。

案例布局：沿着特色团餐、顶级思维、如何破局、差异竞争、川派团餐、收获认可、重点发力七个维度展开。

行业贡献：顺心餐饮在川派团餐、深耕品类、区域品牌、跨区发展方面做出了贡献。

1. 顺心餐饮川派团餐，开创了中国特色团餐先河

在自古信奉“民以食为天”的中国，餐饮业一直扮演着经济走势晴雨表的角色。餐饮不但为人们津津乐道，而且时常成为媒体和舆论热议的话题。海底捞上市创资本奇迹，西贝永远在调整“战略”，餐饮业从来不缺话题。当然，话题标王的共同特征是经营特色。在团餐领域，一家来自四川的企业能在短短的数年之内，从数千万元规模一跃跻身中国团餐十大知名品牌之列，在日渐泛红的团餐市场另辟蹊径，关键正是“特色”二字。

2. 顺心餐饮川派团餐，是打造特色团餐顶级思维

2012年，白手起家的李昂创立顺心餐饮已经历十多个年头，但公司规模却始终在几千万元体量徘徊，难以更进一步。一次偶然的机会，他想起当年参加央视创业节目《赢在中国》的老战友，先行战略营销高级合伙人王力纬（后成为顺心餐饮联席董事长）。二人历经数次彻夜长谈与思想碰撞，决定抛开细节，重新思考顺心餐饮战略层面的核心问题，即顺心餐饮的价值是

什么？顺心餐饮到底拿什么竞争？当然，行业传统答案无非是规模、管控、价格，这些是顺心餐饮不具备的优势。

3. 顺心餐饮川派团餐，在思考如何能破局的真谛

没有开源为前提的节流式管控没有意义；价格是个无底洞，好价格才有好品质；过分追求价格会导致食品安全风险。显然，当时的顺心餐饮，在这三个维度都不具备足够的竞争优势。顺心餐饮该如何破局？在对行业、竞争、客户以及自身经营进行全方位审视后，顺心餐饮将目光聚焦在餐饮的本质——好吃这个专题。消费者决定到哪里吃饭的理由，往往是基于对某个餐厅、某一道菜、某种特色的特殊之处的认知，其实质则是依托“菜品的风格与派系”仔细甄选的过程。

4. 顺心餐饮川派团餐，以差异化来确定竞争核心

团餐业态近年来呈现出社餐化与特色化的发展趋势，传统意义上的食堂大锅菜已难以满足食客日渐挑剔的口味，食堂经营要以用户为中心做膳食体验升级。李昂和王力纬二人得出顺心餐饮差异化竞争核心，即川派团膳。顺心餐饮生于天府之国，首先对川菜有着深刻的理解，其次川菜已成为国人接受度最高的菜系之一，最后以特色实现差异化的团餐市场仍然是空白，顺心餐饮有着巨大的机会。基于对差异化竞争核心的深刻理解，顺心餐饮走上了健康发展的高速路。

5. 顺心餐饮川派团餐，打造真正的专属川派团餐

以川匠、川味、川情、川景四个核心要素构建川派团餐，旨在形成顺心餐饮自身的竞争优势。

（1）川匠

团餐虽然是批量化烹制食物，但每道菜品仍需经过厨师之手才能将食材转化为佳肴。厨师技法与能力决定菜品味道，进而影响餐厅运营效率。没有技艺精湛的川菜师傅就没有美味川菜，川派团膳也无从谈起。

路边大师出身的李昂深知其中的道理与逻辑，因而很早就投资建立了顺心餐饮自己的专业厨师培训学校。每位入职顺心餐饮的厨务人员都要经过培训的洗礼，只有通过厨师等级定级考试之后，才能派往顺心餐饮所属门店上

岗，以此确保顺心餐饮所派出的每一位厨师都是真正掌握专业技能的川菜师傅。同时定期举行烹饪技能比赛，不同区域、不同门店的厨师齐聚一堂，切磋比试，以考核定级。

（2）川味

川菜讲一菜一格，百菜百味。取材广泛、调味多变、菜式多样、口味清鲜、醇浓并重，这一切都是川菜经久不衰的魅力。当然对每天服务成百上千食客的团餐门店来讲，照搬川菜馆菜单设计小炒是不现实的。

李昂有20多年对川菜的领悟，并与产品团队创立了顺心餐饮66道心味菜标准。12道传承菜继承了地道的川香厚味，24道经典菜浸润着川府兼容并蓄的滋味，6个招牌档口呈现出川蜀招牌美食独特的韵味，加上特色面点小吃与应季时令菜，组成顺心特有的66道心味。其中，麻和辣仅占1/3，3香3椒3料、7滋8味9杂、24种味型，成就了川派团膳。关于出品，李昂奉行“食安第一”主义。

（3）川情

借鉴社餐的发展经验，除了在菜品品质与味道上悉心打磨外，餐饮企业在食客就餐体验上所花的心思与功夫也丝毫不弱。让消费者在就餐时能深深感受川派文化，成为驱使李昂不断摸索前行的动力。

四川独特的地理条件，形成了众多具有鲜明地方特色的文化符号。川菜之外，历史、地理、文学艺术、风土人情、方言俚语等，共同构成了博大精深的川派文化。顺心餐饮独具匠心地将美食体验与川派文化相融合，通过川派美食节、川味嘉年华、金辣椒厨师节、川菜调料展等主题营销活动，将川派特色植入就餐过程的各个环节，让就餐者时刻感受到浓郁饱满的川派情怀。

（4）川景

在川派团膳这一差异化价值定位的基础上，顺心餐饮围绕川派团膳进行了系统化构建，始终坚持做一份好吃不贵的工作餐，以最终获得市场认可与顾客青睐，以便在竞争白热化的团餐市场占领一席之地。

如果说“川情”能赋予消费者心智的无形体验，川景则能带给消费者感官的有形感知。在顺心餐饮精心打造川派主题餐厅过程中，代表川派文化的川味元素无处不在，或是憨态可掬的“熊猫”，或是栩栩如生的“三国人物”和“川剧脸谱”，抑或是巧夺天工的蜀绣，构成独具特色的川景画卷。川派主题餐厅巧妙地将都市主题、地域情怀、饮食习俗、饮食文化做了超级链接。

6. 顺心餐饮川派团餐，收获了川派团餐广泛认可

凭借川派团膳的差异化价值，顺心餐饮迅速脱颖而出，并成为川渝乃至整个西南地区最具影响力的团餐企业之一，获得了行业的高度认可。先后荣获“中国团餐 50 强”“中国餐饮业团餐十大知名品牌”“百家中国好食堂”称号，在中烹协 2016 全国团餐技能大赛全国总决赛上，顺心团膳代表队更是凭借出众厨艺和特色佳肴，一举荣获年度总冠军。李昂先生个人则荣获改革开放 40 年“中国餐饮行业·企业家突出贡献人物”“年度中国餐饮优秀企业家”等诸多殊荣。

7. 顺心餐饮川派团餐，将在以下领域做重点发力

在竞争激烈的中国团餐业态，顺心团膳脱颖而出。秘诀一：只在基础、根本的味道上发力。秘诀二：自信正是源于对笃定目标的设计。数万家团餐企业，规模有大小、条件有优劣、能力有高低，以相近或相似打法面对竞争激烈的市场，必然会出现强者恒强、弱者恒弱的局面。领军企业已尝试布局供应链金融、中央厨房、智能化餐厅等路径，尾端小企业凭借自身条件也谋得一席之地。企业发展路径不同，没有对错之分，只看是否适合当下、适合自己，是否能形成差异。

（十四）育贤斋的案例分析

案例名称： 育贤斋餐饮管理有限公司（以下简称“育贤斋”）。

发展阶段： 从成长阶段连锁经营向稳定阶段产业经营跃迁。

创 始 人： 杜龙刚等领导群体。

业务领域： 团餐领域、产销领域、配销领域。

宗旨使命： “化育人心、牵手圣贤、良知心斋”是育贤斋的品牌释义，以光明之心，做良知餐饮，做顾客健康的工程师。

案例布局： 沿着案例分析、企业概述、商业模式、市场策略、核心专长、价值主张、物流体系、未来描述八个维度展开分析。

行业贡献： 在学校团餐、医院团餐、人才培养、供应链条方面做出了贡献。

1. 育贤斋案例分析

中小学营养餐工程是基于“健康中国”战略展开的一项重要工程。在农村，国家实施 “农村义务教育学生营养改善计划”；在城镇，义务教育阶段的学校也在开展火热的营养餐保障服务。在这样的背景下，育贤斋在政府与学校双方主旨诉求基础上研究、设计并推广了中小学营养餐保障模式。

案例分析 1：中小学营养餐模式。在河南省兰考县，育贤斋每天都为几万名学生提供营养餐供应服务。由于只有部分学校具备烹饪加工条件，所以这些餐食都是集中加工，再恒温配送至就近的学校用餐。学校团餐食谱是由专业营养师团队按学生年龄、成长需求研究制定的且每周都有变化。

案例分析 2：高校美食广场模式。自高校食堂实行社会化改革以来，高校餐饮经营服务模式已是多元运行，但都围绕公益性与服务性原则。高校学生来自不同地域，产品与服务需要丰富多样。育贤斋在公益性与服务性原则的基础上，历经十几年持续探索，制定了美食广场经营模式。

案例分析3：高校食堂精品模式。在东南大学（九龙湖校区），育贤斋负责橘园餐厅经营管理工作。橘园餐厅管理模式：餐厅设置有公益性质的大众化供餐模式，在提供大众化产品的同时，还引进了大量地方特色的风味产品，各种美食是琳琅满目，充分满足了来自全国各地学子的饮食需求。

案例分析4：医疗系统定向保障模式。医疗单位餐厅就餐人群由于有类型较多的特点，因而餐次、时间要求较为复杂，一般医院单位团餐就有职工餐、病号餐、零点餐等类型。育贤斋自2014年起专门成立了健康事业部进行医疗系统模式研究与探索，目前已形成了一套定向保障型经营模式。

案例分析5：医院团餐服务模式。入驻河南省儿童医院，育贤斋根据用餐人员就餐时间、营养需求、就餐方式不同，在用工、排班上进行了测试与研究，最终形成有序、规范的保障流程。育贤斋还特别加大了对顾客的人文关怀，让医护人员、就医人员、陪护人员感受到餐厅的呵护与关怀。

2. 育贤斋企业概述

育贤斋创立于2007年，是一家集农业种植、餐饮食品加工、餐饮管理服务于一体的综合企业。公司专门从事团餐十余年，服务对象有教育系统、医疗系统、航空系统等，为社会各界提供健康放心食材、餐饮管理服务、营养均衡体验。

育贤斋的理念，始终以“化育人心、牵手圣贤、良知心斋”为文化信仰，以“顾客满意、员工满意、公司满意”为共赢战略，努力建设成为未来的社会型企业，为顾客营养健康与行业升级发展增砖添瓦。育贤斋始终追求顾客满意，专注团餐精益管理，以实现标准化管理与个性化服务相统一。

3. 育贤斋商业模式

育贤斋的商业模式，包括中小学营养餐、大学食堂餐饮、医院团餐服务、企业团餐服务、公司团餐服务、航食团餐服务六大领域。育贤斋商业模式有专门团队，用专门模式服务特定业态，已实现育贤斋的定制模式，并持续转型升级，践行品类纵向发展、跨品类横向发展的连锁经营逻辑。

育贤斋的运营体系。看到的是商业模式，比拼的是背后的运营体系。育贤斋有成型的商学院教育、成型的运营管控体系、成型的供应链条体系，确保商业模式物流、商流、金流，表格、单据、数据的有效贯通。育贤斋运营体系为育贤斋不同品类商业模式提供持续与稳定的支持。

4. 育贤斋市场策略

育贤斋的市场策略，包括开拓策略与渗透策略。在市场开拓方面，育贤斋主要以学校这一细分市场作为团餐目标市场，重点对中学营养餐项目、小学营养餐项目进行专业性的开发、拓展、管理并运行。中小学生是祖国的未来，做学生营养餐既讲良心与品质，又讲营养与健康，难度很大。

在市场渗透方面，育贤斋与已有的客户建立了有效的监督与反馈机制，客户随时可以监督所辖食堂的产品质量、服务质量、满意指标。育贤斋通过不断提高产品质量、创新服务水平来增进顾客黏性，在提高客户的满意度的同时，稳定原有市场的占有率。让熟客与客户一起成长。

5. 育贤斋核心专长

育贤斋业务流程包括供应链、商学院、营运管理三个核心板块。

（1）供应链板块

育贤斋在河南、陕西、山西、河北、山东等地建有农业种植基地（自建基地与合作基地）。在河南设立“育贤斋中央厨房”，主要进行毛菜分拣配送与净菜加工配送。目前，该中央厨房为育贤斋团餐提供食材供应，吸引了其他团餐机构与社会餐饮企业合作，如蜀海、宇通等。

（2）商学院板块

为便于企业内部人才培养与团队建设，育贤斋单独设立了“众育商学院”进行人才孵化，主要开展素质拓展培训、团餐技能培训、餐饮管理培训。众育商学院已经引入一大批来自餐饮及相关领域的学者、企业家、技术骨干。育贤斋已成为河南省团餐行业交流、学习、互动的平台。

（3）运营管理板块

作为一家从事团餐行业 13 年的企业，运营管理是基本功，也是硬实力。育贤斋根据自己多样的经营模式，建立了相应的运营管理体系，每种模式都有独立的团队在研究、探索。从开店筹备到经营服务等多个环节制定明确的工作标准、工作流程，所有工作都有设计、培训、实施、评价、改善环节。

6. 育贤斋价值主张

长期以来，育贤斋对自身的定位是“顾客健康的工程师”，因而团队始终以顾客健康为准则，主张“以光明之心，做良知餐饮”，通过不断发展、探索，为顾客带去健康饮食，为顾客健康保驾护航。锁定健康饮食是育贤斋不变的追求，只有付诸行动，才能为顾客锁定价值、创造价值、放大价值。

育贤斋品牌释义：化育人心、牵手圣贤、良知心斋。对育贤人来讲，企业是团队修行的载体，企业最终目标是 “汇众人之智，成民生大事”。育贤斋人始终践行着企业的价值主张，承担社会责任，他们认为：世界观有了，世界就有了；价值观有了，价值就来了。他们把价值观放在首位。

7. 育贤斋物流体系

育贤斋的物流体系运营是农产品从农田种植到中央厨房再到食堂餐厅，最后到顾客餐桌过程的无缝链接体系。从产销端到配销端，再到销售端，端到端的链接，实现了团餐企业全产业链条的智能对接、环节管控、健康运行。有了物流体系的支持，育贤斋因此能够实现团餐企业运营的竞争优势前移。

育贤斋的物流模式，通过打透上游种植基地、中游加工中心、下游销售终端三个环节，实现物流模式、供应链条一站落地。育贤斋物流既为所辖销售终端做配送，又为其他团餐企业提供物流服务。不但实现了终端项目的安全、营养、健康，而且实现了中央厨房的共助、共享、共赢预期。

8. 育贤斋未来描述

育贤斋未来要成为对顾客、企业、社会有更大价值的服务型企业。

对顾客，育贤斋始终报以敬畏之心、感恩之心，一切工作以给顾客带来健康为导向，积极研究、探索顾客需求，通过不断努力为顾客提供安全、健康、营养、美味的餐饮服务，以回馈顾客对育贤斋的厚爱。

对团队，育贤斋要把企业建设成一个真正的平台，用“众育众创、共担共享”机制，让所有经营者都有强烈的参与感、归属感、荣誉感，大家同心协力，用勤奋与智慧推动育贤斋团餐事业进步。

对社会，育贤斋将担负起企业责任，践行团餐使命，遵守行业规范，积极优化革新，为团餐行业发展与社会进步积极地贡献力量。育贤斋人不忘初心，践行使命，奋发精进，砥砺前行！

（十五）美食林的案例分析

案例名称：天津市中山美食林快餐有限责任公司（以下简称“美食林”）。

发展阶段：从成长阶段区域连锁向成熟阶段产业经营跃迁。

创 始 人：王俊忠等领导群体。

业务领域：团餐领域、快餐领域、配送中心。

宗旨使命：美食林的核心价值观是“务实、创新、诚信、高效”，一切工作的目的是为客户创造价值。美食林的诚信是对客户诚信，对员工诚信，对供应商诚信，对监管部门诚信。美食林以团餐、快餐、小吃、烘焙、西餐为经营项目，以食品安全为源头，强化精益管理，成为天津地区优秀餐饮企业。

案例布局：沿着企业概述、商业模式、价值主张、市场策略、核心专长、未来描述六个维度的具体内容展开，解构案例。

1. 美食林企业概述

美食林是一家区域性的团餐企业，以承包单位食堂提供现场制售与餐饮服务的模式为主，以成品配送模式为辅，垂直参与食材配送，横向提供增值型服务。

美食林的业务经营范围主要集中在天津地区，以酒店正餐、大众快餐、小吃早餐、西式餐品、烘焙糕点等为产品定位，津菜为本，糅合创新，兼容并蓄。服务客户以教育行业、医疗行业、企业为主。

2. 美食林商业模式

天下没有两个一模一样的客户，也没有两个一模一样的食堂，美食林通过提供产品、服务、餐厅软硬件及系统设计、主动维保、公关管理等，为客户提供整合餐饮保障解决方案，这是专属的个性化定制方案。

多年来，美食林致力于打造天津区域内餐饮，资质建设、承包托管、食材配送、招聘培训、设计施工、营运维保等，围绕团餐用户就餐保障能力，自建团餐管理系统，追求高效卓越的品质，团餐精益管理是美食林的特色与专长。

3. 美食林价值主张

美食林的核心价值观是一切工作以为客户创造价值为目的，在此基础上延伸为务实、创新、诚信、高效。餐饮保障服务需要务实的工作作风，服务内容广泛，事无巨细，做好营运控制、精益管理、品牌打造。

团餐的务实是以跑一场马拉松的心态对待工作，积跬步以至千里；团餐的务实是一点一滴做好成本控制，杜绝费用浪费，提升入口率；团餐的务实是不断研发产品，做实产品标准，实现产品库的极大丰富；团餐的务实是提升人员的素质，做好培训、评价、奖惩、育人，以塑造合格员工。

团餐的创新应聚焦于产业链条，从源头到餐桌；团餐的创新应着力于企业资源，人、财、物、信息、时间等，进行资源整合；团餐的创新以客户满意为驱动力，服务一线人员为主导，企业全员助推；团餐的创新应着眼未来，目标清晰，以客户需求为根本，挖掘潜在需求，持续满足顾客需求。

团餐的诚信是对客户诚信，对员工诚信，对供应商诚信，对监管部门诚信；团餐的诚信靠公开来保证，没有公开就没有公平、公正；团餐诚信是餐饮行业的诚信，行业诚信背后是从业者的诚信、企业家的诚信，是以客户满意为导向的诚信，这份诚信源于自我评价、自我约束以及外部监督。

团餐的高效需要事事有回复、件件有落实，拒绝推诿、拖延；团餐的高效需要客户参与、供应商配合；团餐的高效需要企业资源配置与投入支持；团餐的高效是对时间管理的体现，是客户满意的保证；团餐的高效建立在制度、流程、工具的建设基础上，是员工满意的体现。

4. 美食林市场策略

服务先行。美食林为客户提供专业的增值服务，整合单位食堂营运资源，为客户定制服务：食堂环境设计、装修装饰施工、设备设施用具、消防专业系统、智能系统设计、厨余垃圾处理、现场控制管理、食品安全管控等方面让客户无忧。服务不设限，只为客户的真正满意。

深耕区域。美食林以天津为根，辐射华北区域。在天津以经营大众快餐起家，集聚了良好且广泛的品牌效应，供应链与供应商资源丰富，与市场监管部门、卫生管理部门、教育管理部门多年配合，美食林在天津区域内拥有相对明显的优势资源，并不断发展壮大。

5. 美食林核心专长

美食林在天津地区拥有两家快餐团餐配送中心，一个中心仓库。配合区域深耕的战略设计，以小而精的模式在天津南北两处设置配送中心，目的是快速配送、及时补货，提升客户对温度、口感的满意度。

美食林的配送中心，以团餐管理系统为主导，建立热点分布式的运行体系，保障不同客户的差异化需求，以小投入、大产出、快周转实现利益最大化，为不同地点、不同模式的团餐食堂提供加工、配送服务。

美食林的中心仓库为 50 多家营业点配送 1000 多种食品原材料，自建 ERP 系统，打开账本做生意，向客户开放所有进销存数据，并支持移动终端检索电子台账。中心仓库得到市场监管部门的认可，并被作为样板向业内推荐。

在食材供应方面，美食林同 30 多家知名品牌建立战略合作关系，为天津武警、铁路、教育、医疗等客户提供放心食材。供应链向上延伸至种植产业、加工工厂，以应对食材涨价、税费增加、产品减少等因素。

美食林在为团餐客户服务的过程中，主张在对甲方需求进行项目调研后设计供餐保障模式，以契合甲方实际需要，最大限度地对原有模式和同业模式进行差异化设计，并在保障过程中随时调整、再造、创新。

模式差异化的设计是基于客户需求、品牌形象、产品类别来综合考虑，并以产品数量超出客户要求 10% 以上为基本设计思想。模式差异化建立在调研、研发基础上，而研发是基于顾客群体、专业技术、资本投入。

模式差异化涵盖了产品、服务、环境、品质控制等多个维度，从调研、设计、投资、落地等细节建立全套的工作流程，以 SMART 原则为指导思路，确保美食林的每个项目在客户心中都能获得超过预期的满意。

中山美食林以品质控制为抓手，赋予品控部门最大的权责；通过参与主管部门、行业协会、认证机构针对餐饮服务保障管理的认证工作，不断学习，不断充实，使公司营运管理在品控专业模块成为企业品牌的名片。

6. 美食林未来描述

美食林是一家区域性的团餐企业，服务客户类型多样，商业模式众多，了解不同餐饮保障项目之间的需求差异，使美食林能够对应个性化需求而采取产品类型差异化、保障模式定制化策略，在团餐领域精耕细作，服务每个客户。

柔性服务是适应快速发展与众多类型需求而采取的快速响应、整合资源、流程控制，从而高效满足客户需求的模式设计，通过自建系统整合资源，保障客户的价值利益，满足不同客户的个性化服务要求。

今日，美食林已成为一家有着自我发展之道的慢公司，在追求客户满意度和品牌美誉度的路上前行。团餐行业未来面对的是一个智力比拼、价值比拼的时代，美食林人一直在路上。

（十六）盛世晶达案例分析

案例名称：天津市盛世晶达餐饮管理有限公司（以下简称“盛世晶达”）。

发展阶段：从成长阶段区域连锁向成熟阶段产业经营跃迁。

创 始 人：刘晶等领导群体。

业务领域：团餐领域、物业管理、食品销售。

宗旨使命：秉持诚信、热情、周到、营养、健康、美味的经营宗旨，以严格管理，把好饮食安全关，提升顾客满意度为使命。

案例布局：沿着企业概述、商业模式、市场策略、核心专长、价值主张、物流体系、未来描述七个维度展开，解构案例分析。

1. 盛世晶达企业概述

盛世晶达成立于2007年，注册资本为1000万元人民币，经营范围为餐饮管理、物业管理、劳务服务、餐饮服务、食品销售，擅长团体餐饮供应，受到了顾客群体的赞扬。

盛世晶达是现代化、规范化的团餐企业，经营面积超过5万平方米，员工1000多名，集承包食堂与集团配送为一体，现服务于天津市六区、塘沽开发区、30多家企事业单位，顾客满意率达80%以上。

盛世晶达2014年加入中国烹饪协会。2016—2019年，先后获得了“中国百家好食堂”“中国团餐优秀企业”“天津市餐饮行业先进单位”“天津烹饪协会团餐秘书长单位”及天津首届团餐烹饪技能大赛金奖、银奖荣誉。2019年9月，盛世晶达获得了第八届全国烹饪技能竞赛总决赛金质奖章殊荣。

盛世晶达2018年6月通过ISO 9001：2000质量管理体系认证和ISO22000：2005食品安全管理体系认证；2018年7月通过了OHSAS18001：2007职业健

康安全管理体系认证和 ISO14001：2004 环境管理体系认证。

2. 盛世晶达商业模式

商业模式是产品模式、服务模式、环境模式的集合，环境模式是重要因素，服务模式是关键因素，产品模式是决定因素。盛世晶达擅长团餐商业模式构建，能够为不同客户量身定做符合其自身实际的团餐模式。

产品模式是商业模式的决定因素，盛世晶达有自己的产品研发团队，其中，国家特技厨师 13 人，特一级厨师 25 人，公共营养师 42 人。盛世晶达持续创新研发新品，并运用于团餐实践，形成了有自身特色的产品池与产品库。

服务模式是商业模式的关键因素，盛世晶达有自己的团餐服务队伍，在每个食堂都配备服务经理及服务团队，能根据顾客的实际需要设计、实施个性化的服务（如宴会服务、包房服务、饭市服务），获赞无数。

环境模式是商业模式的重要因素，以食品安全为切入点，定期清洁、定时清洁、每日清洁，从制度到规范，从标准到细节，从实施到检查，盛世晶达人始终把食品安全、营养健康、清洁卫生放在环境运营首位。

3. 盛世晶达市场策略

盛世晶达餐饮人打拼天津市团体餐饮市场十余载，秉持“诚信、热情、周到、营养、健康、美味”的经营宗旨，以规范化的“投标书”与契合发标单位实际需要的“食堂商业计划书”而受到客户青睐。

盛世晶达擅长食材运用、产品选择、烹饪技法、烹调工艺、服务方式、环境设计，在食品安全、健康营养、常规需要、个性需求、卫生清洁、饭市运行、值班管理、维保增值、打开账簿、督导控制方面赢得优势。

盛世晶达始终将客户放在首位，从产品持续研发到新品投放市场，从服务大众需求到服务个性需要，从食品安全保障到营养健康规范，从设备设施维保到甲方资产增值，规范运营，忠实务实。

从产品池、产品库到每周餐单设计，有上千种产品备选；从绿色食材运用到食材营养搭配，从食材源头导入健康；从营养个性设计到不同营养搭配，强调功能餐饮，着力健康，这是盛世晶达对顾客的永久承诺。

4. 盛世晶达核心专长

健康营养膳食是盛世晶达为顾客定制专属设计，制定营养健康计划，营养师的配置、营养健康餐单、健康食材选择、烹饪工艺配合、智能硬件选配、智能软件应用、个性营养均衡、营养饮食搭配是盛世晶达的核心专长。

产品持续研发是盛世晶达的专属标识，专业研发团队设置、新品上市流程运行、产品选型多种维度、产品品类综合考量、产品品种持续调整、产品池的宽度深度、产品库的数量存储，保证顾客不厌食、不腻味。

盛世晶达是天津企业，天津菜系是主项，津菜为本、兼容并蓄，在此基础上，为满足顾客需要，引进粤菜、鲁菜、川菜、湘菜、淮扬菜、日餐、韩餐、西餐不同菜系，组成了品种众多、产品精良的产品库。

个性服务是盛世晶达为顾客个性需求设计的专属服务，即在满足主流顾客需求的基础上，能够定制领导日常膳食、专属宴会餐饮、商务谈判服务、茶市休闲服务、商务接待餐饮、内部超市服务、小型团餐外送。

5. 盛世晶达价值主张

盛世晶达以严格管理享誉业界，尤以卫生安全四级检查（食堂经理自检、区域经理检查、质检部门检查、各个食堂互检）受到业界推崇，并被业界争相效仿。目前四级检查方法已运用于多个运行环节，成为必备管理手段。

盛世晶达努力为顾客把好饮食关，从食材选择使用到营养元素搭配，从烹饪工艺技法到营养结构合理，从员工个人卫生到环境设备清洁，从产品出品呈现到顾客档案跟踪始终围绕健康饮食、营养诉求而持续努力。

盛世晶达的初心是为顾客做好每一份产品，上至企业总裁，下到基层员工，每个人都在各自的工作岗位上，围绕顾客需求，遵循企业制度、规范、标准，努力工作，只为顾客提供营养健康的工作餐。

盛世晶达以为社会做出贡献为使命，合法合规经营、诚实守信工作，为了顾客利益，为了每位员工，为了员工家庭，为了合作伙伴，锐意进取，砥砺前行。

6. 盛世晶达物流体系

物流体系理性构建与良性运转。为食堂提供稳定支持，是盛世晶达的物流战略。绿色有机食材采购、安全放心仓库储存、中央厨房产品加工、及时高效产品配送、食堂膳食持续出品，物流体系支持着食堂运行。

绿色安全的食材采购。盛世晶达有自有的、长期的食材供应渠道，对所有供应商实施索证管理、品质控制、追溯管控、档案管理，打开账簿做生意，采购全程透明，委托方可随时到供货基地视察，并查阅账簿。

中央工厂式加工环节。盛世晶达有自己的中央工厂，负责加工食堂所需食材原料，食品安全措施控制、生产计划智能设计、生产任务标准实施、产品持续规范，通过加工生产保障，为食堂提供产品支持。

及时快捷配送环节。盛世晶达有完善的配送网络，可持续为各个食堂提供配送服务。配送过程食安控制、配送网络理性布局、热链冷链合理配置、常温配送车辆运行、仓配一体有效实施，能支持各个食堂营运。

7. 盛世晶达未来描述

盛世晶达本着为顾客着想的主张，为委托方食堂房屋、设备、设施资产设计《设备、设施维护保养方案》，旨在使委托方资产能够获得保值、增值，并以此方案作为公司投标书的重要文本背书。

智能时代从智能思维到智能设计，从智能硬件到智能软件，盛世晶达在智能餐饮上着力，并与营养健康餐饮合力，营养分析仪器、智能称重设备、智能炒菜锅具、刷脸健康指数等都进入公司的采购目录。

拓宽食材采购渠道，选择更多优质食材，应用绿色有机食材，提升源头食品安全的同时，在加工方法、产品组合、烹饪技术、出品呈现、环境布局、营养师配置、配餐师配合方面发力，采用更多方法，提供更营养、更健康餐食。

您的饮食安全谁负责？您的安全盛世晶达负责！1000 万元公众责任险，是对委托方用餐人员食堂用餐的安全保证。选择盛世晶达，选择放心。

（十七）金城汇美案例分析

案例名称：金城汇美餐饮公司（以下简称“金城汇美”）。

发展阶段：从成长阶段区域连锁向成熟阶段产业经营跃迁。

创 始 人：张海军、翟送兵、段硕、钱秀鹏等领导群体。

业务领域：团餐领域、数据领域、科技领域。

宗旨使命：通过“互联网 + 智慧大数据”，为顾客提供从田间到餐桌一体化的餐饮服务解决方案，成为团餐科技型领先企业。

案例布局：沿着企业概述、商业模式、市场策略、核心专长、价值主张、品牌培育、未来描述等七个维度内容展开。

行业贡献：在智慧餐饮、大数据、互联网等方面为团餐行业做出了贡献。

1. 金城汇美企业概述

金城汇美是团餐业态科技型领先企业，公司集合当今国际最为先进的团餐理念与设备设施，是目前最具前瞻性的大数据团餐服务企业之一。金城汇美公司成立于 2007 年，具体注册资本为 6000 万元人民币。

金城汇美是一家由餐饮行业的精英创建的专业团餐企业，核心管理团队曾服务于全球领先的外包企业，拥有高校后勤管理经验，是一家聚集了众多餐饮烹饪大师、网络数据分析师、运营管理专家的管理公司。

金城汇美人认为，只有传统的公司，没有传统的行业。作为紧跟时代步伐的团餐企业，金城汇美拥抱科技进步带来的变化，不断提升服务效率，改善服务形式，用科技开启团餐新时代。

2. 金城汇美商业模式

金城汇美秉承“用心每一餐、精彩每一天” 的服务理念，科学设计团餐生产、服务、管理流程，全面实施食品卫生 HACCP 控制体系与 ISO9001-

2008 质量管理体系，在日常管理中推行 5S 现场管理。运用高科技设备设施、互联网技术、标准化操作与食品安全管控体系，为客户提供从田地到餐桌的一体化餐饮服务解决方案。现为政府部门、企事业单位、写字楼客户提供服务。

金城汇美自建金谷天下物流配送中心，实现餐前可追溯、餐后可跟踪设计。餐前：信息化 ERP 物流系统，完整记录食材生产与加工过程，从源头杜绝食品安全事故。餐后：快速了解顾客消费菜品情况，通过消费记录发现优秀爆品、经营模式。系统管理采购、库存、备餐、生产环节，降低了人工成本。备餐系统自动生成采购订单，告别经验主义，科学降低了采购成本。

公司拥有全信息化工作流程，手机 App 订餐、微信订餐、触屏订餐、网页订餐，线上渠道与线下堂食、自提、外卖连接，配合前端供应链与优秀场景化服务。早餐时间紧张时，上午商务会客时，午餐饥肠辘辘时，下午倦怠要补能量时，晚餐寻求健康时，夜宵娱乐时，顾客都能迅速便捷地连接公司平台。最后通过线上菜品点评、TOP 榜单、健康美食推荐、服务之星评选来调整服务内容。

3. 金城汇美市场策略

金城汇美运营管理体系具有专业、多元、精细三个支点。

（1）品类模块化，品牌孵化流程化

团餐行业的链条长，从种植养殖到就餐体验经历了很多环节。顾客需求不断变化，今天要想满足顾客需求就要对前端链条整合提出更高的要求。从应对变化与成本控制角度出发，模块化、品牌化呼之欲出。模块化所涵盖的元素相对集中，这样更便于控制、调整、把握；模块、品类、品牌化能使顾客形成心理预期，有了这个预期，品牌就能够哪里需要就放到哪里。

（2）细分市场，差异经营，精准定位

虽然三百六十行，行行离不开餐饮，但是每个行业特点不同，这就要求我们要细分市场，找出每个行业的餐饮特点。清晰的差异化定位，有针对性地研发餐品，服务培训，这就是餐饮品类模块化的基础定义。团餐企业大多是先在某个品类、某个领域、某个业态取得示范效应，再跨品类发展运行，并形成区域连锁取得区域经营优势的。金城汇美深知市场细分深耕品类的道理。

（3）打造“互联网＋大数据”智慧餐饮

从田间到餐桌，每一步都有记录可追溯。使万物互联不但能保障食品安全，而且能有效满足顾客需求，根据顾客需求分析每个步骤数据，找到最有可能做出改变的关键节点，在满足需求的同时降低成本。智慧餐饮使金城汇美比客户自己更了解客户需求，即运用大数据可构建客户餐饮需求画像，再经过需求大类整合，配合模块化餐饮服务，有效地满足主流顾客的餐饮需求。

（4）服务训练、厨务训练、管理训练

技术人才培养采取最基础的定人定岗，阶段性培训，选出各个餐厅重点培养的技术人员，定期集中到一起进行具体产品制作培训，然后回到各个餐厅做推广，一段时间后，再集中培训新研发的产品。这样做不但能缩小各项目同一产品的质量差距，还有助于标准化的推广。经理人才培养采取“实际工作＋理论”培训，直到掌握全部岗位流程与标准，通过考核后才能上岗。

4. 金城汇美核心专长

“互联网＋智慧大数据”，为顾客提供从田间到餐桌一体化的服务解决方案。从食品安全到食品营养，到健康饮食，是金城汇美的核心专长。

5. 金城汇美价值主张

顾客需求就是金城汇美的方向，实惠、快捷、美味、安全，为顾客提供全天候、全时段、场景化的智慧餐饮服务是公司的追求。

6. 金城汇美品牌培育

挖掘社会资源并引爆资源。现实生活中形成的餐饮符号在人们心中留下了深刻印记，金城汇美要打造品牌以触发顾客心智符号按钮，由此获得市场竞争优势。“蒸蒸日上”“清水芙蓉”“悠悠下午茶”系列产品的打造，能有效触发顾客心中的“健康、绿色、休闲”符号按钮，使顾客产生共鸣。打造品牌符号，档口装修风格表现出独特的形象气质，能让顾客“过目不忘”。

消费者每天要面对无数的广告与信息，与 10 年前相比，现在一个品牌的画面效果不知被稀释了多少倍。所以我们要借助顾客心中已形成的符号，使客户自然而然地产生联想。如天猫超市的符号“小黑猫”，京东商城的符号“小白狗”，金拱门的符号“大 M”，等等，用袅袅炊烟、小桥流水、阳光下的竹林院落来激发顾客心中对“健康、绿色、休闲”的符号共鸣。

7. 金城汇美未来描述

首先，要进行精准的市场定位，做到有所为有所不为，不求大求全，但求精细准确。分析团餐市场结构，剖析每类目标顾客团体特点，结合自身优势深耕细作，深挖某类团餐细分市场，打造核心竞争力。实行多品牌战略，在企业、医院、学校、科技园区等方向建立品牌影响力。

其次，打造产业链，从种植养殖、中央工厂、中心仓储物流等方面实施标准化、规模化，实现源头采购，采购价格低，质量稳定。当然，不可能靠无限延伸产业链，这不符合社会化大生产的逻辑，可在关键食材方面，与上游企业形成战略联盟，打造整个产业链发展战略关系，在供应链收获价值。

再次，用大数据指导研发，使出品稳定、美味的同时，解决食材涨价问题。团餐与社餐不同，社餐只要精准定位，并压缩产品线，凸显产品特色，就能够走进顾客心里。团餐有专属服务性质，必须立足满足服务对象主流顾客需求，即用产品线宽度满足顾客个性化与多样化选择与服务体验。

最后，利用互联网深挖终端资源。手机已经变成现代人的“生理器官”，是人们感受外界、接受外界信息的重要渠道，要实现顾客的预期：在任何时段通过简单的几下点击就可以选择心仪的餐品，然后有多种方式可以及时取到餐品。如此不但能增加顾客的满意度，还能增加金城汇美的利润。

（十八）川疆餐饮案例分析

案例名称：四川川疆餐饮管理有限公司（以下简称“川疆餐饮”）。

发展阶段：从成长阶段区域连锁向成熟阶段产业经营跃迁。

创 始 人：谢昌盛等领导群体。

业务领域：团餐领域、文化领域、生态农业领域。

宗旨使命：弘扬四川和新疆特色餐饮文化，把四川和新疆餐饮文化传播到世界各地的每个角落。为客户持续提供营养、健康、美味的餐饮产品，实现客户、员工、股东、企业的共赢；成为区域优秀品牌。

案例布局：沿着企业概述、企业理念、企业优势三个维度分析展开。

1. 川疆餐饮企业概述

川疆餐饮成立于2013年，以弘扬四川和新疆的餐饮特色文化为主旨，立志于把四川餐饮文化和新疆餐饮文化传播到世界各地的每个角落。川疆餐饮下属“川疆餐饮＋文化平台”事业部、餐饮团膳事业部以及餐饮生态农业服务事业部。

“川疆餐饮＋文化平台”事业部专注于川疆两地美食文化宣传推广，团餐美食团购平台打造，让消费者深入了解四川、新疆的餐饮。

“川疆餐饮＋文化平台”事业部以弘扬四川美食文化和新疆美食文化为己任，为消费者提供正宗的两地美食调料、美食食材、美食产品，为消费者体验浓郁的四川、新疆餐饮文化构建平台。

餐饮团膳事业部专注于团餐，主营政府机关、企事业单位、学校、工厂、医院等餐饮后勤保障服务，经营内容有食堂托管（全托、半托）经营服务、饮食解决方案咨询服务、超市经营业务、物业管理服务等。公司先后服务于百世物流成都龙泉基地、先进科技（中国）有限公司、成都国蓉科技有限公司、公安部四川消防研究所、玉林中学、四川电力职业技术学院、中国化学工程第七建设有限公司、华润置地公司等单位，并获得了客户好评。

餐饮生态农业服务事业部主要为各餐饮后勤公司及其他项目开发新鲜原材料与上等食材，加工特色原材料食材，采购配送调味料、原材料、原产食品及其他日化用品。及时、周到，让顾客满意，是川疆餐饮的服务宗旨。

川疆餐饮始终坚持以人为本的经营宗旨，秉承诚实守信、合作共赢的经营理念，凭借专业的运作、不断创新的精神为客户创造价值。以独特的企业文化打造具有使命感、责任心的高素质团队。运用精细化的管理系统，以最终实现客户、员工、股东、企业多方共赢为经营目标。

2. 川疆餐饮企业理念

（1）核心观念

安全、品质、暖心、共赢、幸福。

（2）企业愿景

用真诚、艺术的贴心服务，让顾客体验高品质的美味餐品，解放企事业单位的餐饮后勤服务，并实现公司自身的价值。

（3）企业使命

弘扬四川特色餐饮文化和新疆特色餐饮文化，把四川餐饮和新疆餐饮美食文化积极地传播到世界各地的每一个角落。

（4）企业目标

客户、员工、股东、企业实现共赢。

（5）团队精神

团结、进取、竞争、创新、诚信。

（6）管理理念

以人为本，追求创新，公平激励。

（7）经营理念

用心服务，健康你我，共赢未来。

（8）用人理念

人尽其才，德才兼备，以德为先。

（9）质量理念

健康、绿色、卫生、安全。

（10）竞争理念

不是击败对手，是要创造新优势。

3. 川疆餐饮企业优势

川疆餐饮在发展中进步，形成了自己的特色优势。

（1）食品安全体系化

川疆餐饮根据多年经营餐饮企业的经验，同时借鉴国内外先进企业的管理理念，制定出严格的规章制度及操作流程，对生产加工、售卖程序等环节制定出相应的标准，进行过程控制，并对关键控制点予以记录。对最容易引起食品安全事故的食品，严格控制使用。设立考核委员会，每月进行考核，奖优罚劣，并进行问题汇总与分析，以确保食品安全，不出任何事故。

（2）经营品种特色化

面对消费群体多元化与追求生活质量高标准的诉求，川疆餐饮专注于四川美食和新疆美食的结合与创新，经营川疆两地特色产品，博采众长，挖掘创新，推陈出新，形成特色，以满足消费者需求。

（3）烹饪加工精细化

随着生活水平的提高，人们已从过去单纯为填饱肚子的温饱型就餐过渡到吃营养、吃口味、吃环境、吃服务、吃特色的小康型就餐方式。川疆餐饮提出“少而精、少而专、少而特”的定位，满足人们“吃口味、吃营养、吃特色”的就餐要求，为此公司改造烹饪工艺，摒弃原有粗放型的加工方法，并做到精细加工，粗菜精做、精菜细做，现做现卖。

（4）运营方式连锁化

一是利用经营网点优势，优化资源配置，形成规模效益，降低营运成本，拓展团餐市场。二是把握托管其他团餐食堂的良机。当今社会各行各业（包括政府、机关、事业单位、企业等）都在实行后勤社会化改革，这给公司利用品牌优势去托管团餐食堂提供了更大空间。三是企业对粮、面、油、肉等主要原材料全部实行集中采购，有效降低了原材料的采购成本，并通过精细化管理，保证了产品质量、品质、价格的优势地位。

（5）产品价格大众化

大众化的需求是餐饮业的主体，并成为当今餐饮业产品结构创新和健康发展的主流。团餐服务群体大多是单位员工，带有一定的公益性和福利性，因此，大众化的价格定位就成为公司遵循的基本原则。通过薄利多销和规模经营来获取经济效益，实现共赢。

（6）企业产品品牌化

企业拥有众多优势：持续创新；与同行优秀者强强联合，相互学习；坚持“微利经营，与合作单位共同发展”。凭借过硬的专业素质，诚实守信的经营理念，川疆餐饮赢得了合作单位的信任与尊重，实现了共赢。通过不断强化餐饮产品口味、质量、价格等，不断夯实企业的品牌基础，同时不断增加产品的高附加值，从卖“品味”走向卖“品牌”，使川疆餐饮成为业界一个年轻而又富有活力、值得大众信赖的品牌。

（十九）万喜餐饮案例分析

案例名称：北京万喜餐饮集团（以下简称“万喜餐饮”）。

发展阶段：从成长阶段区域连锁向成熟阶段产业经营跃迁。

创 始 人：李洋等领导群体。

业务领域：团餐领域、产业园区、新型零售、轻奢时尚。

宗旨使命：万喜餐饮以“万千美味，大有欢喜”为主旨，为就餐者打造“第三生活空间”，旨在实现一站式的生活配套服务。

案例布局：沿着企业概述、商业模式、市场策略、核心专长、价值主张、物流体系、未来描述七个维度内容展开布局与分析。

行业贡献：在团餐模式、智能团餐、团餐外卖、轻奢时尚等方面做出了贡献。

1. 万喜餐饮企业概述

万喜餐饮成立于2016年，是从事餐饮服务的团餐新零售企业。万喜餐饮以助力美好生活为使命，致力于为客户提供顾问式、全流程解决方案。万喜餐饮以京津为核心发展区域，已实现黑龙江、辽宁、河北、内蒙古、四川、重庆、海南、广东、贵州、江西、云南等省区市布局。万喜餐饮是国内轻奢、自助称重团餐的引领者，并相继通过HACCP、质量管理、食品安全、环境管理、职业健康体系认证。

万喜餐饮通过持续精进获得了“2018年度全国团膳行业信誉优良企业”“中国团膳满意品牌”“全国团餐质量服务双十佳品牌”“中国绿色餐饮企业”“AAA级信用企业”“国家级龙头企业”“2019年度好味道企业食堂十强”“2019年度高颜值企业食堂十强”“2019年高校学生食堂6T实务管理示范单位”等荣誉。

万喜餐饮是中国烹饪协会理事单位、中国食文化研究会健康团膳委员会副会长单位。万喜餐饮作为中国团餐新型零售的领导者品牌，成立了团餐谋盐梅－万喜商学院；建立了现代化的中央加工厨房；专门研究“团餐外卖＋轻奢时尚品牌”餐饮模式；构建了堂食、自提、外卖兼容的解决平台；打造就餐者多维空间，实现功能布局、场景设计、互动体验、品牌孵化、智能管理一站式的生活配套服务。

万喜餐饮为北京大学、北京航空航天大学、中关村壹号、全球贸易之窗、中国电子集团、永丰科技企业、中关村环保科技示范园、中关村医疗器械园、海开集团、联东 U 谷、青羊总部经济基地、亿达丽泽中心、中汇广场、美中宜和集团禧月阁系列、海南文旅集团、瓦房店中心医院、内蒙古建筑职业学院等科技园区、写字楼、高等院校、国企央企总部、党政机关提供高品质专业餐饮服务，营业面积近 10 万平方米，每日服务 20 万人次，为 1500 多人提供创业、就业、稳岗机会。

2. 万喜餐饮商业模式

万喜餐饮是组织中台化、运营数字化、人才合伙化、模式资本化的团餐新零售企业，创始团队核心成员由五星级酒店专家、商业运营与规划专家、团餐行业资深人士、国家名厨、互联网大咖等组成，其中具有本科及研究生学历的人员占比 60% 以上。公司创新实行团餐合伙人机制与管理职业化模式，通过分配机制系统创新，实现核心人才洼地与聚焦效应。

万喜餐饮已与美团 2C 端、顺丰 2B 端形成了战略合作伙伴关系，大幅度地降低了流通费用，由此可以更多地让利于客户群体与就餐人员，从而迅速形成了利益更大、收益更好、满意度更高的良性循环。

万喜餐饮运用信息化集成、智能化链接技术改造升级传统团餐行业；通过互联网工具实现线上线下融合的全渠道营销、支付闭环、客户管理体系连通，降低管理费用，提升内部管理效率；同时给合作伙伴共享模式赋能，形成项目收益“多元化＋”，从信息化到交易化，再向产业化渗透，旨在形成大中台的商业模式。

万喜餐饮对省级公司采取股权合作模式，实现了全国布局快速发展，形成了区域品牌优势与规模效益，促进了大宗食材厂家直供、品牌推广、战略合作，形成了协同发展及中台化组织架构驱动组织效能更高的良好局面。

3. 万喜餐饮市场策略

万喜餐饮用高标准的食品安全、高质量的运营管理、创新性的分配机制达成市场快速发展战略核心，积极响应国家发展政策，在消费升级、消费场景、服务升级等诸多方面不断创新，结合自身产品定位、市场状况、管理经验，持续耕耘团餐市场，努力服务团餐客户，满足团餐顾客需要。

万喜餐饮通过六个转变驱动集团的快速发展，即市场服务由单一餐饮服务转变为多元化生活配套服务，市场营销由资源营销转变为品牌营销，市场传播由传统纸媒转变为新媒体方式，市场需求由“雪中送炭”转变为“锦上添花”模式，市场激励由一单一议激励转变为“利润分红+股权激励”机制，市场运营由省级职业经理人模式转变为省级股东合伙人模式。

4. 万喜餐饮核心专长

万喜餐饮由国内顶级规划设计专家作为顾问股东，采用商业思维优化食堂空间设计与运营服务，提高空间使用效率与体验感，打造个性化的健康主题、精益管理、特殊服务、感受评价，形成团餐服务体验空间。

万喜餐饮拥有国家名厨及高级烹饪技术人员组成的菜品研发团队，持续研发、出品新产品，定期组织技术培训、美食品鉴、美食节活动、核心技术轮岗，以确保团餐餐品的多元化属性，季节更换，节日更换。

万喜餐饮走在团餐行业前端，订餐、取餐、支付环节都通过技术重塑，并以战略合作方式推进智慧食堂建设。在与客如云智慧收银、雄伟智能盘刷脸支付系统合作的同时，还为每个合作项目定制了专属 App；组织内部订餐、线上支付，满意调研、美食活动发布，用黑科技提高点餐效率。

5. 万喜餐饮价值主张

万喜餐饮的名字是“万千美味，大有欢喜”的组合，即通过美食多元化、多样化、全球化、品牌化要素，为团餐新零售赋能，为团餐配套服务升级“锦上添花”，给就餐者带来更好美食体验，更多欢喜快乐，打造就餐者“第三生活空间”。公司始终坚持并践行团餐企业的价值主张与服务理念。

万喜餐饮以助生活更美好、成为更高品质生活方式的首席提供商为使命，以“拥抱变化、创新引领，做中国团餐新型零售领导者品牌”为企业愿景。聚焦“五行核心价值观”：一是为顾客创造价值；二是投资我们的员工；三是支持我们的合作伙伴；四是与供应商公平合理地进行交易；五是为股东创造长期价值，为股东提供公司品牌、发展、创新、资本的全面增值。

6. 万喜餐饮物流体系

万喜餐饮成立之初便与国内顶级供应链信息化公司数才网络科技企业进行战略合作，历经两年打磨，定制、研发了供应链智能集成系统，使得餐饮项目所需的原材料及其他物资供给在以下几个方面实现了突破：在数据系统下单，在班组端下单；供应商端自动分单，公司端验收入库；线上进销存管理，自动生成财务成本日报；与第三方对账单据实现全流程的线上操作。万喜餐饮物流体系实现了更精准、更高效、可溯源管控，保证了食材的安全性、高性价比与高品质。

万喜餐饮在 2019 年发展初具规模后，联合区域内其他团餐企业进行大宗原材料源头采购，坚持倡导使用非转基因油，坚持使用一线品牌，已经与益海嘉里、海天、李锦记、北大荒、首农庄园、双河米业、正大、六合、五得利等形成战略合作，提供厂家大宗供应渠道，并具有较大价格优势与稳定的品质保障。

7. 万喜餐饮未来描述

万喜餐饮以高品质运营为后盾，坚持做好“三个聚焦”：一是聚焦业态，即产业园 / 写字楼、重点大学、国企央企、三甲医院、中学；二是聚焦模式，即公司合伙人机制与省级子公司股权合作的发展战略；三是聚焦精英，即吸纳更多行业优秀职业经理人，全国省级子公司持续挖掘后备人才。

万喜餐饮以可持续发展为目标，未来三年计划投资 3000 万元支持发展中台建设：以北京、天津区域为战略核心，三年内完成全国省级子公司的战略布局、战略重组；成立团餐谋盐梅 – 万喜商学院，实现人才战略的优先发展；持续升级信息化集成，实现运营全方位精准数据化，为团餐管理赋能。

万喜餐饮以合伙人制为发展基础，未来三年计划搭建100位合伙人平台，共享发展红利；实现日服务超过120万人次，连续复合增长率超过100%；实现三个“行业十强”，进入团餐行业第一梯队，即大学市场占有率十强、国内团餐行业十强、资本化价值十强；实现三个“行业第一”，即班组品牌化第一、园区市场占有率第一、信息化集成第一的理想预期，引领行业发展。

（二十）潘多拉的案例分析

案例名称： 潘多拉餐饮集团（以下简称“潘多拉”）。

发展阶段： 从成长阶段区域连锁向成熟阶段产业经营跃迁。

创 始 人： 赵明、徐传佳。

业务领域： 潘多拉业务服务于头部企业、产业园区、夜间经济、社会餐饮、视觉设计、环艺设计、市场调研、团餐咨询领域。

案例布局： 沿着企业概述、商业模式、市场策略、核心专长、价值主张、物流体系、未来描述七个维度展开案例描述与分析。

行业贡献： 为 IT 头部企业团餐模式做定义；通过视觉、环艺、营销设计打造团餐第四空间；导入多元化产品组合，让顾客有更多选择；通过伙伴进入、统一管理、各自经营打造集约型的命运共同体平台型经济。

1. 潘多拉的企业概述

潘多拉开宗明义：“全球分享，健康美食”。

2012 年，两位怀抱创业梦想的青年，以高屋建瓴的战略思维创造一个新的餐饮品牌——潘多拉品牌。潘多拉以促进大众创业和为社会创造价值为宗旨，历经多年发展已成为餐饮行业的知名企业，并连续三年实现营业收入 100% 增长。

2014 年，面对团餐市场“蓝海”，潘多拉凭借优良口碑与卓越品质，成功颠覆了团餐市场新玩法，经过市场调研与分析，确定了以用户为中心，采用去食堂、半餐饮，去资产、半直营，去员工、半自营的创新模式。

潘多拉的值班管理以个性化、规范化、年轻化精细作业，创造团餐服务的新风向。目前直营门店分布于山东、江苏、浙江、北京、深圳、上海等地，实现了区域经营、跨区连锁、大区布局连锁经营设计。

潘多拉不断学习与借鉴 500 强企业财富理念，在食堂、餐厅、广场模式晋级的基础上，颠覆、创新、升级团餐商业模式，塑造类餐饮、类地产、类金融的商业模式，搭建了跨界、混搭、互联的餐饮链接平台。

2. 潘多拉的商业模式

潘多拉的商业模式，是以链接小微餐饮方式，服务团餐甲方后勤，并以此为服务契机入口，深度链接甲方员工，在商务自助、档口组合、零点宴席组合方面提升顾客满意度，并从以下三个方面提升消费体验。

第一，环境价值提升，改变单一、冰冷的就餐感受，导入场景化主题设计。

第二，产品多元呈现，改变大锅饭的被动用餐模式，集成世界各地美食，使选择性更强。

第三，网络链接营销与员工情感链接，加强员工互动，让食堂变成情感中心。

引进美食合作伙伴，实现共同创业策略设计，即由潘多拉统一管理，集成一个美食平台；合作伙伴自行经营，分摊成本；潘多拉用精英管理项目，责任到人，用人精简。实现了从劳动密集向管理密集的转变。

创新。针对团餐服务的传统痛点，潘多拉以大破大立的勇气，分别从概念、空间、时间、味道、形象五个方面，创造性地实现了大变小、一变多、量变质、事变情的运营，让顾客有新鲜、个性、高品位的体验。

变化。潘多拉遵循一切以客户为中心的价值理念，强调“体验与参与，好吃更好玩”的用餐体验，通过互动厨房、厨艺教学以及丰富多彩的互动手段，与客户建立感情纽带链接，让客户在就餐之余能放松心情。

空间。潘多拉在环境、服务、产品三个维度发力，旨在为顾客打造第一空间——生活空间，第二空间——工作空间，第三空间——交往空间，第四空间——娱乐空间。通过活动设计，让每日饭市的用餐体验不再单调。

3. 潘多拉的市场策略

潘多拉区域市场策略是锁定头部企业，如华为、阿里、网易、京东、蚂蚁金服等大型园区企业。由于员工是高知高薪群体，所以委托方更关注员工的幸福感与满意度。这类项目市场成熟，不谈关系，理性投标。

潘多拉的团队年轻，在通过优质方案拿下第一个华为项目后，在业内大放异彩，除了项目本身变革与推广外，还有员工的支持，以及创始人的付出，使潘多拉在行业内的知名度迅速攀升，成为团餐明星企业。

4. 潘多拉的核心专长

第一，善于了解顾客需求，注重顾客调研与顾客感受，一切以顾客为出发点。

第二，潘多拉的团队年轻，创造力强，善于思考、勇于变革，能做好自我。

第三，潘多拉的行动力强，能够在内部管理与食品安全方面取得优秀成绩。

第四，潘多拉的持续精进，获得委托方认可，超过业内水平，实现了精益管理。

第五，潘多拉的学习能力强，学习力是企业不断变化与持续成长的根本原因。

第六，潘多拉的商业模式，在产品、服务、环境方面持续晋级，保持领先。

5. 潘多拉的价值主张

企业使命：全球分享、健康饮食。

价 值 观：诚信、感恩、付出、共赢。

工作作风：自由、严谨、高效、贡献。

企业精神：创新、分享、厚德、超越、传承。

企业愿景：引领时尚，共享美好，打造美食广场领导品牌。

公司司训：立世者，扶持于人必厚于己，反之亦然。

此所谓，亲者喜，友者悦，人世安。

6. 潘多拉的物流体系

潘多拉物流体系设计与供应链条组合运作有以下三个维度：

一是产销环节打透。利用团餐业态区域连锁经营优势，在产业上游产销环节打通与供应厂商的合作关系，通过批量采购在享受价格红利的同时，实现食材绿色、有机、环保，以及第二方、第三方物流实现越库作业。

二是配销环节打透。潘多拉利用自身产品设计、研发以及持续创新的实力与优势，在配销环节与有实力的加工厂商定制酱汁、料包、低汤，实现标准化、流程化、规范化运作，用科技支持来提升生产效率。

三是销售环节打透。潘多拉运用服务区域头部企业终端场景优势，在销售环节为顾客提供定制安全、营养、健康的工作餐，以提升顾客早餐、午餐、茶餐、晚餐、外带的用餐体验，实现智慧食堂业绩持续晋级。

7. 潘多拉的未来描述

潘多拉在未来计划除了深耕团餐业态以外，操作层面分三步布局：

一是占领头部企业，拿下所在区域主导产业头部客户，用扫荡式打法，做足团餐业态头部、高品、领先大客户顾客群。

二是进入区域实力企业，依靠服务区域主导产业头部企业积累的经验，进入区域实力企业，为客户创造价值，即做一单成就一片。

三是释放自身创造能力，为更多要在团餐业态发展的餐饮企业赋能，通过数据化与信息化分享成功经验与现有资源，进一步开拓市场。

（二十一）广东团餐协会案例分析

案例名称： 广东省团餐配送行业协会（以下简称“广东团餐协会”）。

核心专长： 为地域团餐企业提供政策、教育、食安、物流运营平台指导。

业务领域： 组织发起中国（广州）酒店餐饮供应商博览会，组织专业培训、国内国外考察、研发定制标准、管理咨询服务，为会员企业提供商学院教育。

价值主张： 广东团餐协会作为社会组织，是在行业内建立共同价值观，自觉守法经营，自愿遵守规则，维护会员利益的经济组织；广东团餐协会从社会管理角度讲，能补充政府公共监管功能，引导核心企业自我约束管理，提升运营效率，树立社会形象，承担社会责任，实现永续经营目标升级与预期。

案例布局： 沿着协会简述、业务领域、市场风险防控、运营模式、数字平台搭建、会员成就、价值主张七个维度展开案例描述与分析。

1. 广东团餐协会简述

广东省团餐配送行业协会于 2013 年成立，由广东省内从事食堂管理、集体用餐、配送业务以及食品生产、农产品配送的企业为主组成的社会民间组织。2019 年，协会共有 305 名企业会员，为政府机关、企事业单位、医疗机构、交通部门、部队驻军、展会活动，以及高等院校、中小学、幼儿园等不同领域，提供后勤供餐、食品配送、农产品配送保障服务。广东省内每天供餐超过 1000 万人次，初步建立了从农田到餐桌的城镇餐饮食品安全产业服务集群链。

2. 广东团餐协会业务领域

广东团餐协会业务包括但不限于：组织发起中国（广州）酒店餐饮供应商博览会；组织专业培训，国内外考察，研发定制标准，管理咨询服务；

制订食品安全地方标准，制定《团餐服务良好操作评价规范》，制定《中小学校餐服务评价规范》；参与中国团餐大会、中国大众化餐饮论坛、中国营养供餐高峰论坛、中国校园餐大会；发起并参与中国团餐产业标准化合作联盟，为成员提供商学院教育、集采定制、研发定制、数字金融等一站式服务。

3. 广东团餐协会风险防控

团餐是朝阳产业，从幼儿园餐桌到老年餐饮，人的一生都离不开团餐。可以说团餐是安全、营养、健康的民生工程。团餐业态团体用餐性质决定了食品安全是红线、底线、生命线。要建立风险研判、风险应对、风险管控机制，以实现应对危机、转危为安的理想预期。

万亿级的中国团餐产业链是孕育团餐业态若干独角兽企业的前提，当然要实现从松散到集中，从无序到规范，从小规模到专业化，从标准化到规模化运营，团餐企业在现有基础上要转型升级，以保持竞争力。

近年来，团餐市场出现的各类“黑天鹅”事件，无论是源于外部风险，还是内部风险，都为高速发展的团餐行业树立了风险警示，倒逼团餐企业思考建立风险管控机制，以应对各种事件与危机。

（1）政策性的风险

食品安全可控是政府市场管理的核心，2019 年 12 月 4 日，五部门下发了《关于进一步加强农村义务教育学生营养改善计划有关管理工作的通知》，明确了农村义务教育学校食堂应由学校自办自管，不得对外承包或委托经营。此政策出台，引发人们对学校餐饮的高度关注，政府是否会对高等院校餐、中小学校餐逐步收紧，决定了校餐外包市场服务模式保留与改变的选择。

（2）疫情危机风险

在经历过非典，看惯了诸如病毒，饱受猪瘟、禽流感之痛后，新冠肺炎席卷全球，线下传统零售市场萎缩，引发了线上市场爆发性增长。我们无法判断，下次疫情什么时候会到，但疫情中，麦当劳、肯德基、海底捞等一线品牌企业反应冷静，沉着应对，值得业界同仁思考。

（3）现金流的风险

随着团餐市场的扩大，团餐企业忙于投资拓展新项目，忽略企业内功与现金管理。客观地讲，团餐企业仍以中小型为主，银行融资渠道不畅，大多依赖民间融资，利息成本高。当市场突然刹车，或有风吹草动，马上会引发上游断供、下游断付，团餐企业会即时进入休克状态。

（4）食品安全风险

成都七中、上海中芯学校系列食品安全事件说明，食品安全事故是墨菲法则效应下的必然结果，即当重复去做这件事时，只要发生事故的可能性存在，不管可能性多小，这个事故迟早会发生。墨菲定律虽不可打破，但可以积极地进行关键点预防控制，建立应急管理应对体系。

（5）发展效率瓶颈

团餐业态具有劳动密集的特点。食堂营运若没有央厨支持，即使按服务人员负责 60 个餐位清洁、灶头人员负责 60 人用餐出品计算，人工成本占比依然超过营业收入的 20%。随着人口红利消失，以及对人效、劳效、坪效、物效升级的要求，效率已成为团餐企业发展的瓶颈。

（6）市场竞争风险

互联网时代最大的特点是跨界、混搭，整合经营。万亿级的市场势必会引起“社餐、国企、房企、金融机构各类资本的关注”，即社会餐饮、新型零售等进入团餐领域，成为竞争对手。美团 6 亿元 B 轮投资入股望家欢，中石化开卖 99 元安心买菜与到家服务，就是很好的例证。

4. 广东团餐协会运营模式

广东团餐协会运营包括恪守行业协会功能、制订市场联盟规则、链接团餐产业资源、聚集行业优秀人才、服务团餐行业企业五个要点。

操作层面 1：协会是政府与企业的桥梁，要向政府传递企业的共同要求；协助政府制定行业发展规划；落实产业政策、法规、法律；通过协会自身核心专长的培育，维护主流会员的核心利益，提升行业协会实力。

操作层面 2：行业协会应以数字化推动行业发展，通过数据链接、产业赋能，为行业提供会议展览、管理咨询、人才培训、食品安全、物流服务。

通过市场化运作、项目制管理、专业化导入为团餐企业赋能。

操作层面 3：包括聚集产业资源、延伸会展服务、响应精准扶贫、响应乡村振兴，建立粤港澳大湾区菜篮子工程与融合加工配送、品种齐全一站式集配加工中心，链接上下游，提供高效服务，以降低经营成本。

操作层面 4：关于商学院教育，包括培养优秀精英人才、建数字化商学院、解决团餐企业职业教育、解决管理培训难题、建立公共商学院、输出优质培训资源六个操作要点。旨在解决职业教育、案例教育的落地问题。

5. 广东团餐协会数字平台搭建

广东团餐协会联合发起团餐产业标准化合作联盟，旨在创建公司化的产业联盟合作模式。以国家编码中心与多个国家级物联网及区块链金融技术研发机构为坐标，协同产业资源，制定数字标准，设计管理标准，拟订服务标准，开发解决方案；推动商学院建设，设计集采定制，打造数字金融，研发创新产品，助力产业链条的领军企业能够高效、健康地发展。

6. 广东团餐协会会员成就

广东团餐协会要做好适应团餐市场变化、打造风险研判机制、推动企业数字转型、优化产业供应链条、推动团餐企业联盟、驱动产业资本合作、协助团餐企业壮大、应对过度市场竞争八项基本功课。

7. 广东团餐协会价值主张

广东团餐协会作为社会组织，要在行业内建立共同价值观，自觉守法经营，自愿遵守规则，维护会员利益；广东团餐协会从社会管理角度讲，要补充政府公共监管功能，引导核心会员企业自我约束管理，提升运营效率，树立社会形象，承担社会责任，实现永续经营的目标与预期。

（二十二）河南团餐委案例分析

案例名称：河南省餐协团餐专委会（以下简称“河南团餐委”）。

核心专长：为河南团餐委会员企业提供平台服务、支持、指导。

业务领域：为学校、公司、企业，医疗机构、政府机构提供团餐服务。

价值主张：以共商、共建、共享为事业理念，把河南团餐企业团结起来，共商共建一个平台，大家共享这个平台。以“责任与服务”的价值追求，使河南团餐委真正成为河南团餐人的共享平台。

案例布局：沿着团餐委简述、运营模式、核心专长、价值主张、服务体系、现实描述、未来描述七个维度展开案例描述与分析。

1. 河南团餐委简述

河南团餐委，全称是“河南省餐饮与饭店行业协会团餐专业委员会”，成立于 2017 年 9 月 26 日。2017 年 7 月 7 日，河南省餐饮与饭店行业协会召开了会长办公会，为促进河南团餐可持续健康发展，研究决定成立河南省餐饮与饭店行业协会团餐专业委员会，河南团餐委挂牌成立了。

经过两个多月的筹备，于 2017 年 9 月 26 日在郑州召开了“河南省餐饮与饭店行业协会团餐专业委员会成立大会”。河南团餐创始会员企业有 20 家，经过两年多的稳健发展，河南团餐会员企业已达 158 家的规模。

2. 河南团餐委运营模式

河南团餐委成立以来，坚持学习借鉴其他团餐企业的成功经验，结合自己的实际，逐步走出了具有河南特色的发展模式。具体做法以下几个方面。

（1）坚持学习借鉴

河南团餐委创始成员都是一线团餐企业老板，团餐委高层负责人做团餐企业都很成功。但怎样做好团餐委的组织工作，却不知从何入手。不会就学，团餐委的成员们先后参加了山东省第一届团餐产业大会、中膳年会、中饭协团餐委成都会议、上海麦金地集团年会、中烹协团餐委昆明会议、中烹协（西安）团餐产业大会、石家庄京津冀团餐产业大会。通过参加上述活动，相互学习借鉴，增强了凝聚力，为团餐企业做好服务、走出适合河南团餐组织建设发展之路夯实了基础。

（2）不忘初心

不忘初心、牢记使命、砥砺前行。中国团餐企业是伴随着学校、机关、企业等后勤社会化改革推进而发展壮大的，为了满足人们从吃饱到吃好，再到吃出营养健康的持续追求而不断提升运营水平。显然，河南团餐委作为团餐行业组织，就要志存高远，把不断满足消费者对美好生活的追求与向往，作为团餐人的使命及奋斗目标。只有这样，团餐人才能更好地履职尽责，行稳致远。

（3）团餐组织建设

河南省餐饮与饭店行业协会是河南省餐饮行业最具影响力的协会，对省辖市县的餐饮行业组织有很大的影响力。河南团餐委是整合优势资源、背靠大树、借势发展的河南团餐组织。目前全省18个省辖市，已有郑州、鹤壁、安阳、濮阳、开封、济源6个省辖市建立了团餐协会或餐协团餐委；焦作、南阳省辖市团餐组织筹备工作已完成，即将宣布正式成立；其他省辖市团餐组织也在筹备中。河南团餐委全省组织机构建设拉开了序幕。

3. 河南团餐委核心专长

河南团餐委成立两年多以来，会员单位越来越多。一路走来，之所以能得到会员企业认可，用心服务是根本，也是核心专长，即想会员企业所想，干会员企业所干。会员企业有交流需求，团餐委就组织交流活动；会员企业有考察需求，团餐委就组织到省内外考察学习；会员企业有培训需求，团餐委就组织培训。两年多来，河南团餐委多次组织到广东、江苏、浙江、河北、山东、安徽以及上海、成都、重庆、西安等地考察学习，举办食品安全、营养配餐、项目经理、高管人员培训。河南团餐委每月都组织活动，且常年不断。

4. 河南团餐委价值主张

河南团餐委是以共商、共建、共享为事业理念的共享平台，有自己的责任、服务内涵及价值追求。

责任。一是团餐委责任：①有规范河南团餐行业行为的责任，②有引领河南团餐持续发展的能力，③有支持河南团餐的措施与办法，④有学习与研判团餐新知识的能力，⑤有把握国际团餐发展趋势的能力，⑥有抓住机遇加快河南团餐发展的能力，⑦有责任与危机意识，能引领团餐企业前行。二是企业家责任：①有责任发展团餐企业，②有责任关爱工作人员，③有责任提供优质服务，④有责任提供食品安全，⑤有责任提供食品营养，⑥有责任提供食品健康，⑦有责任提供堂食外带，⑧有责任做好风险管控，⑨有责任做好垃圾处理，⑩有责任守法经营。

服务。河南团餐委是河南团餐企业共商、共建、共享平台。共商、共建的目的是为了共享，因而，平台能否发挥作用，关键要看平台能否为河南团餐企业提供所需要的服务。河南团餐委的服务意识、服务能力、服务水平是决定平台运营的关键。河南团餐委的工作目标是不断满足河南团餐企业对平台的需求。河南团餐委在增强自身服务意识、提高自身服务水平的同时，倡导并引领整个河南团餐行业提升服务水平，以不断满足顾客的需求，不断提升团餐顾客消费体验感、愉悦感、幸福感，为健康中国、健康国人做出贡献。

5. 河南团餐委服务体系

河南地处中原，是农业大省、人口大省，团餐发展潜力巨大，但发展规模、发展质量与京津冀及沿海省份相比还有差距。团餐服务体系的建立，是河南团餐委近期重要的任务。2019 年 9 月 26 日，在河南团餐委支持下，河南团餐企业与上海麦金地集团共同出资成立河南链之融供应链管理有限公司，该公司致力于为河南团餐企业服务。目前，该公司正在与河南各省辖市团餐组织、大型团餐公司洽谈服务合作事宜。此外，河南团餐委欢迎中快、中膳供应链公司来河南开展业务，助力河南团餐发展。同时，河南团餐委也在考虑建立河南团餐的大数据平台，与供应链服务平台共同构成河南团餐服务体系。

6. 河南团餐委现实描述

河南团餐委的现状是：年营业收入超过1000亿元，但集中度低，“散”和“小”是河南团餐的特点。团餐委会员企业中，年营业收入在1亿元以上的企业只有16家，年营业收入在5000万~1000万元的企业有24家。中国团餐50强企业中，没有一家河南企业，这与河南经济大省、人口大省、农业大省很不匹配。

7. 河南团餐委未来描述

河南团餐委的未来将呈现以下特点和趋势。

（1）竞争加剧

河南团餐市场巨大，各级各类学校5.34万所，教育人口2800多万人，以郑州为中心的中原城市群正在迅速崛起，城市框架在拉大，城镇人口在增加，团餐发展潜力巨大。有“得中原者得天下”之说。

（2）逐鹿中原

巨大的团餐市场吸引国内外大型团餐公司逐鹿中原。河南本土团餐企业实力也在不断增强。接地气的本土企业与有先进理念、先进经验的公司之间必有一番较量，竞争加剧不可避免。

（3）集中度提高

河南团餐近年来有一个显著特点，即中标公司大多是有实力、业绩好、形象好的大公司，小公司已是很难中标。这种趋势今后还将继续下去，大型、优质团餐项目会向大公司集中，这是必然。

（4）央厨出场

2019年9月郑州出台保障中小学校中午营养餐的办法，目前，新建与改建用于供应学生营养餐的央厨几十家，河南其他各省辖市也开始进行央厨建设。“新冠”疫情发生，驱动集体供餐速率提高。

（5）团餐供应

河南链之融供应链公司成立，以及中快团餐、中膳团餐全国大型团餐公司供应链服务进入河南，会对河南团餐企业降低采供成本、提高经营效益、稳定产品质量、保障食品安全起积极作用。

（6）智慧团餐

2019 年，互联网技术与团餐企业结合生成的智慧食堂更加丰富，智慧团餐精彩纷呈。产品层面讲“营养标注”，交易层面讲“人脸识别”，环境层面讲“智能环境”。显然，产品、服务、环境在升级。

（7）跨界经营

团餐与社餐交融更加明显。团餐想通过引进社餐品种来满足顾客多样化的需求，社餐想借助团餐平台增加营业收入。越来越多的团餐企业在尝试经营社餐，越来越多的社餐在进入团餐。你中有我，我中有你。

（二十三）中安科技案例分析

案例名称： 中安汇金科技（北京）有限公司（以下简称“中安科技”）。

核心专长： 以科技为导向，运用智慧赋能，通过持续创新，为食品药品民生工程提供食安、营养、健康保障课程体系设计。

创 始 人： 魏仲环等领导群体。

业务领域： 食品领域职业教育和食品安全培训、医药培训、营养配餐、物流领域工作指导。

案例布局： 沿着企业概述、运营模式、市场策略、核心专长、价值主张、服务体系、未来描述七个维度展开案例描述与分析。

行业贡献： 中安科技以科技为核心，在食品安全行业规范、中小学的营养餐饮、食品安全线上线下训练、行业食品安全定制指导方面做出了贡献。

1. 中安科技企业概述

中安科技成立于2013年，是国内首家集食品安全与医药知识培训、考试、查询、监管、科普、宣传于一体的综合服务机构。中安科技自成立以来，致力于打造食品药品安全在线教育领先品牌，不断研发、投入、完善课程体系，升级专业技术，用互联网思维与技术为培训赋能，先后创办了中安食品安全培训网、中安餐饮网、中安校园食品安全与营养网、中安医药培训网。

中安科技作为国家级的高新技术企业，汇聚了国内外食品安全及医药领域的专家资源，以互联网科学技术搭建了先进的在线教育平台，通过四级监管体系，将大数据运用于食药监管，获得多个奖项。通过ISO9001标准管理体系认证，被2019年的《中华人民共和国年鉴》收录，作为发起与联合起草单位和中国烹饪协会制定并发布《餐饮服务食品安全师能力评价标准》。

2. 中安科技运营模式

中安科技通过与清华大学食品药品安全可视化传播基地、国家食品安全风险评估中心、中国友好和平发展基金会、中国疾病预防控制中心营养与健康所、中国烹饪协会、中国经济网、美团屏芯科技、联合利华、平安国际智慧城市科技股份公司－知鸟教育、北京医大爱思唯尔等拥有行业顶级资源的知名高校、行业协会、大型企业达成战略合作，将自身打造成集全国性战略布局、权威化食药安全培训于一体的专业化综合性服务品牌。

中安科技在结合行业发展趋势与食药行业产业链资源的基础上，以在线培训兼容地面培训 O2O 运营模式，秉承“双随机，一公开”的考核要求，建立了陕西秦都区、江苏连云港、湖北应城、湖南常宁、内蒙古奈曼旗、海南儋州、四川泸州、河南焦作食品安全综合服务中心，将智能监管技术与食品安全考核相结合，构建了食品药品安全领域全方位综合服务的“航母矩阵”。

3. 中安科技市场策略

21 世纪的今天，食药安全问题已受到社会各界广泛关注，但是一方面，在行业内坐拥千亿市场份额、亿万市场从业人员的发展空间；另一方面，食药安全领域综合服务品牌却屈指可数。中安科技在综合评估市场环境后，制定出全国性综合发展策略。目前已在北京、重庆、天津以及内蒙古、甘肃、陕西、湖北、四川、江苏、湖南、海南、山东等地建成或开展了食品药品安全培训教育，设立了综合服务中心。

4. 中安科技核心专长

（1）权威的师资力量及成熟的培训体系

中安科技在中华人民共和国国家市场监督管理总局、全国人大法工委、国家食品安全风险评估中心、国家食品安全标准审评委员会、中国烹饪协会、中国农业大学、江南大学、中国人民大学、清华大学、北京大学诸多组织的专家指导下，整合食品安全优质教育资源，设置了体系化的课程内容。

（2）强大的数据库与网站承载量资源

中安科技基于阿里云服务支持的强大数据库，既能支持亿万级数据存储与强大的平台承载量，又能实现强大的课程分发与应用基础。中安科技以科学技术导入为主线，以食品药品安全为重点，设计了主管部门、食品行业、餐饮行业，以及管理者与被管理者初、中、高级体系化课程，从而为企业赋能。

（3）先进的授课方式与优质资源分享

中安科技运用网络技术、人脸识别监管系统、定制高清录课系统，高清四代 109 寸超大 16 ∶ 9 宽屏录制先进科技，打造出了通过电脑、手机客户端随时随地学习的视频课程，有效期内可不限次数与时间学习。国内顶级专家倾情授课，如同传统课堂的真实感受，足不出户即可享受优质教学资源。

（4）便捷、高效的时点四级监管系统

中安科技专门为食药监管部门建立了“四级监管”后台数据库与管理工具，为省级、地市（州）、区县、食药所的四级食品安全监管执法队伍提供高效可靠的培训、考核、认证，以及参训企业与个人档案查询、管理体系，减轻了食药安全培训管理与执法压力，提升了管理效能及运行效率。

（5）个性化课程定制旨在提升能力

中安科技充分发挥师资优势，依靠专业学术团队，完善开发流程，立足国家政策与行业调研基础，量身定制了符合实际需求的个性培训课程，采用交互式教学方式，借助大量案例分析，帮助学员有效掌握培训内容，学以致用，以提升学员在工作中解决问题的能力，增强企业核心竞争力。

5. 中安科技价值主张

中安科技致力于打造食品药品安全在线教育领先品牌，不断研发与投入，完善课程服务体系，升级互联网科学技术。秉承“以学习者为中心”的教育理念，普及食药安全法规与知识，加强管理人员、从业人员的职业素养，进而改善我国食品药品大环境，保障社会大众健康与安全。

6. 中安科技服务体系

中安科技通过整合行业内权威专家及清华大学、江南大学、中国农业大学、国家食品安全风险评估中心等众多国内食品安全领域的专家资源，运用先进的互联网技术，将远程教育、多媒体课程制作、多种类移动端综合运用，教学教务支撑与互联网信息服务充分集合，建立一套行之有效的培训服务系统。

中安科技是集职业教育培训与食品安全知识、医药安全知识培训以及考试、监管、查询、科普、宣传为一体，为学员提供系列、完整、在线、可视化的培训课程，并运用先进的互联网技术，通过平台四级监管体系，成功地将大数据运用于食药监管的综合型服务平台，并因专业而受到业界的好评。

7. 中安科技未来描述

中安食品安全培训网及中安医药网，以培训为基础，以食品药品安全综合服务为手段，在秦都区打造了食品安全综合服务中心，并受到广泛认可。在此基础上布局全国，现已建成湖北、内蒙古，河南焦作、江苏连云港、湖南衡阳以及海南海口、三亚、儋州等综合服务中心。计划在未来，通过一区一县综合服务中心打造，培育中国食品药品安全综合服务第一品牌。

中安餐饮网目前已与中国经济网、中国烹饪协会、美团屏芯科技、联合利华、平安国际智慧城市科技股份公司－知鸟教育等达成合作，依托各自资源优势，实现了深层次的优势互补与合作。未来将立足于平台建设、课程开发、市场拓展三个方面。中安餐饮网将对原有课程进行持续更新，对原有学员做数据分析并推送适合的培训课程，满足新老学员知识更新要求。

中安餐饮网在原有培训课程基础上，继续携手中国烹饪协会，现已开发上线外卖送餐从业人员、全国餐饮业职业经理人、餐饮服务食品安全操作规范、流动厨师从业人员食品安全培训课程，以及餐饮业营养配餐师岗位评价标准、餐饮服务食品安全师能力评价课程等。

（二十四）燕诚集团案例分析

案例名称： 北京燕诚东方科技集团有限公司（以下简称“燕诚集团”）。

核心专长： 以科技为主线，为餐饮央厨产销、配销、销售环节提供解决方案。

创 始 人： 李诚等领导群体。

业务领域： 为餐饮行业中央厨房提供设计、设备、设施整体解决方案。

案例布局： 沿着企业概述、商业模式、市场策略、核心专长、价值主张、心路历程、未来描述七个维度展开案例描述与分析。

行业贡献： 在中央厨房整体设计、设备设施、动线布局方面做出了贡献。

1. 燕诚集团企业概述

燕诚集团起源于 1983 年成立的北京蔬菜食品机械厂（北京二商旗下），主营业务为中央厨房蔬菜设备、肉类设备、面食设备、热调熟化设备、冷链包装设备、灭菌检测传送设备六大系列、百余款产品，是中央厨房设备研发、生产、供应、服务企业。

燕诚集团成立了燕诚神州食品机械（北京）有限公司、燕诚智能设备制造河北有限公司、燕诚东方科技发展（北京）公司、燕诚环宇北京公司、燕诚神州（天津）有限公司，运营总部在北京，2010 年改制成集团公司。

燕诚集团旗下拥有天津、中国台湾、固安 3 个设备制造基地，厂房面积合计 8 万平方米。全国 10 家分公司，80 个服务处，580 多名员工，其中中央厨房设计专家 10 人，设备研发高级工程师 20 人。

燕诚集团先后为奥运会、亚运会、青奥会、军运会大型赛会，首农集团、航空食品公司、北京铁路局、清华大学、北京大学、千喜鹤大型团餐、真功夫、海底捞、西贝、嘉和一品、眉州东坡大型餐企提供服务。

2. 燕诚集团商业模式

燕诚集团主营中央厨房、食品工厂整体项目运作，提供项目整体设计、全套设备供应、运营管理咨询、技术工艺培训、装修选材施工。燕诚集团被中国烹饪协会评选为“中国杰出供应商企业”，这是餐饮产业的殊荣。

燕诚集团在为客户提供所需设备设施的同时，针对中央厨房整体项目，提供设计、规划、咨询、训练、维护、保养、食品工艺指导与全套设备供应软件硬件一体化的中央厨房解决方案，这是燕诚集团的核心专长。

燕诚集团服务流程为：初步接洽——需求沟通——现场勘查——邀约探厂——重点设备试机——案例参观——方案设计——客户确认——施工建造——客户验收——设备入场——客户验收——售后操作指导——整体验收——现场维保——终身保修——配件供应。

3. 燕诚集团市场策略

燕诚集团率先在行业内严格执行中央厨房设备整机、配件、售后、反馈的 4S 服务体系。以质量求生存，以信誉求发展，始终诚恳地接受客户对工作态度、服务质量、产品质量等方面的建议，持续满足顾客的需求。

燕诚集团持续规范与完善，建立了完整的售前、售中、售后服务体系，提供专业的市场咨询服务，优化体验环境，实行设备实际操作试机，设计专家上门服务，成为答疑解惑实地了解客户需求的售前体系范例工程。

燕诚集团为客户就近提供培训指导，并用全国服务热线提供支持；专业的售后服务团队提供全程服务，即售中方案；配件及时供应、维修电话上门、设备日常维护、定期电话查巡、客户档案建立，即售后系统。

4. 燕诚集团核心专长

燕诚集团自动化控制技术是核心专长之一，公司研发、生产的多款切菜机、切肉机、脱水机、洗筐机、消毒库等，通过自动控制面板来控制机器工作，自动变频调整被切菜品的长短尺寸。通过提高生产效率，降低生产成本，提升经济效益。

燕诚集团数字智能化技术是核心专长之二，公司研发、生产的炒锅、汤锅、炒菜机、全自动米饭生产线等机械技术含量高，更具人性化，操作更为方便、简易，在保证产品质量的同时，极大地提高了生产效率。

燕诚集团集成化技术创新是核心专长之三，公司研发、生产的全自动洗菜流水线、洗切一体流水线、清洗配送一体流水线，实现了从单项技术向集成技术、由传统技术向高新技术的转变，创新已成为核心专长。

5. 燕诚集团价值主张

燕诚集团协助编写了国内中央厨房行业第一本专业著作《中央厨房设计概论》；联合行业协会，拍摄了行业第一部中央厨房公益性宣传片，完整介绍了中央厨房的内涵、外延及应用，为中央厨房做了宣传与推广。

燕诚集团建立了全国第一个中央厨房设备示范基地——固安生产基地；倡导组织了全国第一个以中央厨房创新为核心的组织联盟，即“中央厨房产业技术创新战略联盟”，集团 CEO 李诚出任联盟副理事长。

燕诚集团结合自身食品工艺技术优势，以及 30 多年厨房技术积累，开发了三层全自动米饭流水线，在中央厨房领域应用开发真空技术，突破了中央厨房生产产品品类的多种限制，为中央厨房赋能。

6. 燕诚集团心路历程

燕诚集团在 1985 年自主研发了国内第一条酱菜加工流水线；1991—2001 年，相继自主研制了国内第一台毛刷清洗去皮机、多功能切菜机、第一条根茎蔬菜清洗线、叶类蔬菜清洗流水线。

2003 年国企改制，燕诚集团总经理李诚先生率领原机械厂骨干技术研发团队以及一批专业技术工人开启了燕诚自立自强、独立发展的市场化道路，并以此为契机，使燕诚技术不断创新，服务领域持续扩大。

2003—2005 年燕诚集团代理日本包装机与德国肉类加工机械，认识到自身与发达国家食品机械的技术差距，随后加紧吸收德国、日本先进技术，逐步改造原有生产体系，形成了以精益生产为核心、6S 现场管理为手段的生产架构，完成了从模仿吸收到合作创新的转变，为燕诚集团腾飞奠定了基础。

随着 2007 年燕诚神州食品机械（北京）有限公司的成立，以及随后成立的若干技术性、科技型公司，燕诚集团开始涉猎中央厨房设备的全案研发、生产，至此中央厨房设备项目正式纳入燕诚集团的生产序列。

2010 年燕诚集团成立，主营燕诚集团制造的食品机械单机类型进出口业务，燕诚设备开始与国外先进设备同台竞技，自此燕诚产品出口俄罗斯、朝鲜、韩国、美国、日本、印尼、澳大利亚等国家，客户遍布国内外 100 多个地区，充足的现金流为燕诚集团高速发展打下了坚实的物质基础。

2016 年燕诚集团河北固安基地被中华全国工商业联合会评为“中国中央厨房设备示范基地”，该生产基地专攻中央厨房设备制造，是燕诚集团集设备装备制造与中央厨房设备展示为一体的综合示范性厂区。

7. 燕诚集团未来描述

燕诚集团作为中央厨房行业的领头羊，以服务餐饮行业、完善中央厨房业态为己任，经过 30 多年的努力，逐步发展成为行业内的高新科技企业，年销售额 3 亿多元人民币，已成为业内卓越企业。

燕诚集团加大产品创新与市场推广的力度，做大、做强中央厨房设备以及中央厨房整体工程这两大板块，持续引领中餐标准化的绿色产业革命，以设备技术的不断创新，促进中央厨房生产的持续晋级。

燕诚集团不断完善中央厨房现有生产线、产品线、设备线，在外观美化性、使用便捷性、清洁简易性、人机交互性等方面实现新的突破，为客户带来更多的效益。

（二十五）客易捷的案例分析

案例名称：天津联信电子科技有限公司（以下简称“客易捷”）。

发展阶段：从成长阶段区域连锁向成熟阶段产业经营跃迁。

创 始 人：张智等领导群体。

业务领域：以数字化为主线，包括精准备餐、快速结算、线上预订、营养分析、点评互动、成本管控、食安追溯、智能经营等领域。

案例布局：沿着企业概述、商业模式、市场策略、核心专长、价值主张、未来描述六个维度展开案例描述与案例分析。

1. 客易捷企业概述

客易捷于 2007 年成立，隶属天津联信电子科技有限公司，总部位于天津市南开区科技创业大厦，是天津市政府认定的科技型创新企业。客易捷智慧食堂、AI 结算台、成本管控方案已服务上百家团餐企业。

客易捷不断自主研发团餐行业软硬件产品，涉及精准备餐、快速结算、线上预订、营养分析、点评互动、成本管控、食安追溯、智能分析，受到业内普遍认可与广泛关注，并获得多项软件著作与产品专利。

2. 客易捷商业模式

客易捷商业模式通过以项目方式为客户服务、以产品方式提供价值实现。

第一，以项目方式为客户服务，包括：①调研客户现实需求与衍生需求、潜在需求、再生需求；②以标准化版本为基础，评估客户需求与所需工时数；③汇总客户功能点需求，评估工时以形成报价及方案。

上述模式一般个性需求多，通过定制化开发实现的功能模块复用性较差，由此导致软件研发成本、碎片化管理及运营成本持续增高，同时分摊项目营销费用、管理费用、行政费用，所以很难实现较高利润。

以这种商业模式为背景，项目推广价值要优于项目本身的利润价值，因为服务这类客户有典型性、参观效应与项目本身的延展性，易实现增值销售或市场拓展，从而保证企业的可持续发展，实现企业进阶。

第二，以产品方式来提供价值，主要靠创意、行业理解和技术驱动。客户可以按时长与门店数量来购买或租用，研发投入成本是固定的，只要多一个客户，就多一份收益。软件产品服务 10 家客户与服务 100 家客户差别不大，只要多增加几台服务器、若干运维人员就可以，但收益大很多。

信息化产品一定要基于行业实践，同时又要高于市场现有实践基础，客户的工作流程和工作方式都要被这个产品系列进行重新定义与解析，要围绕这套软件去工作，我们首先应当成为这个行业的资深专家。

3. 客易捷市场策略

在新一线城市、二线城市及以下城市发展渠道合作伙伴，为其提供培训、产品代理，品牌价值共享，区域优质资源，市场活动经费支持，VI 形象统一化，标杆客户打造，宣传广告支持等体系支撑和帮助。

在一线城市建立直营公司与体验店；创办团餐研究院，携手众多优秀团餐企业掌门人及资深餐饮咨询机构，立足团餐行业研究，传递餐饮经验，推动团餐行业的持续进步。

4. 客易捷核心专长

（1）解决方案与品牌沉淀

客易捷有 13 年的餐饮行业信息化管理的经验积累与品牌沉淀，专注于团餐信息化管理系统的建设，针对团餐管理痛点，打造一体化解决方案；为用户提供便捷化工具，同时辅助团餐企业管理咨询落地。

（2）研发实力和集成经验

客易捷的软件系统与核心硬件设备，拥有自主研发知识产权，保证产品的稳定体验。其中软件系统指导管理，硬件设备应用落地，为用户输出一站式解决方案。客易捷有软硬件综合研发与系统集成实力。

（3）跨区域经营提供支撑

针对团餐企业项目数量多、分布范围广等特点，客易捷在全国各主要城市提供百余家本地化服务机构，有效保障项目现场服务支撑与及时售后响应，便于结合项目的实际情况，量身打造定制化的服务方案。

5. 客易捷价值主张

针对团餐项目点分散、管理水平参差不齐的行业现状，客易捷基于高效集权管理思想，借助信息化工具，实现经营过程可视化，加强总部管控能力，减少对经验员工的依赖，降低人工成本，控制食材浪费。

简化工作流程，避免资源的浪费和人为管理的疏漏现象，实现从菜单编排、原材料申报、投量计算、原材料采购、货品仓储、食材制作加工、产品销售、营业数据日清、经营数据分析等完整的业务链闭环。

客易捷信息化方案主要特点及优势是；提供软硬件结合的整体方案；总部系统与智慧食堂实现全部打通、链接，形成完整的闭环运作；分阶段实施、推进，可落地，见效快；为团餐企业实施精益管理赋能。

借助模型框架帮助企业生成最优业务模型，以集权管控思想指导项目点，提醒关键节点的操作，有效规避食材价格等原因造成的菜谱设计不科学问题，规范标准化投量，通过数据分析给出解决方案及建议。

智能菜谱。基于食材成本、餐品售价、色泽形状、烹饪口味、重复频率、食材禁忌、每餐标准、毛利率数、客户要求及经营数据等指标而设定。通过系统的科学的运算与缜密分析，实现科学智能的排菜设计。

精准投量。根据项目上报的预估人数和历史经营数据，计算、预测出具体的原材料用量建议，实现精准备餐。通过精准投量，有效避免了人员经验不足造成的备餐不足或原材料申报过多造成的浪费现象。

食材申报。各档口可通过电脑或手机端申报原材料，查看原材料价格和历史申报数据。通过对现有库存量和销售数据进行分析，系统自动给出申报建议用量。第三方档口原材料申报可按设定自动完成加价。

采购管理。根据餐品 BOM 自动生成各项目点的采购基础数据，无须人工进行计算；供货商可以通过公众号或邮件接收到采购人员的订货信息。供货商可以登录平台维护品类与定价，为采购人员提供成本参考。

场景拓展。客易捷智慧食堂辅助打造智能化、便捷化消费场景；不局限于食堂现场点餐环节，通过线上预订、自助机点餐业务拓展，针对高峰期就餐人员分流，在缓解排队拥堵的同时，有效提升食堂营业额。

体验升级。食堂消费环节融入智能结算台、智能 POS、AI 识别、人脸识别多种智能终端，通过人脸支持、微信支付宝支付、电子卡支付等组合支付的应用，使顾客脱离实体卡的束缚，优化整体结算流程。

档口管理。通过导入客易捷的管理软件系统，实现了总部对食堂项目的即时管理、数据管理。运用软件管理档口自营与档口外包的营业状态、销售数据、出品效率、顾客评价、账务结算能力，填补了团餐管理的空白地。

数据分析。多维度地分析各个食堂项目的经营数据，查看盈亏状况，通过日报表、周报表、月报表、年收入、原材料价格、菜品销售、就餐人数等大数据信息，为企业管理者提供决策依据，实现科学化管理。

6. 客易捷未来描述

客易捷要做最好的团餐信息化品牌，为团餐企业提供信息化解决方案与个性化的服务，借助信息化手段真正为客户递交价值、赋予能量、提升价值，助力客户成长，帮助客户成功。

（二十六）欧本中饮案例分析

案例名称：欧本中饮（北京）食品有限公司（以下简称“欧本中饮”）。

发展阶段：从成长阶段区域连锁向成熟阶段产业经营进阶。

创 始 人：陈晓斌等领导群体。

业务领域：专注饮品与咖啡研发、生产、供应、服务整套解决方案。

案例布局：沿着企业概述、商业模式、市场策略、核心专长、价值主张、物流体系、未来描述七个维度展开案例描述与分析。

行业贡献：为餐饮行业提供饮料、咖啡研发、生产、供应、服务。

1. 欧本中饮企业概述

欧本中饮成立于2002年，是中国领先级餐饮饮品定制化服务商，是集果汁果浆与饮品原料生产、饮品一站式解决方案运营、咖啡培训学院教育为一体的综合型企业。

欧本中饮具备食品级食品生产资质，公司已经通过了IS022000、IS09001、HACCP、FSSC22000国际体系认证，并在日常生产过程实现了规范运作与持续精进，为公司日常生产提供了质量保障、管理保障、出品保障。

欧本中饮为品牌餐饮赋能，助力餐饮企业饮品增长，是企业的责任与使命。服务于瑞幸、海底捞、味千、DQ、棒约翰、真功夫、好利来、味多美等众多餐饮百强企业，并且与之建立了长久的战略合作伙伴关系。

欧本中饮新鲜冷冻类产品，最大化地保持水果原生美味及营养元素，符合现代主流消费人群健康饮品消费定位。欧本中饮可研发果汁、果茶、气泡水产品，适合中西式正餐、快餐、休闲简餐业态的场景消费。

2. 欧本中饮商业模式

调研数据显示，今天团膳业态的饮品主要以瓶装饮料、设备调制碳酸饮料、果味饮料为主。随着团餐消费的不断升级，就餐人群对饮品的需求无法得到满足，饮品的品种组合无法转化为客流量，这是应解的问题。

团餐企业经营是以固定顾客为主的工作餐饮，饮品消费应占营业额的20%。遗憾的是，饮品选择与更迭周期缓慢使固定顾客出现味觉疲劳。为此欧本中饮通过不断研发与推出新品，拉升团餐企业饮品售卖业绩。

针对团餐企业饮品经营现实，以及改变现实的愿望，欧本中饮为团餐企业提供应季的、流行的、普式的饮品设计支持，同时为团餐企业提供定制化的饮品组合设计，从而改变团餐企业饮品经营的现实。

欧本中饮为团餐企业提供的饮品解决方案从四个维度实现：一是硬件智能设备导入，二是定制产品持续共赢，三是时尚饮品季节导入，四是饮品调制培训设计。旨在实现团餐企业饮品设计、饮品组合持续升级。

3. 欧本中饮市场策略

团餐业态饮品售卖现状与顾客日益增长的饮品需求不匹配，需要从产品定位、硬件环境、人员技能培训、市场营销宣传上做改变，以使饮品导入顺利落地。因而，需要集生产、服务于一体的专业饮品企业为团餐企业持续提供解决方案，欧本中饮可用核心专长为团企解决问题，升级饮品。

欧本中饮致力于为客户提供健康饮品解决方案。为保证食材品质，欧本中饮在全国水果优质产区打造了长期专属采购、采摘、种植基地，如河北雪花梨主产区、福建古田新鲜银耳产区、广西百色木瓜产区等。

欧本中饮采购健康食材、优质食材，放眼于国际市场，如在北美莓果产区采购优质原料，在南美采购牛油果、石榴等高品质食材。随着新品研发的推进，相应地国内外优质食材也成为采购目标。

全球的优质食材为欧本中饮健康炖补类产品（如雪梨炖鲜耳、木瓜炖鲜耳）的生产提供了品质保障，确保了每个出品的美味与健康。欧本中饮还有完备的物流与客服网络，能确保在全国各地的店面货品供给。

4. 欧本中饮核心专长

欧本中饮目前能够生产果汁浓浆、果酱、冷冻果汁、罐头、NFC 果汁、FC 果汁等系列产品。公司年产果汁浓浆 1.25 万吨、NCF/FC 果汁 2.5 万吨、冷冻果汁 1.25 万吨、果酱产品 1 万吨、罐头食品 6250 吨。

欧本中饮严格摘选，运用天然食材，甄选优质果汁果浆、咖啡原料，研发符合主流口味与习性的饮品，为市场与企业提供营销思路，培养专业人才，同时为客户提供个性化的饮品解决方案以及营销方案。

欧本中饮选用雪梨、红枣、银耳、莲子、百合、蜂蜜等具有营养保健功效且被顾客认知的药膳食材，经过熬煮、慢炖使健康食材更好地发挥功效，在为顾客带来最佳口感的同时，做到美味与健康相结合。

5. 欧本中饮价值主张

欧本中饮具有十多年的行业运营经验，优秀高效的运营团队与管理团队，可以为不同客户提供一站式的饮品系统解决方案。目前，已为 100 多家知名餐企提供优质服务，获得了众多客户赞许、喜爱、支持、推崇。

欧本中饮专业的饮品研发系统、医药级的加工工厂、全面的培训体系、持续的营销策略、全套的解决方案，助推客户饮品推陈出新，引爆新的利润增长点。为客户着想，帮客户获得利益，是欧本中饮的价值主张。

匠心的服务精神、世界级品质保障、高效的研发团队、定制的解决方案、金牌的售后服务，欧本中饮铸就了中国咖啡与饮品的领导品牌。同时，欧本中饮持续精进为客户着想，旨在能够为客户饮品保驾护航。

6. 欧本中饮物流体系

欧本中饮旗下的欧本工厂，坐落于上海市金山区廊下现代农产品工业园区，建设面积达 1.2 万平方米。欧本工厂拥有 16 条饮料生产线，车间内净化级别普遍达到了万级水平，能够与医药级水平相比。

欧本中饮上海工厂高效的研发团队，通过专业手段捕捉饮品市场最新动态，并结合市场大数据分析与客户调研等基础信息，以先进仪器设备与标准流程锁定水果的口感与品质，确保产品出品的品质与健康。

欧本中饮上海工厂全新的自动化生产线，以及完备的国际食品生产体系认证，能确保每一杯饮品品质与健康；严格的品控体系、流程细则、质量监控、出品检验管控，能保证每件出品都符合市场与质量要求。

欧本中饮上海工厂目前有 16 条生产线，均是根据餐饮行业饮品需求的定制化方案而设计、研发、生产的工艺流程，如餐饮饮品定量包装生产线、直饮瓶装生产线、NFC 产品生产线等，都能直接为客户提供服务。

7. 欧本中饮未来描述

欧本中饮十多年的行业沉淀与积累，使其具备了丰富的饮品运营经验，能根据团餐业态不同消费人群及饮食特征，设计符合顾客习性定位、与主餐搭配、消费者认可、门店可操作的“一揽子”饮品解决方案。

欧本中饮提供的专业饮品售前体验能供团餐企业进行产品选型，为食堂进行饮品操作培训，为饮品上市提供视觉宣传设计及营销方案，能根据顾客用餐实际设计具体的升级改造方案，最终实现饮品的顺利售卖。

欧本中饮以“客户为本、最高品质、正直诚信、激情奋斗”为核心价值观，致力于成为专业的饮品系统化供应商，为餐饮市场提供符合客户饮品需求与饮品组合的服务方案，为团膳企业增加营业收入助力。

（二十七）六位仙的案例分析

案例名称：六位仙食品科技霸州有限公司（以下简称“六位仙”）。

发展阶段：从成长阶段区域连锁向成熟阶段产业经营跃迁。

创 始 人：张彦等领导群体。

业务领域：六位仙作为专业推广中餐标准化服务提供商，聚焦菜品研发技术支持、复合调味料包生产、餐饮业咨询服务领域。

案例布局：沿着企业概述、商业模式、市场策略、核心专长、价值主张、物流体系、未来描述七个维度展开案例描述与分析。

行业贡献：以科技为主线，用产品研发创新，聚焦中餐标准化，为客户提供复合料包 +SOP 图文、照片、视频流程训练支持。

1. 六位仙企业概述

六位仙，取意：五味调和六味是仙。寓意：好味道，找六位仙。定义：提供中餐标准化与数据化解决方案。六位仙取自“五味调和六味生鲜”，六位仙取名是对中国传统烹饪调味的最高尊重。

六位仙是由 5 家为饮食行业提供专业服务的企业组成的金字招牌。其中有两家分别是国家级高新技术企业和中关村高新技术企业，并已获得外贸出口资质。六位仙在中国餐饮界有颇高的知名度、美誉度。

20 年来，六位仙始终致力于完成实现中餐标准化这一伟大目标。经过 20 年的持续努力，已逐步形成完善的中餐标准化全产业链技术，为餐饮品牌连锁、团餐企事业单位，以及大众美食提供“标准化一站式服务”。

六位仙为实现中餐标准化发展，着力打造两个平台：一是中餐菜肴研发平台。由北京仙豪食品科技有限公司承接。通过与中国大锅菜烹饪大师联盟（联盟成员均为国宝级烹饪大师）以及与厨师精英合作，完成中式菜肴标准化技术解决方案以及生产关键技术的研发。目前已拥有数百道标准化的中餐菜肴，有的已申请发明专利。二是智能味道大数据平台（库）。由北京香满家调味品厂与六位仙食品科技霸州有限公司承接，研究方向是通过挖掘中餐传统文化精华并结合现代科学技术，创新生产安全、营养、方便、美味的中餐复合调味料产品。

六位仙为实现中餐标准化的发展，打造了料包定制化研发能力、标准化生产能力、食品安全控制能力三个支点，使中餐在标准化路径上能够砥砺前行。实践证明，中餐标准化的核心技术是中餐复合调味料的研发与生产。为保证六位仙中餐复合调味料包能符合全国各地消费者对口味的不同要求，六位仙的每款产品都经历了多次试验，最终实现了具有地域差异需求特点的中餐标准化解决方案，为实现中餐标准化运营提供了坚实的科技与服务保障。

2. 六位仙商业模式

六位仙与传统制造业的不同之处在于：它提供的不仅是料包，更是菜品的科技突破与创新支持。六位仙旗下有两大平台：仙豪菜品研发平台与六位仙味道大数据库。两大平台分别对接菜品研发与复合调味料包生产两大主营业务。关于复合调味料包业务，主要合作对象为大型团餐企业、品牌餐饮连锁与广大消费群体。旨在解决团餐企业口味定制、口味复制推广、菜品流程细化等问题。六位仙创新、研发、生产、服务的宗旨是，做中餐标准化一站式服务商。

3. 六位仙市场策略

六位仙主打三大市场：①团餐主营市场，主要针对自助类团餐企业与档口类团餐企业，为顾客提供口味标准化的服务，以保证合作的团餐企业拥有自己的独特口味，旨在能稳定新 / 旧点位，保证顾客满意度。②餐饮品牌连锁，主要提供定制服务，包括菜品研发服务、口味升级服务、代加工服务业务组合。③针对消费者市场，六位仙推出了顾客在家无须单独加任何调味品的六位仙家庭装的调味料包。除调料提供以外，还为顾客提供菜品制作视频、图文教学，使顾客在家就能尝到星级酒店、头部饭馆米其林级的味道，使用户秒变大厨，享受佳肴。

4. 六位仙核心专长

六位仙核心专长是科技，即菜品研发技术、调味技术、菜品转工业化生产技术。六位仙区别于市场上调味料厂商的关键是，六位仙是科技驱动型的公司。关于技术，六位仙有产品选型技术、产品研发技术、酱汁定制技术、商业转化技术、物流支持技术、操作训练技术、设备设施技术维度支持。

调味技术方面，六位仙能把自主开发口味与顾客自有配方，作为确定菜品制作关键技术，将传统菜品口味固化，提炼成包括但不局限于固态、半固态、粉状的调味品。将一道菜的核心竞争力——味道实现标准化。

菜品转工业化生产科技，主要包括菜品口味工业化与菜品制作工业化两部分。菜品口味工业化是将厨师技艺、秘诀提炼成工业化生产料包，使个人口味真正成为标准化产品。菜品制作工业化是将原有成品菜品，通过工厂化生产、组合，形成完整产品，包括但不局限于酱卤、海鲜、禽类产品。

5. 六位仙价值主张

为消费者提供美味，为经营者创造价值，是六位仙经营的价值主张。关于为消费者提供美味，这是六位仙不变的主张。因为让消费者吃得满意、吃得放心不但是经营宗旨，更是责任担当。关于为经营者创造价值，这是六位仙的发展之道。六位仙能够从盈利模式设计、客户满意指标、菜品研发服务、味道差异设计、标准解决方案五个维度为餐饮企业经营者创造价值。

6. 六位仙物流体系

六位仙依托第三方物流，将所有物流业务都外包给专业的物流运营管理平台承担，以便六位仙能有更多的时间与精力放在主营核心业务上，同时提升供应链管理与运作效率，实现降低物流成本预期。

六位仙总部位于北京房山区，地理位置优越，交通便利。20 年的经营过程，匠心修炼、持续精进。宗旨是，你有中餐标准化的问题，我们有问题解决方案。

7. 六位仙未来描述

六位仙经过 20 年的积累，已拥有两大平台：一是中餐菜肴研发平台（将菜品制作步骤分解，再通过数据呈现）；二是智能味道大数据库（实现地域味道差异，将差异通过数据化来进行智能调味）。

六位仙未来将打造中餐味道大数据数据链，并依托中餐菜肴研发平台与智能味道大数据库两大平台，旨在实现智能烹饪、智能调味、智力赋能预期，将中餐烹饪标准化事业推向新高度，为餐饮业创造价值。

（二十八）现代双安案例分析

案例名称：天津现代双安工贸有限公司（以下简称“现代双安”）。

核心专长：以研发为主线，为不同业态餐企提供移动软装与家私配套方案。

创 始 人：林毅滨等领导群体。

业务领域：专注服务于餐饮行业家具与软装的研发、生产、供应。

案例布局：沿着企业概述、产品组合、商业模式、市场策略、核心专长、价值主张、物流体系、未来描述八个维度展开案例描述与分析。

行业贡献：为餐饮行业提供家具家私的研发、生产、配套以及“现代双安 4.0 软装定制一体化整店输出解决方案”。

1. 现代双安企业概述

现代双安成立于 2004 年，是一家为餐饮企业提供餐桌、餐椅、环艺、软装定制一体化解决方案的生产型与服务型企业。因多年为餐饮企业服务，受到业界认可与支持。

现代双安伴随餐饮行业一起成长，在自身角色定位、业务延展、服务深化等方面不断进步。由最初的生产加工厂、服务商成长为今天的智力密集生产、智造商，并推出现代双安 4.0 整体软装解决方案，为餐企环境做智力赋能。

现代双安跨业态为众多餐企提供过服务，如美国加州牛肉面、马兰拉面、北京老家肉饼、武圣羊杂、北京田老师、永和豆浆、李先生牛肉面、一品湘周记餐饮、衡水壹亨料理，中油国际团餐都是它的合作伙伴。

2. 现代双安产品组合

现代双安产品组合，可以用“一中心、多风格”与“四领域、一延伸”来概括。

一中心、多风格，是以餐饮家具为中心，建立专业研发、生产、供应配套体系。紧跟餐饮行业的快速变化，设计研发制造各式风格的家具、家私，持续创新，为客户提供个性化产品，最大限度地满足客户需求。

四个领域、一延伸。四个领域指在餐饮家具整体解决方案的基础上，侧重快餐、简餐、火锅、团餐领域家具产品与服务；一延伸是在服务过程中，发现客户有诸多建店装修烦恼，于是延伸出 4.0 软装定制一体化解决方案。

现代双安 4.0 软装定制一体化整店输出解决方案的好处体现在以下几个方面：

①整体效果一体化，不是拼凑的整体，有独立的风格；

②工厂标准化生产，质量更有保障，能减少质量隐患；

③缩短了店面的装修工期，能实现定制化的装饰设计；

④可以使门店提前开业，降低门店的租金费用；

⑤缩短现场施工工期，减少装修方与物业方对接矛盾；

⑥减少了现场扬尘、噪音污染、施工垃圾排放等问题。

3. 现代双安商业模式

现代双安在团队持续研发及业界丰富经验的基础上，结合多种商业模式运用、协同、链接，向产业链的高价值发展，向整合资源的方向发展。为了客户价值的最大化与持续增值，不断进行着商业模式的创新。

（1）弹性生产模式

现代双安通过系统结构、人员组织、运作方式、市场营销的动态调整，使生产系统能对需求变化快速响应，建立弹性生产体系，避免资源损耗，既满足多样化要求，又使设备的停工时间实现了最短。

（2）B2B 的定制模式

现代双安力求让客户参与产品研发、生产过程并分享体验，加大技术手段的应用，增加彼此的互动、交流、协作，追求客户第一、客户驱动，定制满足个性需求，定制化的产品、服务与解决方案是现代双安的专长。

（3）数据优化模式

现代双安逐步与第三方平台协作、协同，共同达到数据在线，实时记录经营信息，不断更新分析数据，随时洞察市场变化，驱动决策动态提升。数据优化是现代双安与合作伙伴的共享平台、合作平台、共赢平台。

4. 现代双安市场策略

现代双安通过相互协调协同的产品策略、价格策略、渠道策略，为顾客提供满意的产品与服务，以餐饮家具直供渠道为主的直通店面市场模式，为客户避免了中间商赚差价的环节，实现源头供货、合作共赢。

聚焦大客户、服务大客户。大客户服务要求广、规格高、品质优，做好大客户服务，可以促进与完善现代双安现有服务，同时由于大客户的影响力广，有利于企业塑造专业化、大众信赖的品牌形象，这是现代双安品牌塑造的通路。

服务客户，与客户共同成长，这是现代双安的市场策略。从小客户做起，针对客户个性化需求，用研发、生产、供应、配送、安装一条龙服务客户，为客户量身定制服务，现代双安与客户一同成长。

5. 现代双安核心专长

（1）专业技术产品研发

现代双安产品技术研发，源于企业内部自有研发设计团队，根据客户要求生产定制所需产品，同时提供现场规划设计、测量、摆放方案与服务。现代双安具备研发、生产、服务三位一体的技术创新优势，这也是企业核心专长。

（2）个性化的产品服务

现代双安在为客户提供高质量产品的同时，推动定制化生产进程，为客户节约人力成本、物力成本、时间成本，为客户量身打造高质量、个性化专属系列餐饮家具，满足客户对餐饮家具与软装个性化需要。

（3）市场经营优势分析

现代双安目前主要服务领域有快餐、简餐、小吃、火锅、咖啡、团餐等诸多业态。服务过的上百家连锁企业，涵盖上千家门店。经过多年努力，现代双安已经成长为在餐饮行业有较高知名度的家具与软装品牌。

6. 现代双安价值主张

现代双安的价值主张是帮助客户在餐饮家具、软装的选择、匹配、个性、生产、安装等方面，省时间、省心力，降成本。为客户着想，替客户把关，现代双安一切工作设计的出发点是围绕客户实际要求提供服务。

客户是我们的衣食父母，现代双安经过长期发展，与众多客户建立了良好的信任与合作关系。客户的信任是员工工作的动力，是现代双安持续发展的源泉。客户信任助力餐企长足发展。

7. 现代双安物流体系

现代双安在山东德州设立了家具、软装生产基地，针对客户要求，研发、生产、定制产品。生产过程导入工程督导、质量监督、技术管控、精益管理，实现全程监控，保障出品合规、达标、安全、高效。

现代双安通过先进的物流技术与高效的物流管理，打造出成品仓储管理与发运环节管理，即安全高效管理、在途跟踪管控、数据采集展现、现场安装调试等安全、高效、便捷、高质的物流运转、安装调试、工程管理。

现代双安 4.0 软装定制一体化解决方案，是指参与前期门店图纸审核、图纸修改、摆放布置，解决上（天花）、中(家具、挂件、门身、隔断、展示柜、护墙板等软装)、下(地面)三维不一体、不和谐问题。

8. 现代双安未来描述

现代双安在深度把握餐饮行业变化的同时，能够积极应对各种挑战与变化，破解企业发展过程中的瓶颈，加速整合升级。更加重视新产品设计、研发，进一步延展产品深度与广度，为餐企提供可信赖产品。

现代双安从市场需求出发，领导层多次赴日本考察木制工艺并定期参加各类餐饮交流峰会，倾听业界需求心声，旨在把现代双安打造成中国专业性最强的餐饮家具、软装服务商。现代双安愿与同仁深度合作、共享共赢。

（二十九）博瑞康洁案例分析

案例名称：北京博瑞康洁生物科技有限公司（以下简称“博瑞康洁”）。

发展阶段：从成长阶段区域连锁向成熟阶段产业经营跃迁。

创 始 人：李燕勃等领导群体。

业务领域：专注清洁用品的研发、生产、供应、使用、训练。

案例布局：沿着企业概述、商业模式、市场策略、核心专长、价值主张、物流体系、未来描述七个维度展开案例描述与分析。

行业贡献：为医疗、食品、餐饮行业提供环境清洁消毒解决方案。

1. 博瑞康洁企业概述

博瑞康洁成立于2009年，是一家专注于服务食品行业、医疗行业、餐饮行业、家庭个人等领域的清洁卫生服务企业，为客户提供清洁、卫生、安全的服务与产品。

博瑞康洁自营“欧狮”牌清洁和消毒系列产品，竭诚为客户提供个性化及全套清洁消毒解决方案，帮助客户解决清洁消毒产品的使用问题，从而改善客户业务的清洁卫生状况，降低致病微生物的感染风险。

博瑞康洁服务过众多企业，为北京大学团餐、中油国际团餐、河北衡水中学团餐、麦当劳、星巴克、汉堡王、西贝、瑞幸、好利来、西少爷等企业提供清洁消毒产品、制定清洁消毒流程、训练清洁消毒工作。

博瑞康洁创始人有国际餐饮巨头麦当劳（中国一期）的工作经历与管理经验，形成严谨的工作作风、规范的工作流程、严格的标准规则，使得博瑞康洁公司的各项工作迅速走上正轨，并促进公司不断晋级。

2. 博瑞康洁商业模式

“欧狮”牌清洁和消毒系列产品是自营品牌，核心产品的关键技术信息为自主知识产权，不需依赖其他渠道，并且一直积极与行业内领先的企业进行合作，共享技术信息资源，做到价格领先与产品差异化。

医疗系统对消毒产品要求更高，食品卫生行业对微生物控制更加关注，餐饮行业注重消毒环境与食品安全的适配，家庭重点关注手卫生、衣物消毒和室内环境等。应根据不同领域需求特点进行产品创新研发。

博瑞康洁运用自身的营销通路（如协会资源、客户带客户、专业会议展示、媒介推广），聚焦客户的实际需求，解决客户的实际困难，从而赢得客户的信赖与忠诚，这是公司能够持续拓展市场的有力武器。

以“欧狮”牌清洁消毒系列产品为龙头，辅以其他用品，根据客户对清洁消毒对象的具体要求，实施个性化的、针对性的、简单化的、可操作的解决方案，并结合客户实际条件，进行一对一的训练、辅导。

3. 博瑞康洁市场策略

博瑞康洁的市场策略主要有以下几点。

（1）聚焦大客户树立好品牌

大客户中，对供应商的管理和清洁消毒的要求都非常高，这对于完善博瑞康洁的服务有较大促进，同时，由于大客户的影响力很广，非常有利于塑造专业化、大众信赖的品牌形象，这是公司品牌塑造的通路。

（2）坚持品牌化的走量产品

清洁消毒类产品已经发展多年，尤其是知名国际性大公司都有很好的应用产品及解决方案。很多常规性产品的成本几乎是透明的，尤其是使用量高的产品，这类产品即为走量产品，它维持公司正常生产经营。

（3）开发高额毛利的产品族

在持续经营走量产品的基础上，在维护企业基本生存利益的前提下，通过研发、推广高毛利产品，以走量产品撬动市场，以高利产品占有市场，从而实现进入市场、站稳脚跟、攫取利润、持续发展的公司期许。

（4）产品价格体系相对合理

清洁消毒产品应用领域广泛，各行业（如医疗、食品、餐饮）对其有不同的要求规范。公司根据不同领域的需求特点及所需产品个性要求，合理规划直销通路与分销渠道，设计具有差异化的产品价格体系。

4. 博瑞康洁核心专长

在为客户供应所需的清洁消毒产品时，每种产品使用前已经测算出合理使用的 KPI，同时后续跟进使用过程，对产品及配套用品及时做出改进，以满足使用需求，确保清洁消毒的效果达到客户的个性化要求。

博瑞康洁一直努力同服务的客户开启共同发展的商业模式以及个性化工作流程。例如公司制作的《制冰机每月清洁消毒 SOP》，标注产品及工具，共 48 步程序，可确保使用人员能按照标准化流程执行。

博瑞康洁每年都定期组织大企业客户进行相关培训，以支持企业清洁工作，涉及法律法规、卫生安全、清洁消毒、工作流程、产品使用、工具运用、规范标准等专业知识，重点指导新增长业务地区的客户。

公司在服务大企业客户的同时，掌握了各行业一线企业清洁消毒使用中的问题、数据、信息、现状，并据此运用专业经验、知识、技术，从流程、标准、规范、细则等层面进行创新变革，成为标准化的作业。

标准化的作业规范，加上个性化的工作指导，使公司在面对更多客户需求的时候，可以快速提出针对性的解决方案，并及时施以援手，给予技术支持，从而获得了客户无数次的点赞，扩大了公司的客户资源。

博瑞康洁核心人员均为具备多年清洁消毒领域经验的专业人士，精准掌握业内产品信息和客户资源，能够清晰透彻地与公司技术开发人员进行客户需求的解析，从而避免了很多企业研发人员闭门造车的情形。

5. 博瑞康洁价值主张

通过多年的努力与发展，公司现拥有一支技术精湛的服务支持队伍，为企业提供个性化、全方位的清洁消毒解决方案，帮助企业解决清洁消毒的困惑，并有效控制食品安全风险，打造客户专属的一揽子解决方案。

长期以来博瑞康洁对自身定位就是“客户清洁卫生的顾问”，因而公司始终以客户环境卫生的健康为准则，主张“以良心待客，做健康环境”，努力通过不断发展、探索，为客户的环境健康保驾护航。

6. 博瑞康洁物流体系

博瑞康洁自成立以来始终坚持诚信立业、质量第一的经营原则。坚持人才为本，荟萃业内精英，吸收学习国内外先进技术，研发出多项行业内领先的产品及生产工艺。针对客户需求，持续研发落地，满足客户需要。

凭借博瑞康洁的优质产品，协助客户降低清洁成本，节约物料成本，通过优质便于使用的小包装产品，有效解决客户运营中的管理难度，从而简化产品使用培训，大大降低了企业培训和产品使用控制的压力。

产品质量是企业的生命，博瑞康洁严把产品质量关，从原料质量到生产质量，再到出品质量，产品生产的全程质量控制、精益管理、有效督导保证了出品的安全、规范、标准，这就是博瑞康洁的生命线。

博瑞康洁的物流体系完善，从原料采购的严格把关到仓储环节的安全存储，从生产加工的全程安全到产品配送的安全及时，从产品使用的有效训练到使用效果的全程跟踪，公司始终将客户满意放在第一位。

7. 博瑞康洁未来描述

博瑞康洁始终坚持“最好的产品，最优的服务”的价值主张，坚持“以人为本，精益求精”的产品理念，不断荟萃业内精英，学习吸收国内外先进技术，研发生产出多项行业内领先的高附加值、人性化产品。

诚信带来价值，服务提升优势，博瑞康洁将一如既往地坚持以质兴业、服务至优的宗旨，以努力打造行业内卓越品牌为己任。了解顾客，满足顾客，从客户利益出发，为客户着想，脚踏实地，务实前行。

展望未来，博瑞康洁努力使“欧狮”成为行业内的先锋品牌，携手相关行业、相关企业、合作伙伴，共同发展，合作共赢，同创辉煌。

（三十）昭和洗净案例分析

案例名称：昭和（厦门）自动化洗净设备有限公司（以下简称“昭和洗净”）。

发展阶段：从成长阶段区域连锁向成熟阶段产业经营跃迁。

创 始 人：林影萍、陈沪等领导群体。

业务领域：为餐饮业、食品业、物流业提供洗净设备设计、产品整体解决方案。

案例布局：沿着企业概述、商业模式、市场策略、核心专长、价值主张、荣誉历程、未来描述七个维度，展开案例描述与个性分析。

行业贡献：在洗净设备研发、生产、服务等方面做出了贡献。

1. 昭和洗净企业概述

2010 年 2 月，数名留学人员引进外资成立昭和（厦门）自动化洗净设备有限公司，外方委派陈沪博士常驻中国担任厦门公司技术总监。

昭和洗净是福建首家集产品研发、设计、生产、销售与技术咨询服务于一体的现代化商用洗净设备专业厂商，并致力于向国际化、产业化、专业化企业发展。

昭和洗净以其创新的研发技术、精湛的制作工艺、卓越的产品品质、到位的市场策略、优质的售后服务逐步赢得了用户及业界的广泛认可，受到客户好评与喜爱，品牌市场不断扩大，品牌价值持续攀升。

2. 昭和洗净商业模式

①目标客户：酒店酒楼、连锁餐饮、企事业食堂、团餐配送等餐饮企业，生鲜超市、连锁便利、中央厨房等物流企业，食品加工企业，等等。

②解决方案：为餐饮企业、酒店、食堂等用餐场所用餐完毕的餐具回收、洗净、烘干、残羹处理等环节提供一站式洗净解决方案，为食品加工业

的容器清洗、物流业的周转筐清洗提供不停机的自动化、智能化洗净设备、工作动线以及解决方案。

③营销手段：昭和洗净已在全国一线城市、二线城市不同地区设置了分公司和办事处，以经销渠道为主、终端大客户为辅进行业务开发。

④生产方式：昭和洗净是以博士研究生为技术核心的研发、生产、销售、服务一体化企业，通过各地办事处深入开发市场，建立售后服务体系。

⑤配送方式：昭和洗净以自有物流、第三方物流、合作物流，通过物流配送与物流服务，打造客户所需设备全球配送服务体系。

⑥销售模型：昭和洗净运用线上展示、驻点开发、展会参与形式建立销售模型，旨在打透生产环节、销售环节、售后环节通路。

⑦成本结构：昭和洗净成本包括物料采购成本、生产成本、管理费用、营销费用、售后服务成本、厂房折旧、办公场所租金。

3. 昭和洗净市场策略

昭和洗净引进国外先进技术、生产工艺、生产管理流程，结合国内饮食习惯、餐饮特性、餐具特点，研发餐具自动洗净烘干消毒设备、餐具浸泡洗净烘干流水线、餐具自动回收流水线、残羹自动回收运输系统、厨房垃圾处理设备等商用厨房设备，为餐企餐具清洗、餐余垃圾处理提供解决方案。

昭和洗净结合国内食品加工业和物流运输业的特点，自主研发了周转箱的洗净烘干设备、周转箱的自动分离堆积设备、啤酒瓶的洗净烘干设备、平板推车的洗净烘干设备、周转箱除标签设备等各种清洗设备、分拣设备，以及相应的工业生产线，为业界添补了技术设备空白，受到市场的追捧。

价格策略：昭和洗净的产品价格定位在 50~75 分位，在相关专业市场上属于中高档价格定位，这也符合产品定位、企业定位。

产品策略：产品的包装、设计、款式都是以实用、方便为基础，产品显示高端、时尚、大气和个性，符合客户不同需求。

渠道策略：昭和洗净在餐饮行业清洗设备的销售渠道以经销为主，在食品加工业和物流业的非标定制产品以直销为主要方式。

促销策略：以团购促销为主，运用网络促销、展会促销、协会促销、客户介绍、朋友介绍、媒介推广等多种形式实现整体促销。

4. 昭和洗净核心专长

昭和洗净由具有30年洗净设备研发经验的留日博士牵头组建，国内外博士与硕士等专业人才参加研发团队，负责技术研发与产品选型。公司已获得国家专利50多项，使昭和洗净已成为名副其实的技术密集型公司。昭和洗净以科学、技术、智能为主线满足客户不同需求，并提供解决方案。

昭和洗净系列产品具有高效节能、可靠稳定、绿色环保等特点，在性能和功能上已达到或超过日本等发达国家水平，并且在使用习惯上更符合中国市场需求，产品技术在国内稳居同行业前列。目前产品销售与服务网络遍布全国，产品远销日本等国际市场，深受国内外客户喜爱。

昭和洗净的核心竞争力是技术力量，特别在流体应用技术、流体机械、自动化技术、节能技术等方向拥有丰富的实战经验，以博士研究生为主的研发团队研发了第四代平放式商用洗碗机、第一条多功能智能餐具分离出渣洗净烘干系统、亚洲第一条双线周转筐清洗系统等，以及全套的解决方案。

昭和洗净建立了强大售后服务体系，配备专职的售后服务人员，售后服务分为设备安装与调试、设备维护与保养、故障排除与维修、耗材配送与服务四个模块。公司在各地分公司和办事处有驻地的售后服务人员，在接到售后服务需求的24小时内，根据距离和安装、维修的难度到现场提供服务。

5. 昭和洗净价值主张

“洗净一切污垢，追求你我健康，追求生活幸福，追求自然和谐”，是昭和洗净的价值主张；昭和洗净秉承“诚信至上”的服务宗旨，致力于为客户提供更好的产品与个性化的服务；昭和人正在洗净设备、设施领域精耕细作，不忘初心、牢记使命，持续精进、砥砺前行。

6. 昭和洗净荣誉历程

昭和洗净在洗净设备领域取得的成就得到了各界的关注与认同。

2010年昭和洗净荣获国家第二批高新技术企业称号；2013年、2016年、2019年全部通过复核评审，蝉联四届。

2019年昭和洗净获得由工信部指导评选的“2018年度工业影响力企

业”和“2018 年度工业影响力人物”称号。

2018 年入选人民日报社主持评选的“中国制造隐形冠军”。

2014 年通过厦门首批“科技创新项目”立项，获得政府项目资金支持。2015 年，专利“浸泡洗净一体装置”荣膺专利奖。

昭和洗净还先后获得中国饭店协会颁发的“中国餐饮业金牌设备商”“中国餐具洗净技术创新奖”，中国烹饪协会颁发的“中餐科技进步奖”“年度中国餐饮优秀供应商”等 60 多个荣誉与奖项。

7. 昭和洗净未来描述

国内市场潜力巨大，餐饮业、食品加工业、物流业处于高速发展阶段，市场需求空间很大。随着人们生活水平的提高，对卫生标准需求也不断提高，与此同时，人力成本快速增长，技术不断成熟，洗净设备成为企业迭代升级的必选。洗净技术的应用领域正在不断扩大，昭和洗净的市场广阔。

昭和洗净通过十多年的积累沉淀，已形成了自己的品牌效应，强大的研发实力、优秀的产品性能、稳定的销售渠道、专业的售后服务体系，使昭和洗净建立了知识自信、实践自信、理论自信，相信在洗净设备设施未来的市场竞争中，一定会持续前行，成为洗净设备、设施领域的领航者。

（三十一）承德豪力案例分析

案例名称：河北承德豪力食品有限公司（以下简称“承德豪力”）。

发展阶段：从成长阶段区域连锁向成熟阶段产业经营跃迁。

创 始 人：邓旭营等领导群体。

业务领域：专注于中西餐食品调味汁、调味酱、调味料的研发、生产与供应。

案例布局：沿着企业概述、产品组合、商业模式、市场策略、核心专长、价值主张、物流体系、未来描述八个维度展开案例描述与分析。

行业贡献：为餐饮行业提供调味料、味汁、酱汁、料包、配方的定制、研发、生产、加工、配送解决方案。

1. 承德豪力企业概述

承德豪力成立于2015年，是北京金鼎厨食品有限责任公司旗下以生产中式调味酱料和西式酱汁为主的调味品制造企业。承德豪力作为金鼎厨旗下又一匠心之作，在行业中熠熠生辉。

承德豪力大力引进现代化的智能设备与先进的酱料生产工艺，依托业界资深经验以及团队技术优势，协同智能数据互联，精准捕捉客户需求的价值增长点，与客户持续保持互动，不断加深对市场的理解。

承德豪力公司实现了调味品研发、原材料采购、加工生产、销售配送的一条龙操作、服务，同时采用传统烹饪技术，与工业标准化相结合，保障产品口味的标准、安全、地道，以满足顾客的不同需求。

承德豪力在精益求精为餐企、食企研发、生产标准化产品的同时，已实现对北京及黑龙江、山东、湖南、陕西、青海、河南、河北、宁夏、内蒙等地区的快速覆盖，并与客户成为长期、可靠、专业的合作伙伴。

承德豪力人基于“匠心做好辣”的情怀，为客户提供健康优质的产品。

秉承“客户第一”的服务理念，力争以归零的思维，走在市场前沿，贴近顾客，了解客户需求，并积极地进行创新探索，持续满足顾客的需要。

2. 承德豪力产品组合

承德豪力的产品组合，主要包括“一中心”和“三大类”。“一中心”是以辣味为中心，建立专业的各式辣味酱汁、酱料产品组合，调味上追求多变优化、持续创新，最大限度地满足客户的需求与服务。

承德豪力遍寻中国驰名的辣椒主要产地，包括一泽（鸡泽）、二庆(宝庆、重庆)、三都(益都、望都、成都)及云南、甘肃、新疆等地，精选食材，融汇西餐、中餐各自的辣味特征，由烹饪专家从色、香、味等多方面精心研发。

“三大类”是指承德豪力的常规产品主要是中式快烹汁、西式酱汁、中西烧烤酱料三大品类，这也是豪力的研发方向、生产方向。通过这些品类之间的组合，满足团餐企业、社餐企业等多方面需求。

3. 承德豪力商业模式

承德豪力在团队持续研发及业界丰富经验的基础上，结合多种商业模式运用、协同、链接，向产业链的高价值发展，向整合资源的方向发展。为了客户价值的最大化及持续增值，不断进行商业模式的创新。

（1）创新中前台模式

承德豪力设立资源型、专业型、知识型的共享平台，即“创新中前台”，发挥自身专业特长，通过研发中心向餐企及合作伙伴输出企业培训、技术支持等服务，从而实现与合作伙伴的合作共赢，互惠互利。

（2）弹性生产模式

承德豪力通过系统结构、人员组织、运作方式、市场营销等动态调整，使生产系统对需求变化能够快速响应。建立弹性生产体系，避免资源损耗。这些措施既满足了团餐多样化要求，又使设备流水线的停工时间实现最短。

（3）B2B 的定制模式

公司力求让客户参与产品研发、生产并且分享体验，加大技术手段的应用，增加彼此间的互动、交流、协作，追求客户第一、客户驱动，定制满足个性需求，掌握 KOL（业界资深领袖）资源，深耕餐饮商圈。

（4）数据优化模式

承德豪力逐步与第三方平台协作、协同，共同达到数据在线，实时记录经营信息，不断更新分析数据，随时洞察市场变化，驱动决策动态升级。数据优化是公司与合作伙伴的共享平台、合作平台、共赢平台。

4. 承德豪力市场策略

承德豪力通过协调一致的产品策略、价格策略、渠道策略、促销策略，为顾客提供满意的产品与服务，主要打通餐饮直供渠道、网络渠道、超市渠道，采用以餐饮直供渠道为主、批发零售为辅的市场模式。

承德豪力不断探索并解决在市场竞争中立足、生存、发展、壮大的课题，针对不同的细分市场，制定不同的价格策略，尽可能地将与客户的关系从单纯的买卖关系发展成为合作伙伴关系，使双方互利、互惠、合作、共赢。

5. 承德豪力核心专长

（1）专业技术研发

承德豪力的技术研发源自由业内资深技术专家组成的研发团队以及自有研发中心，可根据客户要求生产所需产品，同时提供现场传授、专项培训、技术支持，具备研发、生产、服务三位一体的技术创新优势。

（2）协同协作共赢

承德豪力具有集团物流渠道及企业联盟优势，采用源头食材采供方式，降低供应风险，共享先进技术、工艺、设备，以安全、快速、标准、模块化的特性以及优质、高效、低耗、环保的生产实现协作、创新、共赢。

（3）个性化的产品

承德豪力在为客户提供高质量产品的同时，推动标准化服务，解放厨房、解放老板、解放厨师、解放家务，为客户节约人力成本、物力成本、时间成本，为企业量身打造专属的高质量、个性化产品系列。

（4）市场经营优势

承德豪力目前主要服务领域涉猎快餐、简餐、小吃、团餐、物流诸多业态，并服务了上百家连锁企业，涵盖上千家门店。承德豪力仍需努力，将豪力产品打造成顾客的专属。

6. 承德豪力价值主张

承德豪力的价值主张：诚信、尊重、宽容、创新、学习、努力。

诚信：承德豪力坚持诚信的理念，诚实做人，坦诚对待合作伙伴和同事，真诚对待客户，说真话，办实事，信守承诺，言行一致。

尊重：承德豪力要求同事、家人、伙伴之间应当相互尊敬，戒骄戒躁，谦虚谨慎，重视每个人的意见建议，以礼相待。

宽容：承德豪力秉持尊重、宽容、谅解的态度，严于律己、宽以待人、相互理解、换位思考，不锱铢必较，合作共赢，大方做人。

创新：承德豪力鼓励具有创造性思维的人，时刻反思，挑战传统。不断完善工作流程，提高技术研发水平。务实调研，据实分析。

学习：不断学习国内外领先技术，用“匠心做好辣”的情怀，创造节能、安全、高质、标准的产品体验。承德豪力将学习视为常态。

努力：以市场需求为工作导向，以顾客需求为创新动力，努力做到让顾客放心、舒心、开心。

7. 承德豪力物流体系

承德豪力通过先进、高效的物流技术与管理，打造了成品仓储管理、发运环节安全高效管理、运输在途管控、零售商中转管理、固定收货地点配送路径、数据采集与展现等安全、高效、便捷的物流运转体系。

8. 承德豪力未来描述

承德豪力在深度把握国内外发展环境变化的基础上，积极应对各种挑战与变化，破解发展瓶颈，加速整合升级；更加重视新品种推广，延展产品深度与广度，集中资源优势，布局产业链，强化供应链。

承德豪力从市场需求出发，掌握市场主动权，重点增加高新科技含量，专注于烹饪技术技艺的协同及推广，全力将承德豪力打造成为中国餐饮专业调味汁生产的领军企业。承德豪力愿与业界同仁深度合作、互惠互利、共享共赢。

（三十二）浩海食品案例分析

案例名称：上海浩海（国际）食品有限公司（以下简称“浩海食品”）。

发展阶段：从成长阶段区域连锁向成熟阶段产业经营跃迁。

创 始 人：王清平等领导群体。

业务领域：餐饮原料研发、生产、加工、销售。

案例布局：沿着企业概述、商业模式、市场策略、核心专长、价值主张、服务体系、未来描述七个维度展开案例描述与分析。

行业贡献：集约化、规范化、标准化、批量化的产品，解放餐饮厨房的生产力。建立中式餐厅SOP标准，辅导中式餐厅提升市场竞争力，使中、低餐馆综合用工成本降低，促使中餐厨师升华贵族化。

1. 浩海食品企业概述

2006年成立的浩海食品由王清平女士管理，是一家集餐饮原料研发、生产、加工、销售为一体的专业食品公司。

浩海食品坚持以创新开拓为动力，以市场为向导，弘扬五千年中华美食文化，打造绿色健康美食。目前公司在册员工180名，共分12个部门。2019年8月，浩海食品进驻国家级经济开发区生物科技园区新厂房，获颁浙江省科技型中小企业，并荣获浙江省优秀工业产品精品奖。

2. 浩海食品商业模式

浩海食品利用中央厨房自动化装备，生产多种款式的方便食品，即调料包、半成品、产成品，受到中国台湾同业与中国快餐业态的认可，实现了省时、省力的分餐制模式（健康就餐模式）。这种模式能够全力保障食品安全与健康饮食的实现。门店使用了清洁能源，由此获得消防、环保、食安相关机构的认可，使得浩海食品能够在各种场地开餐馆，满足团体与个人的饮食需求。

针对我国餐厨领域普遍面临的租金高、人工费高、原材料成本高、出餐效率低的“三高一低”问题，浩海食品将中央厨房标准化、规模化、集约化、信息化的生产模式进行整合，设计了针对问题的全套解决方案。产品标准化，口味、卫生、质量有一定的保障。配方固定、处理简单、风味统一的调理包，一方面降低了餐馆对大厨的依赖，另一方面也减少了帮厨的数量，使餐馆综合用工成本大幅降低。

运用智能中央厨房打通全产业链，实现从田间到厨房，到餐桌，一头连着农户、一头连着顾客的预期。浩海食品在研判食品业发展趋势的基础上，通过食品科技创新助力健康餐饮转型、升级，推进食品智能制造。

3. 浩海食品市场策略

浩海食品最大的优势就是通过集中规模采购、集约生产模式来实现产品的质优价廉，在需求量增大的情况下，采购量增长相当可观，这就为降低食品安全风险，形成集约化、标准化的操作模式提出了解决方案。工厂化批量生产，使菜品成本大幅降低，不仅原料便宜、食材损耗少，而且综合制作成本也低，餐馆利润空间自然也就大。

浩海食品为保证原料质量的稳定，建立原料基地或定点品牌供应企业，并拥有了自己的专业原料生产基地与厂家。在原辅料达到规范的前提下，产品才有统一的保证，产品质量才能达到稳定一致。

今天，浩海食品产品主要销售于团餐、传统食品门店、星级酒店饭店、连锁餐饮总部、社区便利店、各类超级市场、百货公司商场、KTV 店铺与网络线上销售、高铁、机场等，并与 500 多家餐饮连锁企业结成战略伙伴，产品组合受到消费者持续追捧。

4. 浩海食品核心专长

浩海食品拥有多项发明专利、品牌专利、生产环节的技术专利，并在生产上、技术上、市场上不断发挥着作用。公司的品牌原料不但能够保证稳定的供应，而且良好的物流体系能更好地保证原料新鲜与安全。

集约采购为中央厨房深化发展带来了机遇。浩海食品以自身核心专长，协助餐企可持续发展。为餐企定制化 OEM 与 ODM 生产常温调理包，建立品牌形象。菜品使用常温调理包，提供快速、便捷、低价产品组合。调理包针对团餐及24小时店和快卖店，随时服务零星食客和外卖单，加速连锁餐饮供应链构建、运行、创新、发展。

①为消费者提供更具特色的厨房产品，保证产品品质、卫生标准的一致性。

②通过集中采购与生产，控制价格，提高产品附加值，实现企业利润最大化。

③降低各个终端网点的加工成本，减少库存，降低损耗，最大限度地降本增效。

④快速有效地应对终端订货需求，实现多品种、小批量、高效率的配送服务。

⑤大幅度地降低人力资源费用、物业费用、行政费用、综合费用。

⑥全面提高服务水平，提高物流配送水平与效率，提高运营综合效率、效益。

5. 浩海食品价值主张

浩海食品从采购到加工，再到出品，整个供应链都有严格的控制标准，甚至对原料的冷冻程度、汤品与肉的比例等都有具体的规定。对于一些特殊产品，可根据客户的具体要求指定厂家，进行个性化定制。

由于进货量大，浩海食品可以对原料的规格标准、质量要求、运送方式等做出全面规定，保证原料新鲜优质，为生产制作统一优质的常温料理成品提供了前期保证。公司出品的每件产品都符合相关质量标准。

浩海食品生产加工的产品品类品种包括：①批量生产的常温状态保存的料理包产品，②店铺每天使用量大、保存期较长的产品，③加工过程复杂、烹饪时间比较长的产品，④容易受个人技术状态影响、品质不稳定的产品，⑤用专业机器加工、保证出品品质的产品。

6. 浩海食品服务体系

浩海食品在全国设立了12家分公司，服务于当地的客户群体，以本地特性风味为主，加工生产符合本地市场要求的众多产品，并与合作伙伴互惠互利。浩海食品带来的还有成本降低，以及市场竞争力的提高。

一方面是食材原料成本，通过大批量进货减少中间环节，使产品具有价格优势；集中加工提高了原料的综合利用能力，边角余料食材可通过再加工，进行再利用，以减少浪费、降低成本，由此生成产品竞争优势。

另一方面是人力资源成本，使餐饮经营门店缩小后厨面积或取消自有厨房，不仅可以改善厨房环境，而且还扩大了就餐区域面积，减少了工作人员。浩海食品 24 小时的客服专线，随时协助顾客解决客户需求。

7. 浩海食品未来描述

浩海食品的建立，实行统一采购、加工、配送，精简了复杂的初加工操作。操作单纯化、工序专业化，有利于提高餐饮标准化、工业化程度，这是餐饮业实现规范化经营的必要条件，也是企业未来的着力点。

运用中央工厂的集约化、规范化优势，在满足餐饮企业、食品企业生产加工任务的基础上，着眼于家庭厨房，让家庭厨房劳动社会化，更科学地保障市民餐桌的安全，这是浩海食品今后应当聚焦的工作方向。

“弘扬美食、厨天下”是浩海食品的品牌诉求，企业以为餐饮行业提供标准化产品和食品安全解决方案为目标，为餐饮人降本增效、产品创新提供服务。产品、信息、技术、服务解决方案，是浩海食品的内核。

2020 年疫情期间，多家连锁餐饮运用浩海食品调理包规范化优势，让极少数员工即可操作门店，供食给大众快餐和外送外卖。凸显疫情期间军队、医疗、居家等即时用餐的便利性，使得传统门店转型为在线上销售特色风味菜品，成功地将地方餐饮推向全国销售。运用调理包广泛销售形成转型契机，把中华美食文化透过调理包营销，在国内发扬光大并推至世界各地。

（三十三）百仕达的案例分析

案例名称：百仕达供应链管理有限公司（以下简称“百仕达”）。

发展阶段：从成长阶段区域连锁向成熟阶段产业经营跃迁。

创 始 人：何辉、朱冠军、许静、陈云尧、邱学兰、何晓等人。

业务领域：提供食材研创、工厂加工、门店应用、园区配销、食品服务、净菜加工、火锅酱料、央厨共享解决方案。

案例布局：沿着企业概述、商业模式、市场策略、核心专长、产业布局、价值主张、未来描述七个维度展开案例描述与分析。

行业贡献：为餐饮行业产品研发、物流配销、净菜加工降本增效提供解决方案。

1. 百仕达企业概述

百仕达成立于 2017 年，是一家从事餐饮、食品行业的供应链物流、管理、服务的企业。“百仕”，即百位志同道合的创业者；“达”是以共同目标与愿景携手前行。

百仕达有一群志同道合、目标一致的伙伴，是一个相互成就、互为贵人的组织。百仕达目标是创造百亿级食品供应链公司，为中国食品行业发展做出贡献。百仕达的核心价值观与品牌精神也源于此。

百仕达人尊重专业、敬畏行业，是一个由不同板块专业人士组成的优秀团队，具有丰富的餐饮行业、加工工厂、物流行业的经验。百仕达以对行业做出贡献、为客户创造价值、品牌持续增值为宗旨与使命。

百仕达以为餐饮行业提供产品标准化与食品安全解决方案为目标，是一个为餐饮人提供降本增效、产品创新、业务创新的信息、技术、服务平台。为客户提供产品、信息、技术、服务解决方案是公司经营的内核。

2. 百仕达商业模式

创始人是企业的血脉与灵魂，是“百仕达”诞生的根本。百仕达创始人群体在行业内拥有专业优势，其奋斗精神、行业经验、务实态度、兑现承诺的风范，使其成为行业引领者。百仕达用合伙制把大家凝聚在一起。

百仕达在技术上投入大量资源，对合伙企业经营涉及的酱料丸滑工厂、海产品工厂、净菜加工厂、中式糕点工厂，以及餐饮后厨加工、AB 标准料理包在管理、研发、销售链接方面做了整合、加密、提效。

百仕达依托行业前段资源优势，对工厂品类化、集中化生产做了战略调整，协同智能供应链互联网平台（百仕达内属上海膳缘科技有限公司），实现后端生产与前段销售信息联动，为前后端降本增效。

百仕达着眼于生鲜食材、火锅餐饮、中餐厨房、团餐食堂等业态，以精准匹配为原则，凭借一对一的服务方式，在行业细分的领域中寻求企业技术创新、产品创新、服务创新、经营创新，以满足客户需要。

3. 百仕达市场策略

百仕达产品包括：一个中心，即一头牛、一头猪、一只虾、一只鸡、四条鱼组合；三大品类，以蔬菜 + 果汁、生制半成品、熟制品为主，以酱汁搭配为辅，满足零售渠道、电商渠道、团餐企业、社餐企业需求。

（1）研产销的分离

百仕达秉持“产研销”分离的经营理念，将产品研发、生产、销售进行分离，通过建立科学的管理机制，依托信息技术，将客户市场、研发中心、制造中心进行有机联合，旨在为企业提供商流、信息流、物流、资金流。

（2）央厨共享模式

百仕达通过合伙人制，在人员分配、生产制造、市场营销等方面进行信息联动，使合伙企业通过线上线下的联动平台，实现生产品类化、产能最大化、产品标准化，避免资源损耗，这是央厨共享的最大利益所在。

（3）F2B/F2C 模式

百仕达研发中心具备体验、发布、互动、展示功能，力求让客户能参与到产品研发、生产过程，并通过媒介与技术分享体验。公司始终将客户需求放在首位，以技术、产品驱动市场，以满足客户的定制需求。

4. 百仕达核心专长

（1）建立合伙机制

百仕达力争让更多掌握专业技能的个人与有先进生产制造技术的企业进入共享平台，通过提供实体场地、信息平台、一对一服务等多种方式，形成了集技术研发、产品生产、销售服务三位一体的竞争优势。

（2）协同合作共赢

百仕达具备联盟优势：一是联合建立研发中心，二是采用源头做联合采供，三是降低供应变动风险，四是共享先进技术、工艺、设备，五是以优质、高效、低耗、环保的生产来实现协作、创新、供应、共赢。

（3）个性化的服务

百仕达在为客户提供高质量产品的同时，推动标准化进程，解放厨房、解放老板、解放厨师、解放家务，为客户节约人力成本、物力成本、时间成本。百仕达为企业量身打造专属高质量、个性化的产品系列。

（4）行业降本增效

百仕达联盟在产品研发、生产制造、产品销售等方面进行科学拆解与重新布局，采用生产品类合理化、技术设备升级、单品产能聚集化等方式，以提高生产效率、降低损耗、优化管理成本，最终实现降本增效。

5. 百仕达产业布局

（1）核心业务之一：都市智慧产业园区

都市是以发达城市为重点，利用人口、地域、经济、资源优势，打造都市网络；智慧是以上海产业园区为模板，在全国建立多个都市智慧食品产业园区；产业覆盖指食品制造、信息服务、设备组配、仓配物流。

（2）核心业务之二：共享中央厨房体系

百仕达具备强大的协同能力，由于距离与时间等因素，使得企业与企业之间、前端与后端之间的沟通成本、生产成本、管理成本存在严重的损耗，通过央厨共享实现降本增效，是百仕达管控的核心业务。

（3）核心业务之三：建立渠道打造品牌

通过建立与完善产业园区、央厨共享两个核心业务，通过联盟合作方式，来建立黏合度高、持续性强、运转顺畅的渠道，精心打造餐饮品牌；运用品牌效应，吸引更多品牌资源，共同构建百仕达平台联盟。

6. 百仕达价值主张

百仕达的企业愿景：成为民族食品的骄傲。

百仕达企业价值观：健康、自然、精进、愉悦。

百仕达的九字箴言：谦、诚、恒，廉、责、礼，勤、敏、勇。

百仕达的核心人文：用心做事，以诚待人，以质为本，以客为尊。

百仕达的企业使命：为餐饮业降本增效，提供优质食材解决方案。

百仕达的团队精神：以奋斗者为本；首战用我，用则必胜；勇于担当，荣辱与共；相互成就，互为贵人。

7. 百仕达未来描述

百仕达是舞台更是平台，创始人团队在深入把握食品行业与餐饮行业现状以及存在的问题的基础上，积极响应国家的改革创新号召，联合众多具备综合技能与资源的创业者、合作人，完成打造中国西斯科的愿望。

百仕达在寻找机遇，迎接挑战，加速整合升级现有业务板块；更加重视产品研发，进一步完善技术研发，实现由成本中心向价值中心的转变。集中优势资源，建立联动的都市智慧食品产业园区经济。

百仕达将从市场需求出发，建立与完善产品信息数据，实现前后端数据共享，强化自身的信息化技术，并与第三方信息技术平台加强合作，旨在建立后端供应链信息体系与前段销售服务门户平台体系。

创造再分享，百仕达人准备做好行业内的“店小二”，全力打造属于餐饮人的全产业链供应体系。为餐饮人降本增效而努力探索，以实现百仕达人的发展目标设计，并成为民族食品的骄傲。

（三十四）译凡科技案例分析

案例名称：北京译凡科技有限公司（以下简称“译凡科技”）。

发展阶段：从成长阶段区域连锁向成熟阶段产业经营跃迁。

创 始 人：张朔等领导群体。

业务领域：中央厨房、中央工厂、餐饮零售、社区配菜、清真央厨、学生营养餐、中餐标准化、营养配餐、管控软件等领域。

业务模式：用一个工厂、两个系统业务模式提升中餐标准化价值。

案例布局：沿着企业概述、业务范围、行业贡献、核心专长、产品研发、精益管理、未来描述七个维度展开案例描述与分析。

1. 译凡科技企业概述

译凡科技在食品行业前辈（冯志哲教授、葛茂泉教授、童瑞潢副教授、陈新生副教授、许学勤副教授）的指导与支持下快速成长。公司创始人从1994年起就致力于中餐工业化核心技术的研究与开发，并于2000年获得国家发明专利(ZL97117608.6)，是典型的科技赋能专业公司。

译凡科技以科技为主线，将科学、技术、智能转化应用到中餐工业化生产、标准化管理、流程化运营中，通过专业研发、转化、推广，实现餐品安全、营养、健康与价值最大预期。科学是探索、研究、感悟万物变化规律的知识体系；技术是专家为设计、开办、管理一个工厂提供的全程服务。

2. 译凡科技业务范围

2000年以来，译凡科技先后在长三角、京津冀、珠三角、其他地区做过诸多中央厨房与中央工厂项目，即中餐标准化解决方案的交钥匙工程。长三角项目包括：上海粮食局中央厨房、上海蔬菜总公司中央厨房、上海华夏宾馆中央厨房、南京水产公司中央厨房、上海教育快餐食品工厂、上海福记集团中央厨房、上海伊秀餐饮管理有限公司中央厨房、无锡俱进中央厨房、无锡金太阳餐饮装备有限公司、江苏七加七餐饮管理有限公司中央厨房、绍兴老台门餐饮公司、淮扬菜集团淮安海隆食品发展有限公司中央厨房、杭州咬不得餐饮管理有限公司中央厨房、杭州香滋燕食品有限公司。长三角业绩居首位。

京津冀项目包括：北京市蔬菜公司中央厨房、北京百万庄园奥运供餐、北京润生奥运供餐、北京康一品农产品配送有限公司奥运特供（鲜切菜）、北京湘鄂情北京 2 家中央厨房、北京新芦生鲜有限公司新机场中央厨房、天津狗不理餐饮有限公司、天津狗不理食品有限公司、衡水儒乡园餐饮管理有限公司。京津冀中央厨房与项目工厂营建虽然业绩可喜，但仍有成长空间。

珠三角项目包括：广州亚洲运动会供餐中央厨房（日日健、瑞氏、一日三餐等）、广州市塞俩目食品实业发展有限公司、国内第一家清真餐饮标准化中央工厂、东方众合餐饮有限公司中央厨房、深圳慈浩餐饮科技有限公司中央厨房、佛山轩宝中央厨房有限公司中央厨房、广州市深圳金谷园中央厨房、广州心致餐饮食品有限公司、广州广之联餐饮管理有限公司、惠州蒸得好海口分公司、南宁分公司。珠三角实力雄厚，业绩可喜。

其他地区项目包括：开封老黄记餐饮服务有限公司中央厨房、合肥老乡鸡中央厨房、兰州和家和中央厨房有限公司中央厨房、烟台锦康食品科技有限公司第三届亚洲海阳沙滩运动会供餐。这些地区也在发力。

3. 译凡科技行业贡献

译凡科技在行业内做出了突出贡献：广州建成的国内首家生产清真食品的中餐标准化冷链工厂，产品已获得广州市民族宗教事务局颁发的清真食品合格证，为国内推广清真冷链中餐产品取得了宝贵经验；杭州建成的中餐标准化工厂冷链产品已进入上海市场，成为便利店的热销产品；烟台建成的中餐标准化冷链产品已成为第三届亚洲沙滩运动会的唯一餐饮品牌；衡水建成的儒乡园餐饮服务有限公司以 3000 平方米日生产 4 万份的骄人成绩，成为中餐冷链的标杆案例。

4. 译凡科技核心专长

译凡科技经过近 30 年的持续探索，逐步发展成为国内“中餐标准化工厂系统工程集成商”，为中餐工业化事业的发展找到了实践自信，并形成了独具风格的“一个工厂，两个系统”服务模式。

一个工厂，即中餐标准化工厂设计与二次装修。译凡科技导入适度工业化与适度标准化的运营理念，运用央厨与工厂标准化设计，实现了定量化、流程化、规范化、制度化的四化运作模式，最大限度地实现了中餐对锅气与香气的保留。在实现模式上，打透冷链与热链之间的隔阂，受到业界好评。

两个系统，即技术开发应用系统与现代中餐工厂标准化管理系统。关于技术开发应用系统，这是译凡科技的核心专长，即通过关注市场、把握需求、研发致胜、市场转化、反馈调整五个步骤使应用价值最大化；关于中餐工厂标准化管理，这是核心的硬核，即用智力赋能设计流程，实现精益管理。

5. 译凡科技产品研发

译凡科技产品研发定制定量运作，通过产品标准、原料标准、烹调标准、卫生标准、质量标准、贮存标准、配送标准七个标准来实现，形成了中式冷链菜肴技术研发系统，并打透了冷链与热链之间的隔阂。

译凡科技产品研发定制定量，通过工艺转化、工序分解、设备配置等环节，形成标准化、流程化、系统化的中央工厂加工模式，创制出适合不同业态的中式冷链菜肴、中式热链菜肴两大特色产品系列组合。译凡科技产品研发流程，如图 17–1 所示。

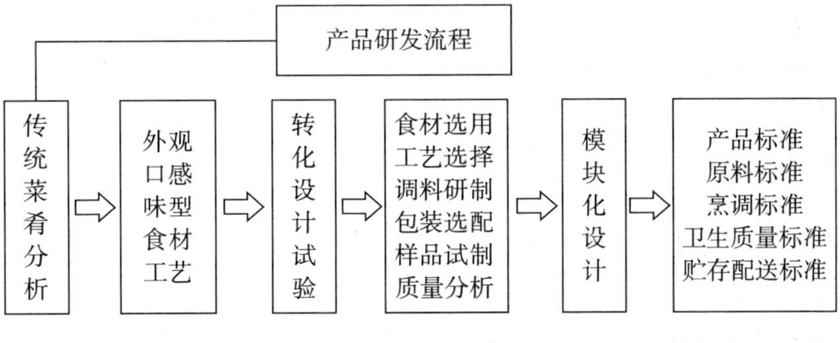

图 17–1　译凡科技产品研发流程

6. 译凡科技精益管理

译凡科技引进现代化工厂管理理念，针对不同业态、不同规模的中餐工厂特点，在企业文化、组织架构、岗位职责、激励机制、训练考核 5 个方面，创造出一套完整的中餐标准化工厂管理体系。如图 17–2 所示

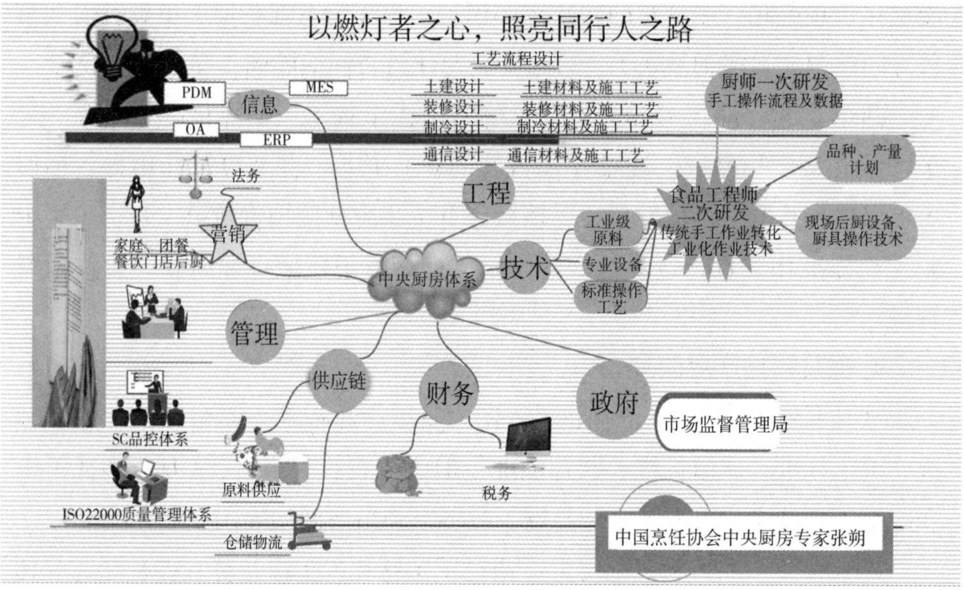

图 17–2　中餐标准化工厂管理体系

译凡科技现场管理以组织架构、岗位职责、训练考核为依据，通过计时、计件、计岗软件管理实现人员、岗位、工位，劳效、人效、坪效最大，在实施精益管理的基础上，实施管理绩效、岗位计件的激励机制。

7. 译凡科技未来描述

2020 年，译凡科技承接了国内第一家（世界第一家标准化中餐智能工厂项目设计）日产 50 万份规模的纯冷链学生餐及社区配菜工厂。可以预见，由译凡科技研发、设计、实施的中餐标准化工厂，能打通第一、第二、第三产业并形成良好闭环，以驱动中餐模式的转型与升级。

译凡科技一直在关注中小学营养餐，致力于中小学营养餐真正落地工作，即参照教育部、食药监、卫健委的规则、规范、规定，在操作层面做到：一是导入营养配餐，真正标注每份餐品营养结构，实现营养均衡；二是根据学生年龄、性别、身高、体重与发育特点，标注营养含量，健康国人。

附录　中国团餐业态心路历程

1985 年，在我读研究生时就涉猎过团膳、便当、轻食专题，不但抄录了国家图书馆仅有的一本日本团膳专业著作内容，而且翻印了台湾团膳 365 天餐单设计原文，这在当时是个不小的代价，也让我开始认识团膳。

1988 年，在我从事快餐事业后，做过批量外卖会展业务，学习了怡乐食团膳业务、BBQ 烧烤、到会服务，知道了索迪斯、阿尔玛特是团膳业态的翘楚，为我从事团餐业态研究以及后来的团餐顾问夯实了知识基础。

1993 年，我做过公司团膳，并先后指导过企业团膳、公司团膳、学校团膳、医院团膳、会展团膳项目。理解了团膳项目是集包房、零点、自助、小吃、烘焙、饮品诸多餐饮业态为一体的差异连锁经营模式设计。

1996 年，我在《物业开发与管理经典》一书商务写字楼部分，用一章的体量论述了商务写字楼团膳、餐单设计的原则、团膳设计布局要点、团膳加工制作须知等内容，这是团膳业态最早的专著。

2001 年，我从事职业训练后，由于力主商学院教育，有不少团餐业态的学员。2019 年，我的商学院教育垂直划分并设计了团餐业态小灶讲堂，讲述健康食堂专业手册，受到团餐业态同仁一致好评。

2004 年，中国团餐产业开启，我不但见证了中国团餐产业的发展历程，而且在中国团餐产业大会上做了 12 期发展报告，为中国团餐产业发展留下了可追溯的编年体文案。值得庆幸的是，12 届发言内容已收录在册。

2016 年，我用大量专题、微文，在中国团餐屯儿微信平台，以早分享形式连续分享团餐业态定义描述、团餐经营之道、团餐管理技术分析等内容，这些分享为本书创作提供了专业素材，为本书的课篇布局奠定了基础。

2017 年，我与张立强、张嵬、张硕、孙旭等同仁一起对华为总部食堂做了诊断并开了“药方”；对华为东莞 28 个食堂项目定位、总体布局、项目营建、招商运作、食品安全、垃圾处理做了项目建议与实施指导。

2018 年，我去考察日本的团膳企业运营，东京大学食堂、千叶学院食堂、软银公司食堂给我留下了深刻的印象，对深夜食堂、俺的食堂、健康食堂概念有了深刻的认知。中国团餐业态食堂模式需要转型升级。

2019 年，我仔细研读 2030 健康中国战略、健康中国国策、健康国人指导专业文件，借鉴日本团膳产业样板企业 1936 — 2019 年详细的、有编年的营养配餐记录，提出了健康食堂理念并拟订了 12 本手册。

2020 年，以专文讲述中国团餐经营之道、六好食堂实施细则、智能食堂实施细则、健康食堂实施细则课程，并与协会、媒体、平台合作进行贯标作业，努力推进中国团餐业态商业模式的持续转型升级。

夏连悦

2020 年 9 月

后 记

终生成就奖的思考。2016 年，中烹协团餐产业大会授予我终生成就奖。兴奋之余，开始思考：作为团餐专家，如何分析走势、把握趋势、透视态势，让团餐产业同仁正确做事、做正确事？于是坚定了专著出版的信念。

中国团餐事业开启。2004 年，我提议开启团膳事业领域，薛文、尊哲等同仁同意，于是以快餐业态为班底启动了团餐产业论坛。连续举办 3 届团餐产业论坛，经过团餐业界同仁共同努力，就有了团餐事业的兴起。

中国团餐事业梳理。人的一生大约要吃 76000 顿饭。资料显示，大部分人们是在食堂享用的。可见，食堂、团膳、团餐有多么重要。团餐是人们的工作模式、饮食模式、生活模式，是值得终生探索的事业领域。

中国团餐阶段定义。团餐产业发展要经历初创阶段 (商业模式)、发展阶段 (连锁经营)、成熟阶段 (产业经营)、稳定阶段 (资本经营)，每个阶段都有适合那个阶段的道、术、器，这也是我们理解阶段法则的要义。

中国团餐个性分析。一是团餐业态讲究效率，集体用餐时间集中、人员集中；二是团餐业态多样布局，中餐、自助、小吃、零点多样；三是团餐业态以定食为主，是多业态差异连锁，这是团餐业态的个性与差异。

中国团餐执掌分析。快餐事业孵化、团餐事业开启，一晃已举办 15 届论坛。团餐事业在刘延云主席的执掌下，做得风生水起。更有团餐主席团同仁的群策群力。还有团餐总干事赵馨的辛勤打理，才有今天的业绩！

中国团餐组织分析。中国烹饪协会团餐专业委员会架构，以主席团、会员群为线上交流分享平台，刘延云主席执掌，赵馨总干事执行，姜俊贤会长、李亚光会长、薛文秘书长做指导，由此生成一套运营模式。

中国团餐活动分析。中国烹饪协会团餐专委会，开好年度产业大会，每年都有进步、每年都有升级；办好季度活动设计，境外考察活动、国内交流分享；办好月度常态交流，微信平台活跃、总干事恪尽职守。

中国团餐运营分析。中国烹饪协会团餐专委会，以市场化、企业化、品牌化为宗旨，指导团餐企业运营。从发展报告、趋势分析、案例分析三个维度，驱动中国团餐业态连锁经营、产业经营、资本经营进程。

团餐企业 MBA 教程。从 2001 年起，我每年有 12 场以上的餐饮企业训练课程，同时成立了英特餐饮教研机构，从事商学院教育，还出版了关于营运、管理、训练的行业专著。MBA 案例教育能够解决餐饮企业现实问题。

夏连悦

2020 年 9 月

案例部分联系方式

1. 千喜鹤集团股份有限公司　联系人：王习印。电话：18500717527。
2. 上海麦金地集团股份有限公司　联系人：孔德顺。电话：13636391333。
3. 亚惠美食有限公司　联系人：程辉。电话：17318590898。
4. 中快餐饮集团　联系人：李平金。电话：13807007866。
5. 中膳团餐产业集团　联系人：李立强。电话：13925105333。
6. 金丰餐饮有限公司　联系人：宋子刚。电话：13910066986。
7. 快客利（北京）集团有限公司　联系人：董一成。电话：13801139141。
8. 北京健坤餐饮集团　联系人：温哲霆。电话：18911868889。
9. 北京振达餐饮管理有限公司　联系人：李应华。电话：13910126929。
10. 广东新又好企业管理服务有限公司　联系人：刘恒强。电话：13701253606。
11. 广东利群膳食管理服务有限公司　联系人：谭万斌。电话：13925726588。
12. 九橙（上海）餐饮服务有限公司　联系人：赵阳。电话：18310256569。
13. 四川顺心餐饮投资管理有限公司　联系人：李昂。电话：13308068038。
14. 育贤斋餐饮管理有限公司　联系人：杜龙刚。电话：17065790333。
15. 天津市中山美食林快餐有限责任公司　联系人：王卓。电话：15802214315。
16. 天津市盛世晶达餐饮管理有限公司　联系人：刘晶。电话：13902158821。
17. 金城汇美餐饮公司　联系人：张海军。电话：18001390898。
18. 四川川疆餐饮管理有限公司　联系人：谢昌盛。电话：18328563619。
19. 北京万喜餐饮集团　联系人：李洋。电话：18901374398。
20. 潘多拉餐饮集团　联系人：赵明。电话：13053770521。
21. 广东省团餐配送行业协会　联系人：陈翔。电话：18925042330。

22. 河南省餐饮与饭店行业协会团餐专业委员会　联系人：郭明安。电话：13937150660。

23. 中安汇金科技（北京）有限公司　联系人：王晶。电话：15330282569。

24. 北京燕诚东方科技集团有限公司　联系人：李诚。电话：13811113737。

25. 天津联信电子科技有限公司　联系人：贾迎鑫。电话：18622877711。

26. 欧本中饮（北京）食品有限公司　联系人：周昱。电话：13311500732。

27. 六位仙食品科技霸州有限公司　联系人：张彦。电话：13311292799。

28. 天津现代双安工贸有限公司　联系人：林毅斌。电话：18522122813。

29. 北京博瑞康洁生物科技有限公司　联系人：李燕勃。电话：13801238980。

30. 昭和（厦门）自动化洗净设备有限公司　联系人：林影萍。电话：13906039695。

31. 河北承德豪力食品有限公司　联系人：邓旭营。电话：15911118599。

32. 上海浩海（国际）食品有限公司　联系人：张浩。电话：13331995829。

33. 百仕达供应链管理有限公司　联系人：何辉。电话：18621673229。

34. 北京译凡科技有限公司　联系人：张朔。电话：18901133735。